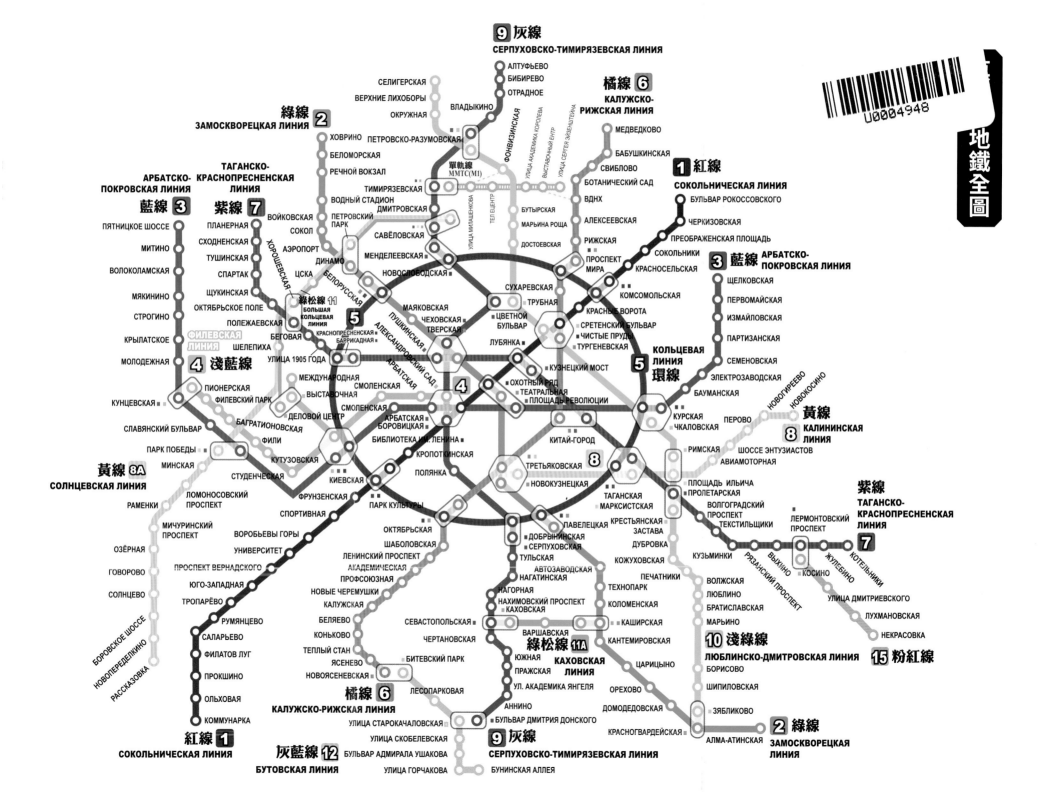

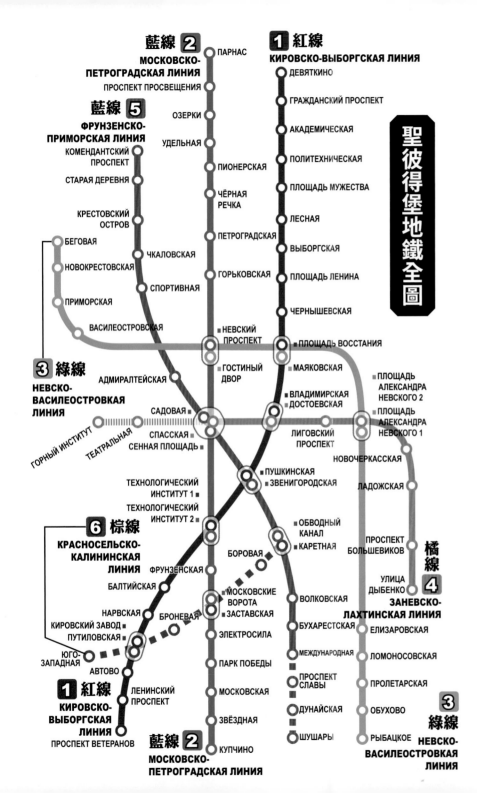

聖彼得堡地鐵全圖

藍線 ② МОСКОВСКО-ПЕТРОГРАДСКАЯ ЛИНИЯ

- ПАРНАС
- ПРОСПЕКТ ПРОСВЕЩЕНИЯ
- ОЗЕРКИ
- УДЕЛЬНАЯ
- ПИОНЕРСКАЯ
- ЧЁРНАЯ РЕЧКА
- ПЕТРОГРАДСКАЯ
- ГОРЬКОВСКАЯ

藍線 ⑤ ФРУНЗЕНСКО-ПРИМОРСКАЯ ЛИНИЯ

- КОМЕНДАНТСКИЙ ПРОСПЕКТ
- СТАРАЯ ДЕРЕВНЯ
- КРЕСТОВСКИЙ ОСТРОВ
- БЕГОВАЯ
- НОВОКРЕСТОВСКАЯ
- ПРИМОРСКАЯ
- ВАСИЛЕОСТРОВСКАЯ
- ЧКАЛОВСКАЯ
- СПОРТИВНАЯ

③ 綠線 НЕВСКО-ВАСИЛЕОСТРОВСКАЯ ЛИНИЯ

- ГОРНЫЙ ИНСТИТУТ
- ТЕАТРАЛЬНАЯ
- САДОВАЯ
- СПАССКАЯ
- СЕННАЯ ПЛОЩАДЬ
- АДМИРАЛТЕЙСКАЯ
- НЕВСКИЙ ПРОСПЕКТ
- ГОСТИНЫЙ ДВОР

① 紅線 КИРОВСКО-ВЫБОРГСКАЯ ЛИНИЯ

- ДЕВЯТКИНО
- ГРАЖДАНСКИЙ ПРОСПЕКТ
- АКАДЕМИЧЕСКАЯ
- ПОЛИТЕХНИЧЕСКАЯ
- ПЛОЩАДЬ МУЖЕСТВА
- ЛЕСНАЯ
- ВЫБОРГСКАЯ
- ПЛОЩАДЬ ЛЕНИНА
- ЧЕРНЫШЕВСКАЯ
- ПЛОЩАДЬ ВОССТАНИЯ
- МАЯКОВСКАЯ
- ВЛАДИМИРСКАЯ
- ДОСТОЕВСКАЯ
- ПЛОЩАДЬ АЛЕКСАНДРА НЕВСКОГО 2
- ПЛОЩАДЬ АЛЕКСАНДРА НЕВСКОГО 1
- ЛИГОВСКИЙ ПРОСПЕКТ
- НОВОЧЕРКАССКАЯ
- ЛАДОЖСКАЯ

⑥ 棕線 КРАСНОСЕЛЬСКО-КАЛИНИНСКАЯ ЛИНИЯ

- ПУШКИНСКАЯ
- ЗВЕНИГОРОДСКАЯ
- ТЕХНОЛОГИЧЕСКИЙ ИНСТИТУТ 1
- ТЕХНОЛОГИЧЕСКИЙ ИНСТИТУТ 2
- ФРУНЗЕНСКАЯ
- БАЛТИЙСКАЯ
- НАРВСКАЯ
- КИРОВСКИЙ ЗАВОД
- ПУТИЛОВСКАЯ
- ЮГО-ЗАПАДНАЯ
- АВТОВО
- ЛЕНИНСКИЙ ПРОСПЕКТ
- БОРОВАЯ
- БРОНЕВАЯ
- МОСКОВСКИЕ ВОРОТА
- ЗАСТАВСКАЯ
- ВОЛКОВСКАЯ
- ЭЛЕКТРОСИЛА
- ПАРК ПОБЕДЫ
- МОСКОВСКАЯ
- ЗВЁЗДНАЯ
- КУПЧИНО
- ОБВОДНЫЙ КАНАЛ
- КАРЕТНАЯ
- БУХАРЕСТСКАЯ
- МЕЖДУНАРОДНАЯ
- ПРОСПЕКТ СЛАВЫ
- ДУНАЙСКАЯ
- ШУШАРЫ

④ 橘線 ЗАНЕВСКО-ЛАХТИНСКАЯ ЛИНИЯ

- ПРОСПЕКТ БОЛЬШЕВИКОВ
- УЛИЦА ДЫБЕНКО

③ 綠線 НЕВСКО-ВАСИЛЕОСТРОВКАЯ ЛИНИЯ

- ЕЛИЗАРОВСКАЯ
- ЛОМОНОСОВСКАЯ
- ПРОЛЕТАРСКАЯ
- ОБУХОВО
- РЫБАЦКОЕ

① 紅線 КИРОВСКО-ВЫБОРГСКАЯ ЛИНИЯ
ПРОСПЕКТ ВЕТЕРАНОВ

藍線 ② МОСКОВСКО-ПЕТРОГРАДСКАЯ ЛИНИЯ

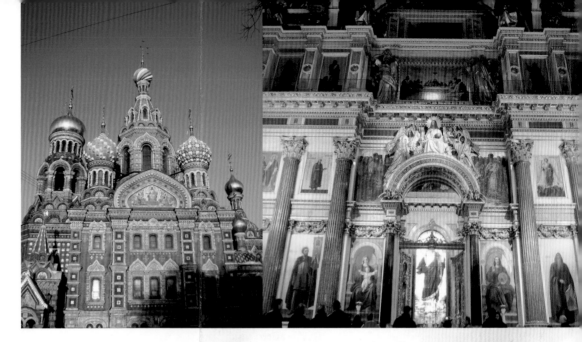

左上：聖彼得堡浴血復活大教堂，絢爛圓頂富俄國中世紀教堂特色，與莫斯科紅場聖瓦西里大教堂略有異曲同工之妙 (P.199)

右上：聖彼得堡聖以薩大教堂，聖像屏罕見地以白、金、綠為主色，畫風完美融合傳統東正教藝術與相對前衛的歐式風格 (P.194)

下圖：面對宮廷廣場的冬宮 (P.184)

北極海

挪威

芬蘭

莫曼斯克
Мурманск

聖彼得堡
Санкт-Петербург

愛沙尼亞

拉脫維亞

白俄羅斯

莫斯科
Москва

謝爾蓋聖地
Сергиев Посад

蘇茲達里
Суздаль

弗拉基米爾
Владимир

烏克蘭

頓河畔羅斯托夫
Ростов-на-Дону

亞速海

黑海

格魯吉亞

裏海

土耳其

哈薩克

中國

埃及

沙烏地
阿拉伯

印度

北極海

俄羅斯

貝加爾湖
озеро Байкал

尹爾庫斯克
Иркутск

蒙古

海參崴
Владивосток

韓國

日本

中國

太平洋

台灣

菲律賓

個人旅行主張

有人在旅行中享受人生，
有人在進修中順便旅行。
有人隻身前往去認識更多的朋友，
有人跟團出國然後脫隊尋找個人的路線。
有人堅持不重複去玩過的地點，
有人每次出國都去同一個地方。
有人出發前計畫周詳，
有人是去了再說。
這就是面貌多樣的個人旅行。

不論你的選擇是什麼，
一本豐富而實用的旅遊隨身書，
可以讓你的夢想實現，
讓你的度假或出走留下飽滿的回憶。

有行動力的旅行，從太雅出版社開始。

個人旅行 *99*

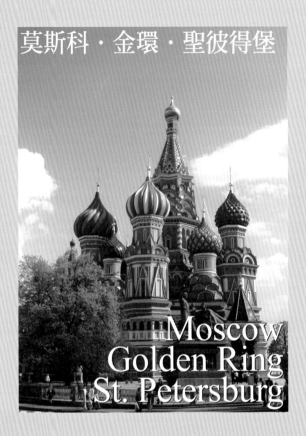

莫斯科・金環・聖彼得堡

Moscow
Golden Ring
St. Petersburg

作者◎ 王姿懿

太雅

個人旅行 *99*

莫斯科・金環・聖彼得堡

【目錄】

作者序 / 編輯室提醒

作 者 序

很高興這些年讀者反應本書實
用，能讓大家赴俄旅遊更方便，
真的很開心。

還記得那年金秋造訪女皇村，滿
山金黃，落葉繽紛，浪漫得引人
沉醉；無論幾次，每到紅場都覺
得聖瓦西里大教堂美得不真實；
每赴聖彼得堡的冬宮和夏宮，總
像走入童話世界。香醇濃郁的美
食、爽朗直白的俄國人、照亮夜空的劇院、日不落的白夜……真
的，忍不住想讓更多人親身體會，俄國無法言喻的美。

一直以來非常感謝讀者的支持，太雅編輯、美編的照顧，父母、
師長、同學、好友的協助，特別謝謝大方提供照片的親友(依姓
氏筆劃順序排列)：FB專頁《悠遊俄羅斯 x YOYO Russia》作者D
先森陳迪、FB專頁《我的莫斯科留學生活日記》作者Jenny、聖
彼得堡台灣同學會會長Yulia Liu、Ушаков С.Г.、王毓棻、拍攝第
三版封面節慶的中國國家地理雜誌圖片編輯暨攝影師王寧、Milk
and Honey 美式婚紗婚攝師Vanol瓦農、江欣盈、聖彼得堡大君
有限公司ООО ТД "Великий Король"徐銘沂與戴仔悅优儷、高于
涵、陳育淳、陳沛逸、拍攝第三版封面芭蕾的陳偉桐、彭楷鈞、
黃翎、蔡冰冰、鄭盈語、蕭乃文、戴仔君、FB專頁《俄語森林》
小編簡鈺燊、《宅男莫斯科生存法則與實錄》作者顧志誠。

謝謝大家一起讓這本書更美好，希望讀者身歷其境，也像我們一
樣，喜歡俄羅斯。

關 於 作 者

王姿懿

政治大學俄國語文學系畢業，
俄羅斯聯邦國立莫斯科羅曼諾索夫大學翻譯系碩士。

學習俄語後，逐漸愛上俄國藝術文化，希望分享經驗與相關資
訊，期待更多人喜歡俄羅斯。

編輯室提醒

出發前，請記得利用書上提供的Data再一次確認

每一個城市都是有生命的，會隨著時間不斷成長，「改變」於是成為不可避免的常態，雖然本書的作者與編輯已經盡力，讓書中呈現最新最完整的資訊，但是，我們仍要提醒本書的讀者，必要的時候，請多利用書中的電話，再次確認相關訊息。

資訊不代表對服務品質的背書

本書作者所提供的飯店、餐廳、商店等等資訊，是作者個人經歷或採訪獲得的資訊，本書作者盡力介紹有特色與價值的旅遊資訊，但是過去有讀者因為店家或機構服務 態度不佳，而產生對作者的誤解。敝社申明，「服務」是一種「人為」，作者無法為所有服務生或任何機構的職員背書他們的品行，甚或是費用與服務內容也會隨時間調動，所以，因時因地因人，可能會與作者的體會不同，這也是旅行的特質。

新版與舊版

太雅旅遊書中銷售穩定的書籍，會不斷再版，並利用再版時做修訂工作。通常修訂時，還會新增餐廳、店家，重新製作專題，所以舊版的經典之作，可能會縮小版面，或是僅以情報簡短附錄。不論我們作何改變，一定考量讀者的利益。

票價震盪現象

越受歡迎的觀光城市，參觀門票和交通票券的價格，越容易調漲，但是調幅不大(例如倫敦)，若出現跟書中的價格有微小差距，請以平常心接受。

謝謝眾多讀者的來信

過去太雅旅遊書，透過非常多讀者的來信，得知更多的資訊，甚至幫忙修訂，非常感謝你們幫忙的熱心與愛 好旅遊的熱情。歡迎讀者將你所知道的變動後訊息，善用我們提供的「線上回函」或是直接寫信來 taiya@morningstar.com.tw，讓華文旅遊者在世界成為彼此的幫助。

太雅旅行作家俱樂部

如何使用本書

本書精采單元：風情掠影、重點城市導覽、逛街購物、特色美饌、住宿情報、旅遊黃頁簿以及深度報導，一網打盡個人旅遊所需。多元豐沛的資訊，兼具廣度與深度，讓讀者閱完此書，即可輕鬆暢遊俄羅斯。

先作功課的：

【風情掠影】以生活化的筆觸，描繪俄羅斯之傳統與現況。透過宗教、文化、生活、節慶、娛樂休閒等面向，讀者可從中找出感興趣題材，發展具有個人風格的遊玩方式。其中，兼及歷史溯源及相關旅遊資訊掃描，更是出發前不可不看的知識大補帖。

【俄羅斯旅遊黃頁簿】出發前拜讀相關旅遊訊息，是旅遊的基本ABC。俄羅斯開放旅遊時間不長，旅遊情報相對受到侷限，本章節所收集皆為第一手情報，實用性相當高，有助於掌握行前規畫的準確度。

邊走邊看的：

【一日遊行程表】每分區備有精美編排的一日遊行程表，讀者不必太傷腦筋，即可直接按表操課，掌握行程的節奏，減少無謂的時間虛擲。

【熱門景點】每個地區不容錯過的好玩地方都有詳盡資料與介紹，讓你清楚知道該怎麼去、該怎麼玩、該看些什麼。

【地圖與解說圖】本書提供27張地圖羅列書中景點及城市位置，只要按圖索驥，便能找到目的地。另有3張解說圖，引領讀者更深入探索所參觀標的物。

【旅行小抄】【玩家交流】【知識充電站】為讀者設身處地設想，提供當下極想立刻了解的旅遊背景資料及TIPS。另外，一些值得注意的有趣小細節、獨特的旅遊美感經驗，作者也在玩家交流中大方分享。

【深度特寫鏡頭】透過作者獨特的觀察，歸納整理出單一主題的深度旅遊重點。6個主題的深度特寫鏡頭，多角度捕捉俄羅斯的藝術文化之美。

需要時查詢的：

【逛街購物】【特色餐飲】【住宿情報】吃喝玩樂、血拚、住宿好所在，3個單元完全包打聽。包括營業時間、價位、類型、交通方式等概況，以圖像icon作成基本data，加以重點解說，可免讀者在當地踏破鐵鞋，滿足讀者味蕾、視覺及購物的享受。

【俄羅斯旅遊黃頁簿】包括簽證、機場、交通、貨幣、訂房、消費購物、電話使用、網站搜尋等重要資訊，都可透過黃頁簿取得。由於俄文並非國際通用外語，此章節還特別收錄中俄對照常見用語及標語，協助讀者作為溝通之用。

※全書幣值以俄羅斯盧布為單位。

※俄羅斯境內各種票價及開放時間每年均會略有異動，本書已盡力更新最新資訊，但是要提醒讀者，購票前請先留意當地最新公布訊息，再行購買。

深度特寫鏡頭

各大單元開版　索引小目錄

解說圖文搭配　一目瞭然

逛街購物　　　　　　　　　　　　美食品味特搜

分區導覽　　一日行程表　　分區地圖

旅遊黃頁簿

內文資訊符號

 價格・費用　　　 網址　　　　 地圖位置

地址　　　　　　@ 電子信箱　　　➡ 前往方法

電話　　　　　　FAX 傳真　　　　!? 注意事項

營業・開放時間　休 休息・公休日

旅遊景點

地圖資訊符號

餐廳　　　　　　巴士・巴士站　　　旅客諮詢處

旅館住宿　　　　機場　　　　　　　地鐵

購物商店・百貨公司　遊輪・碼頭　　橋樓

鐵路站

俄羅斯風情掠影

Beautiful View

5分鐘看完俄國史

「俄國跟烏克蘭到底是什麼關係?」、「俄國不就是蘇聯嗎?」別再傻傻分不清楚、一知半解,40件精選大事記剖析來龍去脈,了解歷史看古蹟才有趣。

俄國速覽

國名:俄羅斯聯邦Россия/
Российская Федерация
首都:莫斯科Москва
政體:雙首長制
國土面積:約1712萬平方公里,
為世界第一大國
人口:約1億4665萬人(2019年),
為世界第九名
民族:俄羅斯境內民族逾180族,
是世上最多民族國家
主要宗教:東正教
官方語言:俄語
貨幣:俄羅斯盧布рубль(руб)

匯率:盧布兌新台幣約1:0.49(2019年7月)
時區:從UTC+2到UTC+12共11個時區,為世上橫跨最多時區的國家
電話國碼:+7
電壓:220V

基輔羅斯與烏克蘭 (862～1240)

○ *862* 首建政府

俄羅斯源於東斯拉夫部落,內戰太多民不聊生,所以邀北歐人留里克來建立史上第一個政府——羅斯。

俄國畫家暨哲學家尼古拉·列里赫《客自海外》

○ *863* 創立文字

羅斯本無文字,信奉基督教的拜占庭帝國(今希臘、土耳其等地)皇帝為方便傳教,下令教士基利爾、梅奉迪兄弟創制字母;後稱這些字母為基利爾字母。

○ *882* 遷都基輔

羅斯第二位大公奧列格攻下基輔遷都。

俄國2013年創字紀念郵票

基輔炸雞、羅宋湯等烏克蘭菜,也是俄國傳統菜

○ *988* 基督教為國教

羅斯原有東斯拉夫多神崇拜,基輔大公弗拉基米爾受洗、娶拜占庭公主安娜為妻,改基督教為國教。

1054 東西教會分裂

羅馬教會與君士坦丁堡(拜占庭帝國首都,今伊斯坦堡)教會長期無法達成共識,基督教正式分裂為天主教和東正教。

1147 莫斯科建城

多次征謀取基輔王位、史稱「長臂尤里」的蘇茲達里大公,到疆土邊界莫斯科慶祝征戰勝利,開始建城。

1185 伊格爾遠征

晚期內憂外患,史詩《伊格爾遠征記》記載諾夫哥羅德大公伊格爾抗敵的辛酸血淚,經19世紀俄國作曲家鮑羅定改編成歌劇《伊果王子》,經典名曲《韃靼人之舞》極富東方特色,舉世聞名。

1240 亞歷山大‧涅夫斯基

諾夫哥羅德大公亞歷山大多次抵禦西北外敵,於涅瓦河擊退瑞典大軍,受封為「亞歷山大‧涅夫斯基」,意即「涅瓦河的亞歷山大」。

特維爾廣場長臂尤里紀念像

俄國畫家瓦斯涅佐夫《激戰之後》

聖彼得堡的亞歷山大‧涅夫斯基修道院

蒙古統治 (1240～1480)

1240 蒙古建欽察汗國

拔都率蒙古軍攻陷基輔,建欽察汗國,命「弗拉基米爾大公」代管內政;雖未下令干預文化,人口普查、徵稅徵兵、服裝等蒙古特色深植人心,很多蒙古菜也變俄國菜。

манты饅第,源自蒙古的小包子

金環弗拉基米爾城抵禦拔都入侵的黃金門

1325 伊凡一世

善理財政、史稱「錢袋伊凡」的莫斯科大公伊凡一世,於城邦紛亂中奪得「弗拉基米爾大公」之位,確立莫斯科公國領導地位。

伊凡一世任內修建的第一座聖母安息大教堂已毀,現址為伊凡大帝任內遺跡

1380 德米特里·頓斯科伊

伊凡一世之孫德米特里在頓河附近打敗汗國部隊,打破蒙古軍戰無不勝的神話,被尊為「德米特里·頓斯科伊」,意即「頓河的德米特里」。

德米特里戰前特請謝爾蓋聖地的聖謝爾蓋祝福,果真凱旋而歸

1473 第三羅馬

西元1453年拜占庭帝國滅亡,1473年伊凡三世迎娶拜占庭末代皇帝姪女蘇菲亞;東正教源於羅馬,傳至君士坦丁堡為「第二羅馬」,莫斯科繼為「第三羅馬」。

教座遷至莫斯科後,聖母解袍教堂為東正教最高領袖牧首禮拜教堂

俄羅斯 (1480~1613)

1480 伊凡大帝

伊凡三世一統數公國,停止向蒙古納貢,以雙頭鷹為國徽、莫斯科為首都,自稱「沙皇」及「全俄羅斯統治者」,被尊為「伊凡大帝」。

1547 伊凡雷帝

勵精圖治、獲封「伊凡雷帝」的伊凡四世取消領主制、大幅改革政體集權,攻滅蒙古殘餘勢力喀山汗國完成統一,改國號「俄羅斯沙皇國」,即位為史上第一位沙皇。

1598 包里斯·高篤諾夫

伊凡四世逝世後,王子德米特里喪生於意外事故、費多爾去世,留里克王朝後繼無人滅亡,費多爾妻舅包里斯·高篤諾夫繼位。

1611 富商密寧與波查爾斯基大公

包里斯·高篤諾夫去世後,波蘭兩度支持偽德米特里王子來襲、農民大規模起義、瑞典入侵,直至富商密寧出資助波查爾斯基大公建軍,才撥亂反正。

紀念偉業的伊凡大帝鐘樓　　紀念喀山戰爭勝利的聖瓦西里大教堂　　包里斯·高篤諾夫長眠於謝爾蓋聖地

羅曼諾夫王朝 (1613～1917)

1613 羅曼諾夫王朝

伊凡四世皇后侄孫米哈伊爾‧羅曼諾夫被全俄縉紳會議推選為沙皇，開啟俄國史上第二個也是最後一個王朝。

1653 尼康宗教改革

牧首尼康改革教義解釋、儀式引發新舊教派衝突，許多舊派擁護者被鎮壓迫害。

1670 拉辛起義

農奴制度苛迫農民世代為地主務農，崇尚自由的哥薩克人時常起義。率貧民起義的拉辛被視為劫富濟貧的英雄，紀念民歌傳唱至今。

1721 彼得大帝

彼得一世罷黜其姐蘇菲亞攝政，親赴西歐考察、大幅改革西化、「大北方戰爭」擊敗瑞典、建新都聖彼得堡，成立俄羅斯帝國正式稱帝，被尊為「彼得大帝」。

紀念彼得一世的青銅騎士像

1795 凱薩琳大帝

凱薩琳二世繼續西化政策，開明專制，平定俄國史上規模大農民起義「普加喬夫起義」，三分波蘭、俄土戰爭鯨吞克里米亞，擴張領土強國，被尊為「凱薩琳大帝」。

凱薩琳二世為子保羅一世下令修築巴甫洛夫斯克

1814 亞歷山大一世

西元1812年拿破崙攻入莫斯科遭逢大火轉敗，凱薩琳二世孫亞歷山大一世御駕親征攻陷巴黎，吞併波蘭、芬蘭，疆土自北冰洋至高加索山脈、東自阿拉斯加西至巴黎，國力極盛，躍升歐洲第一強權，開啟俄國史上領土最大時期。

俄國畫家蘇里可夫《女貴族莫洛卓娃》該女被捕時，仍高舉舊式兩指十字聖號

俄國畫家古斯托迪耶夫《斯捷潘‧拉辛》

紀念1814年攻克巴黎的凱旋門

1825 尼古拉一世

　　亞歷山大一世弟尼古拉一世登基
當天，發生俄國史上第一次軍官武
裝起義「十二月黨人起義」；為防止
叛亂，尼古拉一世流放不少提倡自由
的作家至高加索或西伯利亞，壓制
自由思想和革命風氣。

俄國畫家蒂姆《十二月黨人起義》

1861 亞歷山大二世

　　十九世紀末政黨紛立，亞歷山大
二世深感大勢所趨，施行俄國史上
第三次大幅改革，解放農奴、設立地
方自治議會、充實基礎教育、改革軍
制，推動俄國近代化，獲「解放者沙
皇」封號。

紀念亞歷山大二世的浴血復活大教堂

1917 尼古拉二世

　　歷經日俄戰爭時數萬工人前往冬宮請願改革卻遭軍警射殺
的「血腥星期日」、對日戰敗，尼古拉二世大失民心，雖第一次
世界大戰(1914～1918)親赴前線指揮，皇后重用御醫拉斯普丁
干政、戰爭鉅額支出引發強烈民怨，各界大規模罷工起義，尼
古拉二世退位讓權臨時政府，史稱「二月革命」。

蘇聯 (1917～1991)

1917 列寧

　　列寧、史達林等避居國外或被流
放的共產黨核心人物，在二月革命後
紛紛返回首都，列寧於10月率眾向

支援十月革命的阿芙蘿巡洋艦

尼古拉二世退位讓權的臨時政府發動革命，史稱「十月革命」。

1918 蘇聯成立

　　列寧掌權後即與德國簽和，退出第一次世界大戰，隨後率共
產政府紅軍與烏克蘭西部、頓河流域、北高加索的反共白軍展
開長達四年的內戰；紅軍勝後遷都莫斯科，通過新憲法，聯合
俄羅斯、烏克蘭、白俄羅斯、喬治亞、亞美尼亞、亞塞拜然等共
產國家，成立「蘇維埃社會主義共和國聯盟」，簡稱「蘇聯」。

1922 史達林

　　列寧病逝後，史達林於權力鬥爭中獲勝掌權，實施獨裁極權
統治，教導人民將列寧、史達林奉為神祇崇拜，厲行「五年計
畫」、集體農場、「大整肅」等政策。

1945 二戰(1941～1945)勝利

史達林以「衛國戰爭」口號激勵愛國情操，傾全國血戰，終於擊敗希特勒納粹德軍，1945年5月9日由朱可夫將軍接受德軍正式投降；得來不易的「勝利日」，迄今仍是俄羅斯舉國歡慶的重要節日。

1947 美蘇冷戰開始

二戰結束後，蘇聯、美國兩大世界強權因核武威力過大，雙方在不開啟核戰的前提下，進行政治、經濟、宣傳各方面冷戰對峙，直至1991年蘇聯瓦解才告結。

1953 赫魯雪夫

赫魯雪夫上台後強烈抨擊史達林，平反「大整肅」受害者冤名，致力推動經濟改革，但柏林圍牆、古巴導彈危機、停供毛澤東經濟技術援助導致中蘇衝突等許多問政失策，終被反對人士強迫退休下台。

1979 進軍阿富汗

蘇聯自1973年阿富汗共和國成立便積極干涉政局，1979年底蘇聯進軍狙殺國家元首、扶持左派；反對派群發起聖戰，採游擊戰以少搏多，蘇聯原欲3個月結束卻耗時10年久攻不下，政經受影響甚鉅。

1980 莫斯科奧運

為抗議蘇聯入侵阿富汗，美國發起抵制莫斯科奧運，獲日本、加拿大、西德等全球50多個國家響應，最後僅80個國家參賽，許多參賽國也只派一名旗手，用奧運會會旗代表國旗進場，為1956年以來最少參賽國奧運。

1985 戈巴契夫

為重建經濟、推動自由、民主，戈巴契夫停止以往隱惡揚善、粉飾太平的宣傳方式，以公開、大方原則問政，釋放政治犯、為受冤的名人去汙名化，車諾比核電廠爆炸意外發生時也讓媒體播報真相，溫和改革力圖挽回民心。

1991 蘇聯解體

8月19日戈巴契夫於克里米亞度假時被副總統發動政變軟禁，3日後重返政壇發現大勢已去，於24日宣布辭去蘇共總書記職務；各共和國紛紛趁亂宣布獨立，12月25日戈巴契夫辭去蘇聯總統及軍隊最高統帥職務，蘇聯瓦解。

大部分蘇聯建設迄今猶在，常見鐮刀、錘子、紅星等共產象徵

俄羅斯聯邦 (1991〜)

1991 俄羅斯聯邦成立

戈巴契夫遭政變時，蘇聯俄羅斯共和國總統葉爾欽挺身而出，領導民眾抵制非法政變，聲望大幅提升；蘇聯解體當天，原屬蘇聯的俄羅斯共和國改名「俄羅斯聯邦」，蘇共和俄共的全部動產及不動產皆歸俄羅斯政府所有。

1993 葉爾欽

為迅速轉變成市場經濟，葉爾欽採「震撼療法」大幅更改價格及貨幣、私化國營企業，引發物價飛漲、通貨膨脹、貪污、巨富寡頭、貧富差距懸殊等問題，府會決裂，葉爾欽派軍砲轟白宮(國會大廈)獲勝。

1994 進軍車臣

西元1991年杜達耶夫武裝解放車臣蘇維埃就任總統後，種族政策掀起車臣內戰，1994年葉爾欽出兵反杜達耶夫耗時兩年久攻不下，在輿論與大選壓力下退兵，車臣實質上獨立；1999年普京重創車臣，2000年奪回車臣控制權。

2000 普京

普京於1999年葉爾欽辭職後代理職務，任內減緩府會衝突，於2000年當選總統，連任至2008年。2008年梅德韋傑夫總統任內，普京出任總理；2012年普京再度獲選總統。2018年以76.67%的支持率再次勝出連任總統，將執政至2024年5月7日。

2014 索契冬季奧運

第22屆冬季奧運於2014年2月7日〜23日在索契舉行，為俄國繼1980年後第二次承辦奧運、首次承辦冬奧。俄羅斯於2013年6月通過《未成年人列席公開場合禁論同性戀法》，許多歌手、演員公開呼籲抵制索契冬奧。

2014 克里米亞返俄

西元2013年底，烏克蘭總統亞努科維奇拒簽歐盟經濟協定，引起親歐派嚴正抗議，示威自基輔延燒全國；2014年2月22日亞努科維奇下台，2月27日俄羅斯進軍克里米亞，親、反俄派武裝對峙，情勢緊張；3月17日克里米亞全民公投表決脫烏入俄。歐美為此實施經濟制裁，俄國亦反制，盧布匯率大貶、物價飛漲，經濟局勢不穩。

2018 世足

第21屆國際足協世界盃於2018年6月14日〜7月15日舉行，俄國特地為此盛事給予球迷免簽優待，64場賽事總計303萬人入場觀賞，俄國隊也踢出挺進半準決賽的好成績。

入境隨俗大解密

俄國許多禮節、生活習慣與台灣截然不同，以下列出一些常見細節，值得到訪俄國時好好體驗，融入俄羅斯生活。

飲食習慣

06:00～11:00是早餐時間。俄國人大多在家吃簡單迅速的早餐，如單片麵包三明治、蛋、優格或粥等。12:00～16:00是午餐時間，湯配麵包、單片麵包三明治是常見的便餐選擇，有時會吃整套俄餐：前菜、湯配麵包、主菜魚或肉、副餐、飲料、點心。17:00～21:00是晚餐時間，選擇跟午餐差不多，不少餐廳兼營酒吧、夜店，方便餐後小酌。

俄國人與親友平日聚會較常約晚餐，同席喝酒不能自斟自飲，每次舉杯都要有人說祝酒詞，全體舉杯敬酒後，大家一起喝。通常第

一杯是敬相遇(за встречу) 或父母(за родителей)，第二杯敬健康(за здоровье)，第三杯敬愛情(за любовь)。一般餐飲需付10% 小費，於服務生結帳找零後，把小費夾在帳單本裡；如不需找零，可向服務生示意後直接離開。

商業午餐通常有湯、沙拉、麵包、主副餐及飲料，不一定附點心

外套寄存

因外衣易帶灰塵、冬雪，為維持室內整潔，俄國有進門脫外套、摘帽與手套放門口的習慣。公共場合門把上от себя是「推」，на себе是「拉」，進門後要先到寄存處гардероб寄衣、領號碼牌。一般寄衣不收

莫斯科大劇院新舞臺的寄衣處

費，若外套衣領沒有掛勾，有些地方會酌收衣架使用費或拒收。領好外套準備出門時，紳士會拎著外套兩肩，方便女生伸手穿外套。背包、大包包或大件行李易影響他人，一般需拿到置物櫃камера хранения寄物，視規定酌收寄物費。

住宿特色

俄國別墅小木屋

　　旅館行李小費為每房50盧布紙鈔1張，房間小費亦同。公寓每戶都有暖氣管線，衛浴多為浴廁分離，廁所裡只有馬桶；大樓垃圾經垃圾管道丟垃圾車，再由清潔公司清運處理。社區中庭通常有草地、溜滑梯、翹翹板等給小朋友玩的遊樂設施，方便小孩就近玩耍。

　　別墅大多是簡樸的鄉下小木屋，很多俄國人喜歡到別墅度週末，春末種花、種菜，夏天採蘋果、採漿果、燒烤，入秋採蘑菇、拾金葉，冬天洗俄式三溫暖，遠離塵囂，隨時令享受大自然的美好。

迴避通勤尖峰

　　俄國人很習慣走路，常常隨便走就20分鐘以上，不開車的人每天走路大多超過1萬步。必要的走路之外，俄國人也很喜歡散步聊天，一邊欣賞自然風光或建築、雕塑等精湛公共藝術。

　　莫斯科、聖彼得堡地鐵在07:00～09:00尖峰時段人潮比台灣跨年還洶湧，車站車廂多無空調，百味雜陳，建議挑離峰時間搭乘。公車、電纜公車(又稱無軌電車)、軌道電車(又稱有軌電車)無英語標示、部分班次會改道，不通俄語搭乘較有難度。

莫斯科地鐵尖峰時段萬頭鑽動 (攝影／蕭乃文)

個性直爽不客套

　　俄國親友見面時，兩個女生會擁抱並輕碰或親右臉頰；兩個男生會握右手，更親一些的話，握手同時會用左手抱一下、拍拍背；男女見面跟兩個女生一樣，擁抱並輕碰或親右臉頰。另，俄國人大多個性直爽、不客套，較無禮貌性微笑的概念，在路上無故對陌生人微笑，很容易被當作白痴或有什麼問題，行人表情淡定。

ABOUT RUSSIA

獻花緬懷先烈

俄國人非常重視歷史。除了紀念二戰勝利的5月9日勝利日，各地二戰紀念碑與英雄墓每天都有人獻花，還有很多新人婚禮當天特地去獻花，感謝戰爭英雄帶來的太平盛世、提醒自己好好珍惜當下的幸福。獻花給亡者需送雙數，紅色康乃馨是祭奠、追思用花。

紀念二戰勝利的5月9日勝利日，莫斯科勝利公園獻花如海(攝影／王寧)

熱愛鮮花禮物

俄國很喜歡送禮，去俄國人家裡玩一定要送女主人花，還有禮物如巧克力、糖果、蛋糕或酒。俄國女生很愛花，任何節日、場合、情

А.Коркунов夾心巧克力的3月8日婦女節禮盒(圖片由店家提供)

況都適合送花，所以路上很多24小時花店。在俄國買花送人一定要送單數的鮮花，忌送象徵分手、失戀的黃色。鮮花之外，巧克力禮盒也是幾乎萬用的禮物選擇，常在重大節日推出應景款。

休閒娛樂豐富精采

夏天日照長，很多餐廳增設戶外座位，用餐喝茶、乘涼小酌頗為舒適

19:00～04:00是夜生活時間，劇院、馬戲團等夜間表演多於19:00開場，22:00左右散場；酒吧、夜店一般玩至黎明前，不至於到天亮。

以前上劇院要精心打扮，像頒獎典禮或喜宴般穿正式西裝、禮服，近年已可作商務休閒打扮，但仍講究剪裁、材質，不宜穿牛仔褲或短褲前往。

芭蕾、歌劇訂票網站(請儘早訂票)	
莫斯科大劇院	www.bolshoi.ru/en
聖彼得堡馬林斯基劇院	www.mariinsky.ru/en

大劇院的學生票，俄籍學生憑學生證排隊購票，就可以100盧布欣賞演出(古舞台限額84張，新舞台限額30張，售票時間：早場10:00、午場12:00、晚場16:00)

斯拉夫文化傳承

俄國生活深受斯拉夫民族傳統薰陶，例如，有人打噴嚏要祝他身體健康、晚上不能借錢、出門折返會運勢不順(若折返要照鏡子破解惡運)，為免惡靈阻撓不能說出願望、說好話要呸三下驅邪等等，都是俄國人的日常習慣。除了謝肉節、黃瓜節、蜂蜜節等斯拉夫節日，瑪莎與熊、家庭小精靈、巫婆芭芭伊嘎、寒冬爺爺和雪姑娘等常見的斯拉夫特色，也廣泛應用於文創和休閒娛樂活動中。

攝影／王寧

Масленица謝肉節

斯拉夫民族的傳統節日中，以送冬迎春的謝肉節最為重要。由於這個節過完就是東正教大齋，齋期不得食葷與乳製品，要在大齋前告別葷食，故名謝肉節，等於西方國家的嘉年華(如何過節詳見p.34)。

Маша и Медведь瑪莎與熊

瑪莎與熊是俄國民間的童話故事：女孩瑪莎到森林裡採漿果、蘑菇不幸迷路後，無意間來到熊的木屋，被歸來的熊發現而淪為熊的婢女。後來瑪莎藉故請熊送餡餅給祖父母，自己藏身在放餅的籃子裡；熊提籃穿越森林抵達瑪莎家門口時，村莊的獵犬紛紛狂吠著往熊奔來，把熊嚇得留下籃子便轉身跑回森林，瑪莎得以與家人團聚。

《瑪莎與熊》童話經俄國Animaccord動畫工作室改編成卡通，淘氣的瑪莎和常被她整的大熊不只俄國小朋友超愛，更於海外配音播映，YouTube點閱率也極高(圖出自官網)

Баба-яга芭芭伊嘎

《木屋故事》封面插圖，俄國畫家比利賓繪

芭芭伊嘎也譯為雅加婆婆，是斯拉夫民間故事裡的巫婆，擁有許多寶物和法力，住在有雞腳的移動木屋裡。宮崎駿動畫《霍爾的移動城堡》中，最開始的城堡極富芭芭伊嘎家形象。

Дед мороз寒冬爺爺

寒冬爺爺的業務性質與聖誕老人類似，與聖誕老人不同的是，寒冬爺爺常拿枴杖、穿藍色長袍，並偕同美麗的孫女Снегурочка雪姑娘在新年時當面送小朋友禮物。

新年很多地方有寒冬爺爺、雪姑娘送小朋友禮物的活動(攝影／簡鈺燮)

東正教

東正教堪稱俄國的精神嚮導，很多人從小隨父母上教堂，禮拜之餘結識教友，學習待人處世。進東正教教堂、修道院不可穿短褲、短裙、帶大包包，男摘帽、女戴頭巾，嚴禁喧嘩、禁用所有電子設備。

俄國宗教習俗特色

教堂
拜占庭式建築圓頂象徵燭火，寓意奉獻、照亮塵世；防積雪設計下圓上尖很像洋蔥，又稱洋蔥圓頂。禮拜堂大廳不設座位，祭壇、聖像屏、壁畫、聖像、燭台、燈等禮器，都需嚴守規定製造擺設，井然有序、莊嚴肅穆又富麗堂皇。

基督復活或聖三一聖像置中，左右為十二使徒聖像

聖母像置中，左右為舊約聖經先知及族長聖像

東正教十二大節日

耶穌升天聖像置中，左為聖施洗約翰聖像、右為聖母聖像，另常有天使長米迦勒和加百利、聖彼得、保羅，如空間許可還會有其他重要的教會聖像

教堂供奉的聖像，可因地而異

北執事門　天使長加百利

最後的晚餐

聖母像　耶穌像

南執事門　天使長米迦勒

教堂供奉的聖像，可因地而異

а　а
б　в
г　д

王門

門上左右兩格是 а ——— 聖母領報聖像
中下四格 б, в, г, д ——— 四福音書作者

禮拜
不用俄語，採教會斯拉夫語，純人聲合唱詩歌。祈禱時姆指、食指、中指併攏，依上、下、右、左序畫十字，祈禱後

可點蠟燭或親吻聖像。東正教徒非常敬愛聖母，常排隊祈禱、親吻聖母像。

2011年俄國特由Soyuz TMA-21太空船組員迎奉一幅喀山聖母像至國際太空站，庇護世人與太空人

主保聖人
俄國信奉主保聖人，很多學生大考前會去找學生主保聖人——聖塔齊揚娜或聖尼古拉點蠟燭祈求考運昌隆，跟台灣拜文昌君一樣。

1月25日聖塔齊揚娜日，也是學生節

聖彼得堡的聖尼古拉海軍大教堂；聖尼古拉是庇佑旅人、水手、商人、兒童、學生的主保聖人

祈願籤
不少教堂有祈願籤，寫上姓名交至受理處，執事會在祭壇前朗讀姓名祈福。健康籤之外，還有安息籤悼慰亡者、祝亡靈安息。

赴俄好時光

春有百花秋有葉，夏有長晝冬有雪，高緯度的俄國四季分明，都是人間好時節。以輕裝上路、方便出遊而言，夜短晝長的5月下旬～9月、可遇不可求金秋的10～11月，都很適合赴俄旅行；12～3月晝短夜長風雪嚴寒、4月融雪泥濘出門不便，較少旅客前往，待5月春風送暖、雪盡花草新，才復輕快踏青光景。造訪俄國，別忘記品嘗時令佳肴、歡度節慶，留下獨一無二的訪俄回憶。

夜短晝長遊俄好時

5月下旬

春末逐日晝長夜短，許多藝文活動拉開旅遊旺季序幕。聖彼得堡每年擇夜舉辦Ночь музеев博物館之夜，可一票夜遊逾110間博物館、美術館、圖書館、音樂廳、展覽館，深受文藝青年與學生喜愛。5月27日聖彼得堡(P.180)市慶(День города)，傍晚宮殿廣場的市慶音樂會水準極高，可前往免費聆賞古典樂，與市民同樂。

活動網站		
莫斯科契訶夫國際劇場藝術節	5月中下旬～7或8月	chekhovfest.ru
聖彼得堡博物館之夜	5月下旬擇夜舉辦	artnight.ru
彼得宮城噴泉啟用典禮	5月下旬擇日舉辦	peterhofmuseum.ru
聖彼得堡白夜繁星音樂節	5月下旬～7月下旬	mariinsky.ru 音樂節前有STARS OF THE WHITE NIGHTS置頂欄目

5月下旬～6月楊花飛舞似雪，易過敏者宜準備口罩、藥品等防範措施

聖彼得堡博物館之夜，文藝青年、學子暢遊博物館，午夜天色猶亮(攝影／彭楷鈞)

歡慶中學畢業、迎接人生新階段的紅帆節，象徵希望和夢想的紅色風帆船駛過涅瓦河，煙火絢爛 (攝影／彭楷鈞)

6月

6月6日普希金(P.87)誕辰紀念日暨世界俄語日，普希金相關紀念館皆免費開放；6月12日國慶(День России)，全俄各大城市舉行慶祝晚會、施放煙火，舉國歡騰。6月11日～7月2日夏至前後，日不落白夜是聖彼得堡引以為傲的特色，盛大舉辦紅帆節(праздник "Алые паруса")與各種夜間藝文活動，全城歡慶。6月下旬～8月夏日折扣季，很多店家下殺3折(скидки -70%)，非常優惠。

7月

盛夏中午炎熱，沒胃口的時候，冷飲科瓦斯(квас P.41)和冷湯(окрошка)清爽解熱，香濃的俄國冰淇淋(мороженое P.79)更是消暑良方。7月下旬有蘇茲達里黃瓜節(P.158)，7月最後一個週日則是俄羅斯海軍節(День ВМФ)，波羅的海艦隊軍艦、潛艇移師聖彼得堡涅瓦河閱兵，可欣賞俄國海軍英姿與彼得保羅要塞的軍歌煙火秀。

阿克洛許卡冷湯(окрошка)採啤酒、科瓦斯或奇菲爾加蔬菜、時蘿、水煮蛋，風味新鮮獨特

8月

博覽會官方網站：наярмаркемёда.рф (俄)

俄國人熱愛蜂蜜，莫斯科8～10月舉辦夏季全俄蜂蜜博覽會(Всероссийская ярмарка мёда)方便民眾試吃、購買新鮮蜂蜜和相關產品，藥草蜜色深味苦有療效、市面少見，是必嘗經典。因會場工作人員英語不太通、攤位極多易迷路，建議與俄語友人同行。

9月

9月1日開學日為知識節(День знаний)，學生與家長皆盛裝打扮參加開學典禮，送花給老師，慶祝新學年開始；俄國小學生制服、白花蝴蝶結髮飾有特色也滿容易在百貨公司找到，若喜歡可添購留念。莫斯科市慶(День города)於9月第一或第二個週六舉行，莫斯科市中心馴馬場廣場(P.72)、特維爾大街(P.82)有慶祝活動，晚上可於紅場欣賞煙火。

8月底起，莫斯科即常見市慶標語「莫斯科，生日快樂！」

可遇不可求的浪漫金秋

10月

俄國樂團、劇組夏天多赴國外巡迴演出，秋季返鄉，精湛演出照亮漆黑長夜，展開劇院旺季。金葉燦爛、晴空湛藍、雲朗風清的秋天為期短暫，自古以來深受俄國人喜愛；近年因氣候暖化，秋葉轉黃時間不定，更讓金秋可遇不可求，彌足珍貴。10月～11月訪俄若遇金秋，莫斯科的麻雀山(P.128)、女皇村(P.130)，聖彼得堡市郊的彼得宮城(P.254)、沙皇村(P.258)、巴甫洛夫斯克(P.264)和市區彼得保羅要塞(P.230)美不勝收，值得一探。

晝短夜長寒冬盛雪

11月

降雪後入冬，晝短夜長、風雪嚴寒，戶外活動不便，較少遊客造訪。因室內配暖氣，冬天訪俄宜採洋蔥式穿法，備足帽子、外套、手套、圍巾、厚襪、雪靴等禦寒衣物，即可來去自如、享受白雪皚皚的靜謐冬景。

俄國畫家古斯托迪耶夫「俄版維納斯」

俄式三溫暖浴帽，用以隔絕蒸氣避免頭部過熱(攝影／陳育淳)

若不適應俄國的天寒地凍，不妨至聖彼得堡的三溫暖會館Дегтярные бани(官網d1a.ru)或歷史悠久的莫斯科浴場Сандуны(官網eng.sanduny.ru)，以類似芬蘭浴的俄式三溫暖баня暖身：在

燒熱的石頭上澆水產生蒸氣，以樺樹枝做成的浴帚不斷拍打身體促進血液循環，蒸熱後入冷水池，待冷卻再回蒸氣室，反覆數次，痛快舒暢。除了俄式三溫暖，Сандуны還有羅馬式浴池，供應飲料點心，陳設華麗、服務舒適，連普希金、托爾斯泰都曾是座上賓。

12月

12月中旬開始冬天折扣季，因應歲末添購新年禮物，連珠寶也打1至3折，撿便宜買鑽戒正是時候。12月下旬赴俄，品嘗奧利維葉沙拉(Оливье)、魚子醬等俄國傳統年菜，觀賞芭蕾《胡桃鉗》或賀年片《命運的嘲諷》最是應景。

奧利維葉沙拉Оливье是俄國傳統年菜

俄產香檳氣泡酒(шампанское)清甜可口，俄國跨年、婚禮都愛喝半甜香檳慶祝

經典蘇聯電影《命運的嘲諷》故事背景即除夕夜，電視常應景重播(圖出自電影劇照)

俄國人不常吃魚子醬，大多過年當年菜吃

柴可夫斯基芭蕾名劇《胡桃鉗щелкунчик》，故事場景為平安夜，是12月下旬劇院必演的應景經典 (攝影／陳偉桐)

1月

1月上旬，俄國常見身穿長袍、拿拐杖的斯拉夫新年老人寒冬爺爺(Дед мороз)及一身傳統俄羅斯服裝的孫女雪姑娘(Снегурочка)送小朋友新年禮物。1月7日東正教聖誕節是東正教第二大節日，親友往來比照過年，有許多應景傳統佳肴，值得品嘗。因1月13日東正教新年非國定假日，一般只團聚吃飯、互道新年快樂，像台灣過元旦較平淡沒有年味，可向教友拜年，一起感受新年氣息。

各色甜、鹹派餅是聖誕節傳統佳肴

過節常吃小餐包，有各種甜、鹹口味

果乾或漿果加糖熬煮冷卻的康波特(компот)是聖誕節經典飲品

31

2月

2月23日是紀念1918年志願者建立紅軍、擊退德軍，成功保衛彼得格勒的祖國保衛者節，亞歷山大花園(P.71)無名將士墓將舉行追思儀式，晚上可欣賞音樂會及煙火；另因此節已衍生為男人節，俄國女生會送男生禮物，感謝男生的保護與辛勞，若有俄國男性朋友，可隨俗送禮製造驚喜。

布林餅象徵太陽，是謝肉節必吃美食，常疊成1/4方便夾餡

此外，2月有莫斯科冬季全俄蜂蜜博覽會、黃金假面劇場藝術節(2～4月，網站goldenmask.ru)、復活節前8週(2月中下旬～3月上旬)則是送冬迎春的俄國嘉年華會謝肉節(Масленица)。謝肉節為期一週：週一煎布林餅迎春、送第一張薄餅給窮人以紀念亡者，週二邀未婚親友滑雪、吃餅(相親)，週三岳母請女婿跟客人吃餅，週四大家出門狂歡，週五女婿回請岳母吃餅，週六新嫁娘妯娌聚會送禮；最後「寬恕星期日」親友互訴過錯請對方原諒、釋嫌和好，燃燒象徵寒冬的稻草人歡送冬天。

紅場熱鬧的謝肉節園遊會 (攝影 / 王寧)

3月

3月8日婦女節是俄國人極重視的節日，男生一定要送花給女性，較親密的女性如家人、女友要加送禮物；學生買花合送師長、雇主送所有女性員工鮮花跟小禮物，冬末春初這天，滿街美麗笑靨如花，格外動人，推薦應景送花給俄國女性朋友。

(左) 無需巧手也能做出漂亮彩蛋的套膜，款式多樣
(右) 香濃扎實的復活節蛋糕，依傳統要等到復活節當天才可享用

謝肉節後到復活節期間(3月中旬～4月下旬)是大齋(Великий Пост)，因齋期需禁欲、停止娛樂活動、不辦婚禮，茹素、減少食量，虔誠修身，餐廳會推出齋期菜單(постное меню)方便點餐。復活節前一個禮拜「受難週」，教徒會特別誠心齋戒、祈禱、大掃除，準備復活節蛋糕和彩蛋等應景食品迎接耶穌復活，市面上推出各色復活節蛋糕、彩蛋套膜，可趁機選購嘗鮮、留念。

4月

冬末融雪時濕冷泥濘，出門不便，加上4月20日希特勒生日前後，激進種族主義黑幫「光頭黨」活動特別猖獗，需格外注意安全。

春分月圓後第一個週日(4月下旬)復活節(Пасха)是東正教最重要的節日，教徒於多日齋戒中自省，在耶穌復活時獲得救贖和重生。若有興趣，可隨教友盛裝到教會，參加復活節前夕莊嚴隆重的守夜典禮；到午夜12點鐘響後秉燭夜遊，持續慶祝到早上。現在教會比較自由，不像古時候熬夜若打瞌睡會被潑水或丟到河裡，體力不支可早退休息。午夜鐘響後，逢人一定要說：「耶穌復活了！

復活節供桌很像台灣大拜拜

(Христос воскрес!)」代替平常問候，聽者必回：「真的復活了！(Воистину воскрес!)」，雙方一開口都是福音。復活節蛋糕、彩蛋等節慶食品擺在教會特設的大供桌上插蠟燭，等教士祝禱完、灑好聖水再帶回家或分送親友，延續過節歡愉一整天。

繁花似錦春意盎然

5月上中旬

5月1日是俄國人重視的勞動節暨春天來臨節，各地主要街道都會舉辦遊行；紀念二戰的5月9日勝利日是5月最盛大的節日(P.124)，可繫戴聖喬治絲帶共襄盛舉、參觀特維爾大街閱兵遊行、或到勝利公園(P.122)向穿軍服、戴勳章出席紀念活動的二戰英雄獻花致意，晚上則可以欣

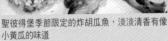

賞煙火。勝利日後春暖花開，各色花卉美不勝收，熱愛太陽的俄國人紛紛開始做日光浴、野餐烤肉、到鄉下別墅度假。

5月上中旬是短暫的聖彼得堡胡瓜魚(корюшка)季，胡瓜魚飽滿多卵、略似柳葉魚，許多餐廳推出炸胡瓜魚，可嘗嘗難得的春季限定美味！

聖彼得堡季節限定的炸胡瓜魚，淡淡清香有像小黃瓜的味道

豐富多變的俄式美食

俄國菜擅煎、炒、烤、炸，吃重鹹、酸促進食慾，佐酸奶油、時蘿提味解膩，融合歐亞特色；近年俄國很流行日本菜，但常加奶油乳酪，口味已歐化，反觀台灣少見的中、西亞菜香濃可口，推薦嘗試。俄國點心很甜，務必配熱茶或咖啡享用。難得到俄國一趟，可別錯過這些獨特美味！

 **早餐** *завтрак*　很多餐點也是午、晚餐副食或點心，一整天都可以吃到。

粥 каша

傳統早餐，蕎麥、燕麥、米、小米、杜蘭小麥等各種，甜鹹都有。蕎麥粥гречка/гречневая каша煮好會瀝乾，口感像飯。

歐拉季益 оладьи

傳統俄式鬆餅，有櫛瓜、豬或牛肝等鹹口味，也有蘋果、奇菲爾等甜口味。

單片麵包三明治 бутерброд

源於德國butterbrot，有各種口味；抹奶油、魚子醬是俄國經典美味。

布林餅 блины/блинчики

傳統俄式薄煎餅,謝肉節應景食品,有各式甜鹹口味、造型。布林餅блин讀音blin現也為髒話(近似「靠」或「他媽的」),發音、語氣需輕緩,避免誤會。

沙拉 салат

傳統的什錦甜菜沙拉(винегрет)

烏梅甜菜沙拉свекла с черносливом風味獨特

「穿皮草的鯡魚」сельдь под шубой沙拉,皮草指的是甜菜絲

закуски

有冷盤小菜(холодные закуски)、熱開胃菜(горячие закуски)；幾乎所有冷盤都很下酒。

魚子醬 икра

黑魚子醬貴，各種紅魚子醬красная икра比較常見；直接吃很鹹，需配麵包跟潤滑口感的奶油。

俄國很多人工魚子醬，紅魚子醬蛋沙拉常為人工魚子

買魚子醬大快朵頤

上超市買魚子醬、奶油сливочное масло跟麵包享用，遠比餐廳過癮得多。鱘魚子醬икра осетра/осетровая通常為罐裝，量少價高，廉價黑魚子醬為其他魚種或人工魚子；銀器以外金屬會影響鱘魚子風味，建議以其他材質湯匙取用。裸裝紅魚子醬飽滿新鮮需現買現吃，罐裝則以鮭魚子醬икра лососи/лососевая居多。

塔杯或原味蘇打餅乾抹奶油、魚子醬也是傳統吃法

醃漬魚 соленая рыба

品種廣泛，醃鮭魚或醃鯡魚сельдь/селедки最常見。

醃菜 соленые овощи

種類繁多，一般俄國人最愛酸黃瓜соленые огурцы。

燻腸 колбаса

切面可見潤滑口感的油花，肉餡香滑，常配黃芥末醬горчица。

肉凍 студень/холодец

豬、雞、魚肉、豬舌等純肉凍外，也有加蔬菜、漿果的口味，配黃芥末吃。

湯品 *первые блюда/супы*

用料豐富，俄國人享用湯品為「吃[есть]」湯，而不是「喝[пить]」湯，習慣配麵包。

羅宋湯 борщ

俄國最具代表性湯品，甜菜湯色豔紅，加酸奶油經典美味。

雜菜湯 солянка

有肉、魚、蘑菇等口味，酸辣鮮美。

蔬菜湯 щи

以高麗菜為主要食材熬製，酸甜順口。

哈爾翹米湯 харчо

格魯吉亞傳統湯品，香濃微辣，帶米口感獨特，通常為牛肉湯底。

酸奶油 сметана

俄國冷熱菜肴調味、沾醬、麵點餡料，湯品必備；不加的話，點湯時要說明без сметаны(bez smetani)。

37

主菜 вторые блюда/основные блюда/горячие блюда

烤肉串 шашлык

源自土耳其，金庸小說《鹿鼎記》韋小寶赴俄愛吃的「霞舒尼克」就是這道菜。

史特拉戈諾夫燴牛肉 бефстроганов

十八世紀奧德薩的史特拉戈諾夫公爵家廚融合法國燴牛肉、俄國酸奶油醬所創，香濃柔嫩。

有名的冷凍餃子之一，紙盒包裝很好認

基輔炸雞 котлета по-киевски

包奶油內餡，需趁熱食用並小心燙口。

餃子 пельмени

肉餡口味多為豬牛混合、不包菜，蔬菜口味常為馬鈴薯泥或蘑菇。

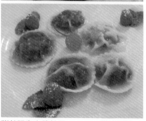

甜餃跟烏克蘭餃子вареники風味獨特，值得一試

漢堡排 котлета

俄國家常菜，常為豬牛混合肉餡。

燉肉 тушеное мясо

豬свинина、牛говядина或羊баранина燉肉香濃，常佐蔬菜、馬鈴薯或抓飯。

麵包 & 麵點 хлеб & выпечка

麵包 хлеб

重要主食，分黑麵包ржаной與白麵包белый。

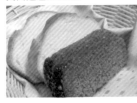

重要的麵包

麵包與鹽хлеб и соль是俄國迎賓傳統，一般由女性著傳統服裝捧麵包、麵包中間放鹽碟，貴賓剝一塊麵包沾鹽吃；婚禮後，婆婆要捧麵包與鹽迎接、致詞祝福新人。

(顧志誠／攝影)

哈掐布里 хачапури

格魯吉亞傳統麵餅，起司口味с сыром趁熱風味最佳。

列標許卡 лепешка

中亞傳統麵餅，麥香有嚼勁，剛出爐最好吃。

副餐 гарниры

抓飯 плов

烏茲別克國菜，有各種口味，是重要主食。

馬鈴薯 картошка/картофель

重要主食，有薯泥пюре、薯塊картошка по-деревенски、薯條фри等。

甜點 *decepm*

蛋糕 пирожное/торт

馬鈴薯картошка蛋糕因造型得名，裡面沒有馬鈴薯，款式多變

鳥的乳汁птичье молоко棉花糖慕斯源自波蘭，蘇聯時期改良後席捲俄國

胖球Панчо酸奶油蛋糕混合蛋糕丁、堅果、水果跟酸奶油醬汁，香濃醇厚

蜂蜜奶油蛋糕медовик/медовый торт蜜香沁甜

紀念蘇聯芭蕾舞星安娜‧帕芙洛娃的帕芙洛娃蛋糕Павлова蛋白霜輕盈酥脆

烏梅蛋糕торт с черносливом夾加州梅醬、慕斯，風味獨特

蟻窩蛋糕Муравейник混合蛋糕丁、太妃糖漿、酸奶油、巧克力，獨特香甜

基輔蛋糕киевский торт榛果奶油香濃，夾兩層蛋白霜

蘇聯時期改良的俄國版布拉格蛋糕прага

輕乳酪蛋糕запеканка творожная常夾葡萄乾с изюмом，佐漿果醬汁

飲料 *напитки*

飲水分一般水негазированная與氣泡水газированная。

科瓦斯 квас

黑麵包發酵氣泡飲料，略帶酒精濃度，味道像德國黑麥汁。

奇菲爾 кефир

源自高加索地區的乳酸飲料，常帶輕微氣泡跟微量酒精濃度，營養豐富助消化。

漿果汁 морс

各種漿果汁、水果汁調成，清涼酸甜，佐餐可解膩。

俄國名酒伏特加 водка

伏特加俄語водка源於水вода的暱稱，酒精濃度40％，冷凍後入喉不嗆順口。小杯一口乾掉冷凍伏特加、吐出酒氣，配一口魚子醬或酸黃瓜、黑麵包，滿口芬芳，餘韻無窮。

(左) Beluga配魚子醬特別對味
(右) 聖彼得堡名產Русский Стандарт有霧瓶銀標原味、亮瓶金標金燦及亮瓶銀標白金3種，白金最受歡迎；台灣雖已進口，尚不多見

註：目前俄國規定買酒需年滿18歲以上(店員可要求出示護照)，晚上8點起禁止酒類零售至隔天早上11點，依各地禁售時段為準；台灣海關規定一人免稅限帶1公升酒類入境。

在俄國點餐

餐廳不附水，需點飲料；點湯服務生常問要不要麵包(一般而言不貴)，上菜依冷熱次序，趕時間可要求一次上齊，點商業午餐бизнес ланч較經濟實惠。小費為餐費10%以上，結帳後另付。

俄語文法需變格，「…口味」用形容詞或 и з 加上食材單字第二格，「佐…」或餡料用 c 加上食材單字第五格表示：如細麵雞湯куриный суп с лапшой，肝臟口味歐拉季益оладьи из печени，肉餡小餐包пирожок с мясом，漢堡排配馬鈴薯котлета с картошкой，對照前幾個字母(字根)較易看懂菜單。

若餐廳不通英語，可用肢體語言配合簡單俄語點菜：

俄文	英文發音	中文近似發音	含意
Здравтсвуйте!	Zdra-stvooy-tyeh!	子的拉·斯威·妾	您好！
Дайте мне это, пожалуйста.	Daite mne ata, pajaosta.	帶且·麼捏·A打，巴叫斯打	請給我這個。
Спасибо!	Spaciba!	斯吧系吧	謝謝！

必BUY俄國風紀念品

吃過了魚子醬、暢飲了伏特加、也看到好多俄羅斯娃娃，想買回家卻不知從何挑起？本篇將介紹富含俄國風的特色紀念品，送禮自用兩相宜，並能留下旅程美好回憶。

帶份小禮，自用送禮兩相宜

俄羅斯娃娃 матрешка

每套都是工匠或畫家手工繪製，獨一無二，選購訣竅是看得順眼、請店家打開娃娃展示，最小的娃娃也五官清楚、討人喜歡才好。傳說可對最小的娃娃許願再收起來，等願望實現才打開；小娃娃為了恢復自由，會努力助人達成願望。

底部常有個數、產地與作者的簽名

木燒娃娃

小娃娃造型可能不同

蛋型娃娃

粉彩娃娃

俄羅斯娃娃大都戴頭巾，背面頭巾花紋美麗
（高于涵／攝影）

護手霜 крем для рук

俄國氣候乾燥，保濕用品效果好，有機品牌 NATURA SIBERICA 物超所值。

NATURA SIBERICA商標

西伯利亞藥草師Агафья阿嘎菲雅牌主打草本配方

帝國瓷器 императорский фарфор

逾270年歷史的帝國瓷器，作品工藝精湛，城市主題杯別有紀念性。

頭巾 платок

女性傳統配件，進教堂當頭巾，平時當圍巾、披肩，歷久彌新。

用料好、有設計的頭巾名牌Павловопосадская платочная мануфактура

大耳查布 Чебурашка

蘇聯經典卡通、俄國版生日快樂歌主角，多次擔任國際賽事俄國吉祥物。

選購須知

俄國店家補貨較慢，看中的紀念品價格合理最好即刻購買，以免錯過；跟攤位殺價成功必須購買，才不失禮。琥珀、機械錶等保值商品到百貨公司專櫃或專賣店選購，較有保障。

如保冰無虞，推薦在超市買魚子醬；目前俄國海關規定一人限帶250公克鱘魚子醬、5公斤紅魚子醬出境，其他魚子醬無限制。

到俄國超市找美味好食

機場買紀念品方便但索價不菲、選擇少，上超市划算又可體驗俄國日常生活，一舉兩得。(攝影／簡鈺熒)

Ашан常有超值折扣

Азбука вкуса商品較多樣化

О'КЕЙ跟Перекресток平價實惠

毛鱗魚子醬
икра мойвы
像明太子，
拌義大利麵
很不錯

Русская нива盒裝蛋糕口感不錯

麵包烘成的下酒餅乾
сухарики

煮菜加點香
料Приправа
即可重現俄
國美味，送
禮自用皆宜

逾百年歷史的Юбилейное紀念日餅乾，是俄國
國民餅乾

蜂蜜мёд因俄國緯度較
高，口味、成色與台灣
不同，市集、市場常用
塑膠罐裝，超市較多玻
璃瓶裝，最常見的椴樹蜜
липовый мед清香沁甜

袋裝麵包名牌Каравай的黑麵包Чудо
不像一般黑麵包酸硬，鬆軟香甜、
順口好吃；Ржаной край保有雜糧穀
粒，健康養生

俄國巧克力大賞

香醇濃郁巧克力風靡俄國，是過節訪友送禮首選，也是小男生和心儀對象分享甜蜜拉近距離的契機；帶些巧克力當伴手，分享俄國迷人的香甜。

(攝影／簡鈺燮)

聖彼得堡巧克力名牌Крупской有名的鹽味巧克力Особый

名牌Красный Октябрь的牛奶巧克力молочный шоколад Алёнка系列，有焦糖爆米花等口味增添變化

夾心巧克力名牌А. Коркунов

口感特別的氣泡巧克力пористый/воздушный шоколад

逾210年歷史名牌巧克力Бабаевский

夾心巧克力片 Alpen Gold

Вдохновение系列巧克力條

廣受好評的Комильфо夾心巧克力шоколадные конфеты

45

十大俄國經典攻略

俄國地大物博，建議勿安排太多景點，依個人喜好排序，保留充分交通與用餐時間，安排適合自己的獨家行程，放慢腳步，感受自由行的愜意。以下特別推薦十大主題景點，供優先參考。

必遊景點

首都印象
美得不真實的經典教堂

時間｜半日

行程｜紅場(P.60) →Гум百貨(P.75) Гастроном № 1咖啡座午茶 →札里亞季耶公園(P.74)

行前注意｜紅場早上背光，若時間許可，早上先至克里姆林宮(P.64)及馴馬場廣場(P.72)

地下宮殿
公共建設美學極致

時間｜快閃1小時

行程｜莫斯科地鐵(P.132 & P.133)

行前注意｜避開早上7～9點、下午5～7點尖峰時間，赴景點前後順路參觀

藝術殿堂
館藏與宮殿之美目不暇給

時間｜半～1日

行程｜隱士廬博物館(P.184～P.189)

行前注意｜慢慢逛冬宮本館、參謀總部大樓東翼分館至少各1天，走馬看花至少各3小時

北方威尼斯 戰史悲壯的浪漫水鄉

時間｜3～5日

行程｜聖彼得堡(P.180～P.247)

行前注意｜春秋河面風大，遊河可蓋船家提供的毛毯，注意頭部
保暖，以免著涼

視興趣增減景點

帝俄風華
造訪行宮遙想盛世輝煌

時間｜每座行宮半～1日

行程｜彼得宮城(P.256)

行前注意｜推薦每年4月底至
10月中噴泉運作時前往，帶些
點心逛花園，累了可野餐

-

行程｜凱薩琳宮(P.260)

行前注意｜1.先聽導覽逛完華麗的宮殿，再逛花園

2.以導覽控管入場人數，觀光旺季常排隊逾千人、排一
整天仍無法進場，行前請做好心理準備及行程備案，
才不掃興

(攝影／瓦農)

虔誠信仰 感受東正教的神聖莊嚴

時間｜半日

行程｜基督救世主大教堂(P.98～P.99)

行前注意｜4月下旬復活節大典人潮洶湧、維安較嚴，有許多應景布置與攤販，過節氣氛濃厚，地鐵營運至凌晨2點疏運(復活節介紹詳見P.35)

氣勢磅礡 躍然紙上
俄國名畫巡禮

時間｜每座美術館半～1日

行程｜特列季亞科夫畫廊(P.102～104)

行前注意｜各階段全面呈現俄國繪畫特色

-

行程｜俄羅斯美術館(P.203～P.204)

行前注意｜18世紀～20世紀俄國名家館藏特別豐富

此曲只應天上有 文藝之夜 俄國芭蕾

時間│晚間表演時間常為
19:00～21:30，需提早吃晚
餐或安排宵夜

行程│大劇院(P.74, P.25)
行前注意│1856年8月20日
亞歷山大二世加冕日啟用的
古舞台歷史悠久，值得體驗
-

行程│馬林斯基劇院(P.181, P.25)
行前注意│芭蕾舞劇《天鵝湖》特別有名，一票難求

市集尋寶 打包一份回憶

時間│半日
行程│維爾尼撒日工藝品市場(P.129)
行前注意│確認想買、告知店家想要的數
量再開始講價，以免造成誤會

淳樸鄉間
遠離塵囂的輕鬆閒適

時間│2～3日
行程│蘇茲達里
(P.148～P.161)
行前注意│耗時較長，
適合時間充裕又熱愛
鄉村風光的旅人

玩家小抄

博物館學生票常為成人票
半價，強烈推薦行前辦妥
國際學生證。

Zone Guide

俄羅斯
分區導覽

RUSSIA

Москва
莫斯科

莫斯科全圖

往聖得彼堡方向

往金環方向

其他地鐵沿線景點
Другие достопримечательности
рядом с метро

阿爾巴特街
Улица Арбат

特維爾大街
Тверская улица

維登漢國民經濟成就展覽園區
Выставка достижений
народного хозяйства (ВДНХ)

特維爾大街、
新阿爾巴特街、
阿爾巴特街區
Тверская улица,
улица Новый Арбат,
улица Арбат

紅場及克里姆林宮區
Красная площадь
и Кремль

紅場
Красная площадь

克里姆林宮
Кремль

特列季亞科夫畫廊
Третьяковская галерея

女皇村
Царицыно

莫斯科河畔區
Район Замоскворечье

莫斯科市郊

新少女修道院
Новодевичий
монастырь

N

攝影／瓦農

雙頭鷹的心臟

　　拿破崙曾說：「如果我抓住基輔，就抓住了俄國的腳；掌握聖彼得堡，就抓住了俄國的頭；一旦占領莫斯科，就擊中了它的心臟。」

　　莫斯科是俄羅斯首都，也是政治、經濟、交通、科學與文化的中心。莫斯科自1147年長臂尤里建城迄今已逾870年歷史，現已發展為歐洲人口最多的城市，莫斯科市人口即占全俄羅斯的十分之一。

　　莫斯科古時原為木造建築城市，1380年德米特里‧頓斯科伊打敗蒙古軍後，莫斯科公國亦元氣大傷，在蒙古軍2年後捲土重來時慘遭大火焚城，多年的建設化為灰燼。莫斯科公國時期再建的莫斯科城，於1812年拿破崙攻入莫斯科之夜連續4日大火，幾近全毀。亞歷山大一世戰勝拿破崙後，下令建築師波維主導重建計畫，今日許多景點皆為此時期的建設。二戰時期，莫斯科傾城誓死奮戰，莫斯科保衛戰持續了整個冬季，使得德軍在第二次世界大戰中首次慘敗；英勇抗戰的莫斯科，戰後列名為蘇聯英雄城市之一。

　　今日的莫斯科有莫斯科公國古蹟，也有名流首富聚集的新興奢華地帶，各國各族移民交匯於此，也可見到金髮雪肌的俄羅斯美女；來此，格外能體會俄羅斯揉合古今歐亞各種元素的獨特風貌。

搭地鐵暢遊莫斯科

攝影／瓦農

莫斯科地鐵網平均每日客流量逾7百萬人次、平日客流量逾9百萬人次，是世上使用率最高的地下軌道系統。莫斯科地鐵自1931年建站發展迄今，全長381公里，有12條線路、224個車

站並持續增建；環線設計的轉乘系統，更讓地鐵成為莫斯科市內最便捷的大眾交通工具。(莫斯科地鐵圖請見拉頁)

莫斯科地鐵趣

進地鐵別忘抬頭欣賞裝飾藝術

紀念往返莫斯科、聖彼得堡Красная стрела紅箭特快車75週年的特色車廂。

地鐵列車停靠標示是列車進站後第一節車廂下的停靠基準

地鐵站銅像被摸得發亮 (王毓菱/攝影)

1. 地鐵車廂或轉乘通道、出口地下道裡常可遇到街頭藝人，若喜歡他們的表演，不妨投一張小鈔鼓勵他們。

2. 莫斯科地鐵有幾款紀念重要歷史事件的特色列車，如有機會搭乘，記得拍照留念。

3. 莫斯科的流浪狗也會搭地鐵。曾有報導流浪狗特地搭地鐵去覓食與欣賞路人運動的新聞，流浪狗來去自如的感覺相當輕鬆愜意。

搭乘莫斯科地鐵注意事項

購票時

由於莫斯科地鐵尖峰時刻人潮擁擠、買票常需排隊久候，建議在離峰時刻購票，省去回程排隊購票步驟；售票機可按EN顯示英語介面，推薦購買儲值卡ТРОЙКА，搭乘單價較優惠。莫斯科地鐵規定一人一張票卡，切勿多人共用一卡。攜帶大件行李時，需購買行李票。若忘記儲值卡剩餘金額，可至售票窗附近黃色印有地鐵M字標記的感應機查詢。離開莫斯科前可退還儲值卡取回押金，餘額恕不退還。

地鐵出入口的紅色M字標記

玩家小抄

Yandex.
Metro APP

介面支援英、俄語，直接於地鐵圖點選起、迄站，即顯示最佳搭乘路徑、預估時間與即時站況(閉站提醒)，使用方便。

刷票進地鐵後

將票放在票閘右邊圓圈上，見綠色指示燈亮即可通過。如為多線轉乘站，先看路線指標對照路線號碼、名稱(有時指示牌上的顏色並不準確)，辨明方向後依指標前往月台。由於莫斯科地鐵深入地層(戰時曾有防禦避難功能考量)，電扶梯速度較快，搭乘時請務必小心。

目前最長的地鐵電扶梯在藍線
(Парк Победы)勝利公園站

如何辨明乘車方向

以指標左右兩邊最後一站的站名對比要前往方向的最後一站，即可辨別候車月台。

啟用紀念標明地鐵
站啟用日、建築師

56

搭乘時　車箱內有免費Wi-Fi、俄英對照跑馬燈、俄英雙語廣播，留意即可避免坐過站。莫斯科地鐵偶爾會臨時廣播請所有乘客下車調度班次，若見到所有人都下車，要跟著一起下車。

下車後　大部分月台中間會在牆上標示站名，可對照是否抵達目的地或轉乘站。

ОХОТНЫЙ РЯД

轉乘　抵達轉乘站後，在月台中間先找到轉乘路線指標，對照路線號碼、名稱(有時指示牌上的顏色並不準確)，辨明方向後依指標前往要轉乘的路線月台。莫斯科地鐵的轉乘站在不同路線上有不同站名，需辨認清楚以免搭錯車。(可留意腳下，有時地上會貼指標)

有些轉乘站設有簡餐店，供乘客用餐

出站　出站前，先對照出站指標上的關鍵詞字根辨別方向再出站，會離目的地較近一點；出站不需刷卡。

地鐵站出口地下道很多商店，牆上常有指標，指引地標方向

搭地鐵安全注意事項

1. 留意地鐵警察的位置，如有光頭黨、球迷、醉漢等容易肇事人物出現，跟在地鐵警察旁邊比較安全。
2. 地鐵扒手不少，搭乘地鐵務必留意自身財物。
3. 早上7～9點、下午5～7點的尖峰時刻人潮洶湧，如果行程可以配合，建議避開尖峰時段搭乘，省去擠在人群中的不適及久候的排隊時間。
4. 人多擁擠時，背倚柱子候車比較安全。
5. 萬一掉落月台的自救方式：尚無列車時，可跑到列車停靠標示前幾公尺；來不及跑的話，應就地趴下躺在軌道間縫裡，等待站務人員營救。

紅場及克里姆林宮區

Красная площадь и Кремль

概況導覽

紅場、克里姆林宮是莫斯科的中心，也是莫斯科的著名地標。紅場可說是莫斯科、甚至全俄國最熱鬧、舉辦最多重大節慶活動的廣場；紅場旁的克里姆林宮曾為皇家城堡兼莫斯科城最大軍事堡壘，今已成俄羅斯聯邦總統府等政府機關所在地，自古以來此處一直是俄羅斯政治機關重地。如今紅場及克里姆林宮堪稱俄羅斯觀光必遊景點，每逢旅遊旺季總是遊客如織、人潮洶湧。除了絡繹不絕的觀光客，莫斯科市民也愛來這裡，許多情侶、三五好友或全家大小會在紅場上散步，在亞歷山大花園曬太陽或野餐，或在附近的百貨公司逛街。參觀完紅場、克里姆林宮的歷史景點，可以就近在國營百貨公司或獵物市場百貨休息，借機欣賞俄羅斯最新流行趨勢與青年、美女逛街的青春活力。另外，在鄰近的廣場散步或用餐，也很能感受本區的多樣風貌。

一日遊行程表

1 紅場
🕐 參觀時間120分鐘

2 克里姆林宮
🕐 參觀時間120分鐘

3 亞歷山大花園
🕐 參觀時間60分鐘

4 周邊廣場漫步
🕐 參觀時間120分鐘

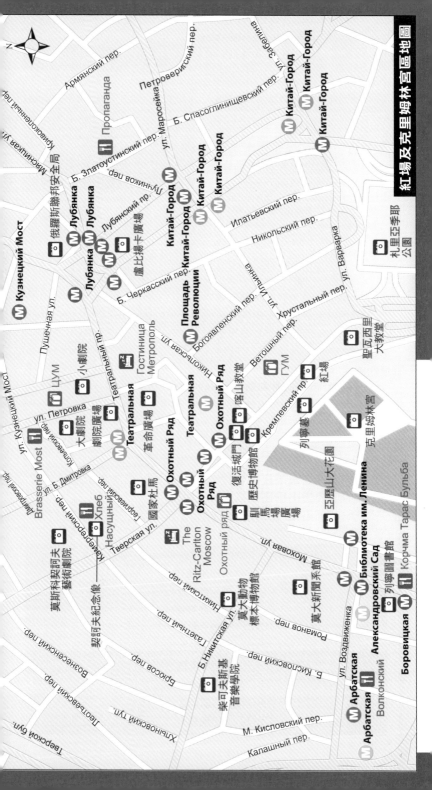

紅場及克里姆林宮區地圖

М Кузнецкий Мост

Кузнецкий Мост

М Лубянка

Лубянка

俄羅斯聯邦安全局

Пропаганда

Армянский пер.

Петроверигский пер.

Б. Спасоглинищевский пер.

ул. Маросейка

М Китай-Город

М Китай-Город

М Китай-Город

Китай-Город

Б. Златоустинский пер.

Лучников пер.

盧比揚卡廣場

Б. Черкасский пер.

Лубянский пр.

М Китай-Город

М Китай-Город

Китай-Город

Илатьевский пер.

Никольский пер.

札里亞季那公園

Пушечная ул.

ЦУМ

小劇院

Театральный пр.

Гостиница Метрополь

Никольская ул.

Богоявленский пер.

ул. Ильинка

Ветошный пер.

Хрустальный пер.

ул. Варварка

聖瓦西里大教堂

Пушкинская ул.

ул. Петровка

大劇院

劇院廣場

Театральная пл.

革命廣場

М Площадь Революции

М Театральная

М Охотный Ряд

Охотный Ряд

喀山教堂

ГУМ

紅場

Brasserie Most

ул. Кузнецкий Мост

Неглинная ул.

ул. Б. Дмитровка

國家杜馬

Георгиевский пер.

Xleb

Насущный пер.

М Охотный Ряд

Охотный ряд

М Охотный Ряд

復活城門

歷史博物館

馬場廣場

Кремлевский пр.

列寧墓

亞歷山大花園

克里姆林宮

莫斯科契訶夫藝術劇院

契訶夫紀念像

Камергерский пер.

卡美爾劇院

The Ritz-Carlton Moscow

Тверская ул.

Никитский пер.

Газетный пер.

Романов пер.

Моховая ул.

М Библиотека им. Ленина

列寧圖書館

М Александровский Сад

Корчма Тарас Бульба

Б. Никитская ул.

莫大動物標本博物館

莫大新聞系館

М Боровицкая

Воздвиженка ул.

Арбатская

М Арбатская

Волконский

柴可夫斯基音樂學院

Б. Кисловский пер.

М. Кисловский пер.

Калашный пер.

Вознесенский пер.

Брюсов пер.

Хлыновский тул.

Леонтьевский пер.

Тверской бул.

N

看盡俄國古今的美麗廣場

紅場

Красная площадь

✉ Красная площадь, Москва

➡ 地鐵紅線Охотный ряд站、藍線Площадь Революции站、綠線Театральная站，往Красная площадь出口，過Воскресенские ворота復活城門或經Исторический музей歷史博物館旁即見

🗺 P.59

知識充電站

十七世紀時，俄語красный意為美麗的，例如красная девушка美麗的少女、Красная площадь美麗的廣場。

紅場是俄國最重要的廣場。莫斯科公國時期大火後，伊凡三世下令在新建的克里姆林宮牆外整理出一片空地作為廣場，當時稱為Торг市場或Пожар火災，直至17世紀才改名為美麗的廣場(Красная площадь)。現代俄語красная意為「紅色的」，因而現今稱此地為紅場。

二戰時期希特勒曾揚言要在紅場上檢閱法西斯部隊，莫斯科全城誓死捍衛首都，史達林更特地在紅場上閱兵、演說振奮士氣，因此每逢勝利日，紅場都會舉行閱兵典禮來紀念二戰勝利。而謝肉節等俄羅斯重要節日與其他比較盛大的活動，也在此地舉行。

紅場長330公尺、寬175公尺，總面積約2萬4千7百50平方公尺，邊有聖瓦西里大教堂、列寧墓、克里姆林宮、歷史博物館、ГУМ百貨公司，歷史悠久、名列聯合國教科文組織世界文化遺產，是俄國經典象徵之一，為許多電影拍攝地。

攝影／陳育淳

紅場的夜景也相當美麗(攝影／陳育淳)

Красная площадь и Кремль

玩家交流

舉世無雙的紅場美景

　　記得初抵莫斯科當交換學生時，莫大語言系外國學生辦公室為我們安排了一趟莫斯科市內半日遊。學了2年俄語，終於來到傳說中的紅場，眼前出現的聖瓦西里大教堂，美得令我難以置信——難怪曾有傳說，伊凡四世為避免建築師設計出更好看的建築，下令刺瞎他的雙眼；這座教堂的確不同凡響。

　　或許是聖瓦西里大教堂太經典、太獨樹一格，那血腥的謠言才會廣為流傳吧……據俄羅斯史學家考證，建築師波斯尼可、雅卡伏列夫在聖瓦西里大教堂完工後，曾前往喀山參與城牆修築工程，該城牆也設計得相當美觀。

　　來到莫斯科，請務必親眼見證，聖瓦西里大教堂無與倫比的美麗。

紅場及克里姆林區—熱門景點

紅場最亮眼的彩鑽

聖瓦西里大教堂

Храм Василия Блаженного

✉ Красная площадь

☎ (495)692-3731

🕐 11月8日～4月30日每天11:00～17:00，5月、9月1日～11月7日每天11:00～18:00，6月～8月教堂10:00～18:00，園區09:00～21:00，6月6日、8月8日、每月第一個週三封館維護，不對外開放；學校寒假、春假期間延後閉館1小時

💲 成人票700p，俄籍學生票150p，殘優票150p，每月最後一個週日俄籍學生免費

🔗 shm.ru/museum/hvb/

❓ 閉館前45分鐘停止售票；氣溫低於零下15度提早閉館

🗺 P.59

坐落於紅場邊陲的聖瓦西里大教堂已名列聯合國教科文組織世界文化遺產

教堂內修復的壁畫非常美麗 (王毓棻/攝影)

紅場、聖瓦西里大教堂

　　聖瓦西里大教堂以下葬於此的東正教聖人Василий Блаженный聖瓦西里為名，是伊凡四世下令修建、紀念喀山戰爭勝利的教堂；8座圓頂教堂代表莫斯科公國戰勝喀山的8個東正教節日，中間的尖塔教堂則是紀念聖母庇護節的聖母庇護教堂。

　　聖瓦西里大教堂的彩頂設計絢麗別致，頗具俄羅斯風格，是許多人對俄羅斯、莫斯科的第一印象。該教堂現已改為對外開放的博物館，在相連的9座教堂內穿梭、從教堂窗戶眺望紅場，頗為特別，唯有些通道狹小易感悶熱，比較適合天氣涼爽時入內參觀。

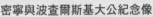

密寧與波查爾斯基大公紀念像
Памятник Минину и Пожарскому

聖瓦西里大教堂前佇立著2位英雄紀念像。左是出資組織民軍的富商密寧，右是坐姿的波查爾斯基大公。密寧右手指向莫斯科、左手握住大公佩劍，呼籲君王抵禦外敵，兩者皆為結束莫斯科公國晚期混亂時代的風雲人物。

宣喻台 Лобное место
聖瓦西里大教堂與Гум百貨公司之間的宣喻台，以前是宣讀沙皇詔書、宣判重犯的地方(處決在台邊執行)。

旅行小抄

小觀景台遠眺好風景
聖瓦西里大教堂後的大莫斯科河 (Большой Москворецкий мост)橋上有個小觀景台，從那裡眺望紅場或河畔克里姆林宮、救世主大教堂風景極佳。

攝影／彭楷鈞

永保遺容的列寧爺爺
列寧墓
Мавзолей В. И. Ленина

✉ Красная площадь
📞 (495)623-5527
🕐 週二、三、四、六10:00～13:00，週一、五、日休館
💲 免費參觀；因不可攜帶相機、手機，置物櫃收費約100p
🌐 www.lenin.ru
🗺 P.59

列寧領導俄羅斯共產黨十月革命成功、建立蘇聯，被尊稱為國父，是俄羅斯史上非常重要的英雄人物之一。歷屆蘇聯領導人死後多有負面評價，唯獨列寧的負面評價不多；當今不少俄羅斯年輕人稱列寧為爺爺(Дед)，聽來非常有趣。列寧1924年1月21日逝世後，遺體經特殊處理，保存在紅場上的列寧墓裡。今日的紅色花崗岩列寧墓改建於1929年，免費開放供民眾瞻仰列寧遺容。

列寧墓與克里姆林宮外牆顏色融為一體

了解俄國歷史的好去處

歷史博物館

Исторический музей

📧 Красная площадь, 1

📞 (495)692-3731

🕐 9月1日～5月31日週一、三、四、日
10：00～18：00，週五、六10：00～
21：00，週二休館；6月1日～8月31日每
天10：00～21：00，6月11日、7月2日、
8月6日封館維護，不對外開放；閉館前1
小時售票截止

💲 外籍成人票500p、俄籍成人票400p、俄籍學
生票150p、殘優票150p、攝影票160p，每月
最後一個週日俄籍學生免費

🌐 www.shm.ru　　　🗺 P.59

坐落在紅場旁的歷史博物館建於1890年代，是建築師休爾布德(Шервуд)的獨特設計。館內收藏近450萬件古物、1200萬多頁古文獻，展品涵括從石器時代迄今的俄國全部歷史；由於展品豐富，較難一次看完全館展覽，建議從服裝、錢幣、勳章、裝飾品、生活用品、書籍文稿等常設展及特展中挑選感興趣的主題參觀，以節省體力與觀展時間。

歷史博物館附近常有裝扮藝人提供拍照留念服務

歷史博物館周邊

喀山教堂
Казанский собор

原為紀念抵抗波蘭入侵所建，後來毀於史達林執政毀損宗教時期；今日所見教堂重建於1993年，是蘇聯解體後第一個完成重建工程的教堂。現教堂已恢復使用，入內須遵守參觀東正教堂禮儀。

攝影／瓦農

復活城門
Воскресенские ворота

1689年蘇菲亞公主攝政時期，因面向紅場的牆上懸掛耶穌復活聖像而命名為復活城門；昔時皇帝或女皇進城前，會先在城門外的小禮拜堂內禱告，再經城門前往克里姆林宮。目前原址已毀，今日所見城門為20世紀末的修復建築。

全俄道路起點
«Нулевой километр» России

很多人背對復活城門，向肩後丟擲硬幣許願。

政治、文化相互輝映的俄式城堡

克里姆林宮

Кремль

✉ Кремль

☎ (495)695-4146

🕐 5/15～9/30為09:30～18:00，其他季節10:00～17:00；兵器庫參觀場次為10:00、12:00、14:30跟16:30；伊凡鐘樓參觀場次為10:15、11:15、13:00、14:00、15:00跟16:00，5/15～9/30增加17:00場次，冬季休館，春、秋視天候酌情開放

🚫 週四休館

💲 教堂廣場區成人票700p，俄籍學生票350p；兵器庫成人票1,000p，俄籍學生票500p；伊凡鐘樓票350p逾時不可退換；室內禁止攝影；閉館前1小時停止售票

➡ 地鐵紅線Библиотеки им. Ленина站、灰線Боровицкая站，往Кремль出口

http www.kreml.ru   MAP P.59

聖三一塔是1812年拿破崙入克里姆林宮及後因大火撤離所經之地，目前為克宮主要遊客出入口

自古以來，紅場旁的克里姆林宮一直是俄羅斯的政治機關重地：莫斯科公國時期曾是尊貴的皇家城堡兼莫斯科城最大軍事堡壘，如今則為俄羅斯聯邦總統府等政府機關所在地。

克里姆林宮最早源於1156年長臂尤里下令修建的木造堡壘，而後在德米特里‧頓斯科伊大公任內，改以白石為建材修築了城牆與塔樓，因此莫斯科曾被稱為白石莫斯科(Москва белокаменная)；最後在1485～1495年間邀請馬可(Марко Фрязин)、彼得安東尼歐(Солари Пьетро Антонио)、阿列維茲(Алевиз Фрязин)等義大利建築師設計，以紅磚翻修擴建成今

克里姆林宮面向莫斯科河一側很適合拍照

日所見風貌。

克里姆林宮最輝煌時期約為莫斯科公國伊凡三世、伊凡四世等名君任內,當時建造了不少教堂、宮殿;後因羅曼諾夫王朝彼得一世遷都至聖彼得堡逐漸沒落,直至蘇聯政府遷都回莫斯科,克里姆林宮才得以復興。

因完整保存俄羅斯重要歷史文化古蹟,這座俄式城堡已名列聯合國教科文組織世界文化遺產,堪稱為莫斯科最大、最重要的旅遊景點之一。

克里姆林宮城牆槍眼之間的城齒(зубец)兼具裝飾及防衛功能

旅行小抄

拒絕背包客

克里姆林宮禁止攜帶背包及較大件行李入內,需至聖三一橋下靠庫榻菲雅塔側的收費置物櫃寄存。4～10月分的週六中午12點,克里姆林宮騎兵、步兵近衛隊會在教堂廣場舉行交接換崗儀式;每月最後一個週六下午2點則移至紅場舉行。

參觀重點

國立克里姆林宮
Государственный Кремлевский дворец

原為蘇聯代表大會堂,建於1959～1961年間,以白色大理石和玻璃為主要建材設計興建,大廳容納了6,000個座位,是克里姆林宮內最新的建築。1992年後改為國立克里姆林宮劇院及公共會議廳,許多重要國際會議或表演皆在此舉行。此地平時不對外開放,需購買劇院門票才可入內;劇院內附設小型博物館,有劇團戲服與劇照等展覽。

砲王 Царь-пушка

鑄於1586年，長5.34公尺、重40噸，口徑890毫米，為當時世上口徑最大的大砲。因威嚇意義遠大於實用性，至今該砲從未被使用過；給遊客的印象也不像武器，倒比較像是克里姆林宮的公共藝術品。

攝影／瓦農

鐘王 Царь-колокол

鑄於1733～1735年間，高6.14公尺、直徑6.6公尺、重200噸，是世上最大的鐘。鐘鑄好後，鑄造場內不幸發生了火災，滅火用水潑到燒得燙紅的鐘上，冷熱不均導致鐘王破裂，掉落碎片即重達11噸；鐘王也因此從未使用，與砲王同為克里姆林宮熱門的拍照景點。

攝影／瓦農

牧首宮與十二使徒教堂
Патриарший дворец с церковью Двенадцати апостолов

建於1653～1655年間，是為當時的牧首尼康修繕的建築。一樓的單柱宮大廳現已改為展覽廳，展出書籍、家具等17世紀生活用品。

遊歷克里姆林宮，每次都有新體會

　　猶記得第一次進克里姆林宮，是為了到這裡觀賞芭蕾演出。因當時人數眾多，開場前，我與同學們竟在亞歷山大花園排隊了半個多小時，等到安檢後便急奔劇院入場，完全無暇感受來此的初體驗。有了那次經驗，日後我常提早一個小時進入克里姆林宮，春、夏、秋季就踏著夕陽餘暉到教堂廣場上漫步；冬季則到劇院內附設的博物館觀看國立克里姆林宮芭蕾舞團的展示品，或閒在大廳一邊啃自己帶的零食，一邊欣賞盛裝打扮的俄羅斯美女，心情非常愜意。開始工作後，來這裡總會特別留意聽各語言導遊的解說、遊客的反應，觀察其他人拍照的方式，揣摩、尋找更好的攝影角度……每次來克里姆林宮，感受、心情及收穫都有所不同。希望你有機會來到克里姆林宮，也能擁有屬於自己的心情、收穫與美好回憶。

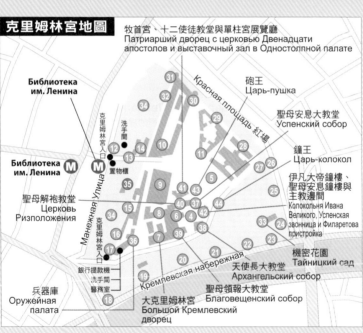

克里姆林宮地圖

牧首宮、十二使徒教堂與單柱宮展覽廳
Патриарший дворец с церковью Двенадцати
апостолов и выставочный зал в Одностолпной палате

Библиотека им. Ленина

克里姆林宮入口

洗手間

置物櫃

Библиотека им. Ленина Ⓜ Ⓜ

聖母解袍教堂
Церковь Ризположения

克里姆林宮入口

銀行提款機
洗手間
醫務室

兵器庫
Оружейная палата

大克里姆林宮
Большой Кремлевский дворец

砲王
Царь-пушка

聖母安息大教堂
Успенский собор

鐘王
Царь-колокол

伊凡大帝鐘樓、聖母安息鐘樓與主教邊間
Колокольня Ивана Великого, Успенская звонница и Филаретова пристройка

機密花園
Тайницкий сад

天使長大教堂
Архангельский собор

聖母領報大教堂
Благовещенский собор

Красная площадь 紅場
Манежная улица
Кремлевская набережная

④教堂廣場　　　　⑪議會大樓　　　　⑰博羅維奇塔　　　㉔彼得塔　　　　　㉙參議塔
⑤伊凡廣場　　　　⑫庫楊菲雅塔　　　⑱供水塔　　　　　㉒莫斯科河塔　　　㉚聖尼古拉塔
⑥多稜宮　　　　　⑬聖三一橋　　　　⑲聖母領報塔　　　㉕聖康斯坦丁與海倫塔　㉛邊角軍械塔
⑧塔宮　　　　　　⑭聖三一塔　　　　⑳機密塔　　　　　㉖警備鐘塔　　　　㉜中軍械塔
⑨國立克里姆林宮　⑮司令塔　　　　　㉑第一無名塔　　　㉗沙皇塔　　　　　㉞亞歷山大花園
⑪軍械庫　　　　　⑯軍械塔　　　　　㉒第二無名塔　　　㉘救世主塔　　　　㉟博物館紀念品部

(註：地圖編號與克里姆林宮官方地圖相同，可對照)

伊凡大帝鐘樓建築
Ансамбль колокольни Ивана Великого

由伊凡大帝鐘樓、聖母安息鐘樓與主教邊間三座建物相連構成，最高的塔樓為伊凡大帝鐘樓，於16～17世紀間修建完成後，曾為全莫斯科最高的塔樓，兼具監視與警示作用。拿破崙撤離莫斯科前曾下令炸毀伊凡大帝鐘樓，所幸仍有18個鐘保存下來。有機會的話，推薦登上伊凡大帝鐘樓，可飽覽莫斯科市中心美景；建築群中間的聖母安息鐘樓一樓目前也已改為博物館開放參觀。

知 識 充 電 站

塔樓功能何其多

克里姆林宮的俄語кремль意為市中心的堡壘，所以幾乎每個俄羅斯古城都有克里姆林宮。莫斯科的克里姆林宮城牆、塔樓皆保存相當完整，除了瞭望、防禦外，有些塔樓另有其他功能。例如供水塔，作為汲取莫斯科河水、向莫斯科河緊急逃生之用；機密塔有通往莫斯科河的祕密出口；第一無名塔曾為火藥儲藏庫，聖康斯坦丁與海倫塔曾是刑求用地；警備鐘塔曾為消防火警鐘塔；沙皇塔則傳聞為沙皇眺望紅場用地。聖瓦西里大教堂旁的救世主塔樓以懸掛其上的救世主聖像命名，俄羅斯的跨年倒數計時即以其大時鐘為準。

聖母安息大教堂
Успенский собор

建於1475～1479年間，是義大利建築師亞里斯多德・菲奧拉萬蒂(Аристотель Фиораванти)受託以弗拉基米爾城的聖母安息大教堂為範本，融合了古斯拉夫與義大利文藝復興風格所創的獨特設計。歷代沙皇、俄羅斯皇帝的加冕典禮皆在此舉行，是全俄最重要的大教堂。教堂內完整保留了古老的聖像壁畫、祭壇、皇帝座位、吊燈等古物，置身教堂大廳內，特別能感受建築與宗教藝術之美。

聖母解袍教堂
Церковь Ризположения

建於1484～1485年間，為普斯科夫的建築師所造。聖母解袍教堂原為主教的禮拜用教堂，後因牧首(東正教最高領袖)教座遷至莫斯科，成為牧首的禮拜用教堂。現展示的聖像畫、木雕都相當古老，很有歷史意義。

天使長大教堂
Архангельский собор

建於1505～1508年間，是義大利建築師阿列維茲・諾維(Алевиз Новый)以傳統俄式五圓頂教堂建築基礎、大量融合義大利文藝復興風格元素的設計；因成功揉合兩種風格特色，對往後的俄羅斯建築發展有深遠的影響。天使長大教堂為歷代沙皇及貴族陵寢，莫斯科公國名君如伊凡一世(Иван I)、伊凡四世(Иван IV)等，皆長眠於此。

聖母領報大教堂
Благовещенский собор

建於1484～1489年間，為普斯科夫的建築師所造。聖母領報大教堂原為莫斯科公國的皇室禮拜用教堂，後因伊凡三世統一俄羅斯，該教堂地位也隨之躍升為俄羅斯沙皇皇室禮拜用教堂；伊凡四世任內擴建了南面的「伊凡雷帝門廊」，並將教堂覆上金頂，才成就了今日所見的美麗風貌。

機密花園 Тайницкий сад

種植各色花卉，花圃常以白、藍、紅花排列，象徵
俄國國旗。參觀教堂累了，適合來此賞花休憩。

兵器庫 Оружейная палата

坐落於博羅維奇塔(Боровицкая башня)旁的兵
器庫原為16世紀製造、保管兵器的倉庫，後由
彼得一世下令改為博物館，收藏俄國皇室貴重物
品如長臂尤里的銀杯、彼得一世改革前歷代俄國
沙皇的莫諾馬赫皇冠(Шапка Мономаха)與其他
皇冠、皇室華服、珠寶、金銀器、馬車、外交禮
品、戰利品等大量珍寶，豐富的館藏、奢華的各
式皇家收藏，令人歎為觀止。

(鄭盈語/攝影)

大克里姆林宮 Большой Кремлевский дворец

原為1838～1850年間，尼古拉一世下令修建的皇室寢宮，約700間客房，設計、裝
潢、浮雕、家具等品味都非常高雅精緻，從文藝復興風格至拜占庭、俄羅斯風格兼
具，堪稱為俄羅斯宮廷設計的結晶；現為俄羅斯聯邦總統主要官邸。

遊客如織的市中心花園
亞歷山大花園
Александровский сад

- Александровский сад
- 地鐵紅線Библиотеки им. Ленина站,往Александровский сад出口,在地下道內沿Александровский сад指標走,地下道出口即直達花園
- MAP P.59

歷史博物館後不遠的亞歷山大花園正門

宮區有克里姆林宮門票售票處及許多富含歷史意義的景點,如紀念二戰的無名將士墓與不滅之火、紀念拿破崙戰爭的岩洞石室、羅曼諾夫王朝執政300週年紀念碑等;靠莫斯科河區種植各色豔麗花卉、草地綠意盎然,是許多莫斯科年輕人喜愛的散步、野餐地點。

岩洞石室、羅曼諾夫王朝執政300週年紀念碑

知識充電站

二戰英雄城市

英雄城市(Город-герой)是蘇聯封予二戰時期傾城奮戰都市的最高榮譽,受封城市以全城的血汗、淚水扭轉戰局獲勝,除了英雄城市封號,皆授予列寧勳章(Орден Ленина)、金星獎章(Медаль «Золотая Звезда»)、最高蘇維埃主席團開立證書,並在市內豎立飾以上述榮譽獎勵的紀念碑。這些蘇聯城市依受封次序為:列寧格勒(Ленинград,今聖彼得堡)、奧德薩(Одесса,烏克蘭黑海港都)、塞瓦斯托波(Севастополь,烏克蘭克里米亞半島港都)、史達林格勒(Сталинград,今伏爾加格勒)、基輔(Киев,烏克蘭首都)、布列斯特要塞(Брестская крепость,二戰前屬波蘭、今為白俄羅斯近波蘭邊境城市,受封為英雄要塞крепость-герой)、莫斯科(Москва)、刻赤(Керчь,烏克蘭刻赤海峽港都)、新羅西斯克(Новороссийск)、明斯克(Минск,白俄羅斯首都)、土拉(Тула)、莫曼斯克(Мурманск)、斯摩稜斯克(Смоленск)。

71

廣場公園漫步

感受市中心的百變風情

市中心有幾個各具特色的知名廣場及公園，參觀完紅場及克里姆林宮，到這裡來散散步，看看莫斯科市中心的其他模樣吧！

馴馬場廣場
Манежная площадь

➡ 地鐵紅線Охотный ряд站往Манежная площадь出口
MAP P.59

　　馴馬場廣場位於亞歷山大花園旁，廣場有噴泉、花卉造景，其中以獵物市場百貨公司的屋頂最有特色。馴馬場廣場上的建築為中央展覽廳，隔特維爾大街斜對面的大樓則為俄羅斯聯邦國家議會的下議院——國家杜馬(Государственная дума)。

彩色玻璃世界地圖圓頂上，飾有莫斯科市徽聖喬治屠龍雕像

從馴馬場廣場回望歷史博物館及克里姆林宮，夜景優美

(左) 國家杜馬
(右) 附近的莫大校區舊址，現為莫大新聞系館，樓前為創校人羅曼諾索夫紀念像

革命廣場
площадь Революции

➡️ 地鐵藍線Площадь Революции站往 Площадь Революции出口

🗺️ P.59

離馴馬場廣場不遠處，因俄國革命時期曾在此舉辦集會、示威遊行等活動，故命名為革命廣場。

革命廣場上的共產主義之父馬克思紀念像

(上) 廣場花園噴水池
(下) 馴馬場廣場至革命廣場間，路上有不少常駐紀念品攤位，可以順便逛逛

盧比揚卡廣場
Лубянская площадь

➡️ 地鐵紅線Лубянка站往Лубянская площадь出口

🗺️ P.59

廣場上的受蘇聯政治迫害罹難者紀念碑

盧比揚卡廣場旁的大樓即為蘇聯國家安全委員會(КГБ)，也就是知名的蘇聯情報機構KGB總部舊址。以往不少小說、電影或漫畫諜報劇情對白，都以盧比揚卡作為KGB的代稱；蘇聯解體後，KGB改為俄羅斯聯邦安全局，負責俄羅斯聯邦維安等工作。時至今日，盧比揚卡仍有種與間諜、情報等機密相關的神祕感。

前KGB總部、今俄羅斯聯邦安全局大樓

劇院廣場
Театральная площадь

➡️ 地鐵綠線Театральная站往Театральная площадь出口

MAP P.59

　　劇院廣場是莫斯科知名劇院聚集地，有國立大劇院、國立小劇院、俄羅斯青年劇院圍繞，附近的侍從巷(Камергерский переулок)則有莫斯科契訶夫藝術劇院和契訶夫紀念像，此處文藝氣息特別濃厚。

Большой театр大劇院在俄羅斯劇院文化占極重要的地位，是世界著名的劇院之一，在此首演的芭蕾、歌劇名作不計其數。俄羅斯百元紙鈔上的城市為莫斯科、選用地標即為大劇院

札里亞季耶公園
Парк Зарядье

➡️ 地鐵紫線Китай город站、紅線Охотный Ряд站、綠線Театральная站或藍線 Площадь Революции站

MAP P.59

　　歷經14世紀商區、1967～2006年俄羅斯飯店，現成為占地13公頃，造景凍原、草原、常綠林、樺木林等俄國自然景觀的公園，坐擁音樂廳、多媒體中心、露天圓形劇場、博物館、飯店、教堂、超市、餐廳、懸於莫斯科河上的浮橋空中步道，來此可欣賞聖瓦西里大教堂、莫斯河畔風光，景致怡人。

(攝影 / 簡鈺縈)

逛│街│購│物

Покупки

ГУМ
紅場上的百貨公司

| 百貨公司 | 簡餐 | 超市 |

✉ Красная площадь, 3
📞 (495)788- 4343
🕐 每天10:00～22:00
🌐 www.gum.ru
➡ 地鐵紅線Охотный ряд站、藍線Площадь Революции站、綠線Театральная站，往 Красная площадь出口
MAP P.59

百貨公司一樓的Гастроном №1超市

　　紅場上的ГУМ百貨公司創立於1893年，為三道長廊式的歐式百貨建築，有上、中、下3個樓層，設有Coach、Mont Blanc、Burberry、Louis Vuitton、Hermes等國際名牌專櫃，也有皇家瓷器Императорский фарфор等俄羅斯名牌專櫃；冬天會於紅場上增設溜冰場。在紅場上逛累時，到百貨公司一樓的Гастроном №1超市買些超市自產麵包，或到三樓的Столовая №57自助餐廳用餐，也是不錯的選擇。

建築設計優美 (攝影／瓦農)

ГУМ為俄語國營百貨公司的縮寫，讀音為gum (攝影／瓦農)

Oхотный ряд
亞歷山大花園旁的百貨公司

百貨公司　美食街　超市

✉ Манежная площадь, д.1 стр.2
☎ (495)737-8449
🕐 每天10:00～22:00
http ox-r.ru(俄)
➡ 地鐵紅線Охотный ряд站往ТЦ Охотный ряд或Манежная площадь出口
MAP P.59

百貨公司入口

夏日許多民眾會在水池戲水

獵物市場(Охотный ряд)百貨公司坐落於亞歷山大花園旁，分為上、中、下3個樓層，設有年輕人喜愛的流行品牌Zara及Zara副牌Bershka、Stradivarius等專櫃。噴泉旁的地面樓層則有麥當勞等速食餐廳及Седьмой континент超市，亞歷山大花園逛累了，可到此用餐點補充體力。除了逛街、吃美食，館內絢麗的彩繪玻璃圓頂與銅雕噴泉也頗值得一看。

獵人銅像噴泉

彩繪玻璃圓頂繪有世界、城市與教堂

獵物市場百貨靠亞歷山大花園側的四馬噴泉，日夜皆美

ЦУМ
劇院廣場旁的百貨公司

百貨公司 | 簡餐 | 超市

✉ улица Петровка, 2
☎ (495)933-7300
🕐 週一～六10:00～22:00，週日11:00～22:00
🌐 www.tsum.ru (俄)
➡ 地鐵綠線Театральная站、紅線Лубянка站、紫線Кузнецкий мост站，往Театральная площадь或ЦУМ出口
🗺 P.59

超市自製的
糕點新鮮好吃

劇院旁的ЦУМ百貨公司由建築師克萊因(P. Клейн)設計，融合歐洲新藝術主義元素的哥德式建築，從地下1樓至4樓共5個樓層，設有Emporio Armani、Yves Saint Laurent、Versace等國際名牌專櫃，也有Shanghai Tang上海灘、Hello Kitty等俄羅斯較少見的亞洲品牌專櫃。百貨公司地下一樓的Глобус Гурмэ超市有選擇多樣的魚子醬專櫃，超市自製食品的品質也相當不錯。

ЦУМ為俄語中央百貨公司的縮寫，讀音為tsum

Пропаганда
歷史悠久的餐廳暨夜店
各國料理

- ✉ Большой Златоустинский переулок, 7
- ☎ (495)624-5732
- ◷ 每天11:30～06:00，一般供餐至24:00，僅週一、三供餐至06:00
- 💲 湯+沙拉+主餐360p（週一～五商業午餐）
- http www.propagandamoscow.com
- ➡ 地鐵紅線Лубянка站、紫線或橘線Китай-город站
- MAP P.59

創立於1997年，Пропаганда是莫斯科歷史最悠久的夜店之一。晚上9點前Пропаганда是提供多樣異國料理的簡餐餐廳；9點後則變為夜店，安排各種樂團或歌手、DJ演出，現場氣氛非常熱鬧。

Brasserie Most
俄國電影《黑閃電》男女主角約會餐廳
義式料理

- ✉ улица Кузнецкий мост, 6/3
- ☎ (495)660-0706
- ◷ 週一～五08:00～00:00，週六～日09:00～00:00
- 💲 前菜+主菜約5,000p
- http brasseriemost.ru
- ➡ 地鐵綠線Театральная站、紅線Лубянка站、紫線Кузнецкий мост站
- MAP P.59

Brasserie Most位於大劇院後方不遠處，擁有路易十四凡爾賽宮式的華麗裝潢、優雅的用餐氣氛及大片玻璃窗景，置身其間就是一種尊貴的享受。這裡精緻美食與舒適用餐環境廣受好評，屢獲美食雜誌評選獎項。

（照片由餐廳提供）

Корчма Тарас Бульба
道地烏克蘭料理
烏克蘭料理

- ✉ ул. Моховая 8 стр.1
- ☎ (985)644-85-44
- ◷ 每天24小時營業
- 💲 湯約200p，主菜約400p
- http tarasbulba.ru
- ➡ 地鐵灰線Боровицкая站、紅線Библиотека им.Ленина站、藍線Арбатская站、淺藍線Александровский сад站
- MAP P.59

Корчма Тарас Бульба是莫斯科著名的烏克蘭餐廳，自1999年創立至今已開設多家分店，羅宋湯、基輔炸雞等烏克蘭招牌料理廣受好評，號稱莫斯科最好的烏克蘭菜。除了俄國人也極力推薦的美味餐點，裝潢、店員服裝頗有傳統烏克蘭特色，紅場附近這家店面24小時營業、附多語菜單，很推薦來此大快朵頤。

（攝影／陳沛逸）

特色零食飲料 × 精選超人氣國民品牌極品

隆重推薦

到超市買些零食，嘗嘗不一樣的口味吧！除了百貨公司，街上也有不少24小時的便利商店或超市(продукты/универсам/гастроном/супермаркет)，買零食、飲料相當方便，價格通常也比路邊攤便宜。(攝影 / 簡鈺熒)

西洛克 сырок
Б.Ю. Александров

冰涼可口的小點心，以脆皮巧克力包覆輕乳酪餡料，口感介於冰淇淋及奶油乳酪間，入口即化；Б.Ю. Александров 的西洛克香濃醇厚，特別推薦一試。

麵包餅乾 сухарики
ХРУС team

麵包烘成的сухарики 下酒餅乾香脆順口。

餅乾 печенье
Юбилейное

歷史悠久、香酥可口，是吃不膩的單純美味。

鮮奶 молоко
Простоквашино

冷藏貨架區醒目的藍貓是特別推薦的香濃鮮奶品牌，сметана酸奶油、творог輕乳酪也非常好吃；包裝上的2.5%、1.5%為乳脂肪含量，數字越高越香濃美味。

輕乳酪克 творожок
ЧУДО

用輕乳酪творог做的點心綿柔輕軟，口感像棉花糖加鮮奶酪，常搭配各種果醬，香甜可口；除了輕乳酪克，ЧУДО 的優酪乳йогурт、優格йогурт市占率高，隨處可見。

冰淇淋 морожное
Коровка из Кореновки

這家冰淇淋香濃滑順、物美價廉，廣受喜愛，曾被俄國總統普丁公開讚美為最好吃的冰淇淋，並以甜筒招待外賓。

蜜糖餡餅 пряник
Ясная Поляна

俄羅斯傳統甜點，外硬內軟、餡料香甜，常見蘋果、黑莓、蜂蜜、綜合果醬等口味；作家托爾斯泰的故鄉Ясная Поляна晴園鄰近Тула土拉市，當地餡餅турский пряник特別有名，質樸風味有點像薑餅，適合佐茶享用。

啤酒 пиво
Балтика

俄產啤酒名牌Балтика波羅的海有多號口味，最推薦喝7號；若購買生啤酒живое пиво請注意日期(俄國寫法為日/月/年)，只要夠新鮮，味道和口感通常不錯。

特維爾大街、新阿爾巴特街、阿爾巴特街區

Тверская улица, улица Новый Арбат, улица Арбат

特維爾大街、阿爾巴特街及新阿爾巴特街是莫斯科市中心三條各具特色的重要街道，既是莫斯科觀光景點，也是莫斯科人散步逛街的好去處。特維爾大街上林立各種高級商店、餐廳，堪稱莫斯科市中心最繁華、物價最貴的街道；阿爾巴特街是非常熱鬧的行人徒步區，各種紀念品店、咖啡館、餐廳、紀念品攤、畫攤、街頭藝人，讓這條老街洋溢歷史文化氣息；新阿爾巴特街則是蘇聯時期莫斯科都市計畫下的重大建設，如今為莫斯科市中心較繁華的辦公及商業街，整齊的街容是夏夜享受咖啡座風情的好地方。特別推薦你到特維爾大街上走一遭，看看當今俄羅斯最繁華路段是什麼模樣，或是到阿爾巴特街上散散步、喝杯茶或咖啡，感受俄國名人喜愛的阿爾巴特閒適氣氛。這幾條街牆上有不少名人故居的紀念標示，配合時下店面流行櫥窗，格外有古今交會的趣味，也構成另一道獨特的風景。

一日遊行程表

1 阿爾巴特街
🕐 逛街時間120分鐘

2 新阿爾巴特街
🕐 逛街時間90分鐘

3 特維爾大街
🕐 逛街時間180分鐘

莫斯科的新貴風貌
特維爾大街
Тверская улица

✉ Тверская улица
➡ 地鐵紅線Охотный ряд站、綠線Тверская 或Маяковская站、紫線Пушкинская站
🗺 P.81

凱旋廣場上的作家馬雅可夫斯基紀念像,雕像身後為北京飯店、左側為柴可夫斯基音樂廳

特維爾廣場上的莫斯科建城人長臂尤里紀念像

特維爾大街夜景

特維爾大街是莫斯科市中心的著名街道,從馴馬場廣場至凱旋廣場,全長約1.6公里,是很多俄國人逛完紅場後直奔的觀光勝地。自12世紀開始發展的特維爾大街一直是莫斯科市中心的重要街道,街頭林立最高級的住宅、旅館、商店,帝俄時期更是皇帝或女皇從聖彼得堡抵莫斯科前往克里姆林宮的必經之路,各種節慶活動、遊行常在此舉行。

繁華熱鬧的特維爾大街,既是莫斯科休閒娛樂、夜生活中心,也是全莫斯科、甚至全俄羅斯最貴的購物區。不少莫斯科型男美女喜歡到此聚會用餐、喝下午茶或逛街購物,若想一窺莫斯科的新貴風貌,走一趟特維爾大街就對了!

特維爾廣場對面的莫斯科市政府(Правительство Москвы)

特維爾大街、新阿爾巴特街、阿爾巴特街區—熱門景點

街頭邂逅無奇不有

這幾年，不論男女，走在俄國街頭都很容易被搭訕。直接說想交朋友、借菸或借火點菸、約吃東西或逛街或喝酒、問路、問時間、問身上行頭哪裡買的、問你從哪裡來、誇你相貌或身材很好看、說你聲音很好聽、稱讚你英語(或俄語)說得很好……話題充滿無限可能。如果搭配迷人外貌、熱忱態度和浪漫的場地氛圍，很容易成就一場美麗的邂逅。俄式搭訕還有一個特點，對語言不通的外國人，搭訕者常試圖以肢體語言溝通，毅力堅強到有點不可思議的程度，感覺還滿有趣。搭訕者未必是獨身男女，有時也可能是一群人，被搭訕最好提高警覺。一位懂俄語且在此工作多年的元老級學長，之前曾遭人酒後下藥洗劫財物，令我感到非常遺憾。無論認識新朋友的過程多麼美好，對主動搭訕的陌生人仍宜小心，以免得不償失。

特維爾大街、牧首池塘

知名的小說、電影場景
牧首池塘
Патриаршие пруды

✉ Патриаршие пруды
➡ 地鐵綠線Тверская或Маяковская站、紫線Баррикадная站，沿Малая Бронная улица走約10分鐘
MAP P.81

特維爾大街附近的牧首池塘是俄國作家布爾加喬夫(Михаил Афанасьевич Булгаков)著名小說《大師與瑪格莉特(Мастер и Маргарита)》中的重要場景，也是俄國電影《黑閃電(Черная молния)》片尾男女主角約會的公園，很值得書迷或戲迷前來一遊。

池塘旁為俄國寓言作家伊萬・克雷洛夫紀念像及寓言雕像

冬天散步很有電影裡的浪漫

83

音樂奇才輩出的知名學院

柴可夫斯基音樂學院

Московская государственная консерватория имени П.И. Чайковского

✉ ул. Большая Никитская, 13/6
🌐 www.mosconsv.ru
➡ 地鐵線線Театральная站、淺藍線 Александровский сад或Арбатская站
🗺 P.81

音樂學院前的柴可夫斯基紀念像

　　柴可夫斯基音樂學院是俄羅斯鋼琴家兼指揮家魯賓斯坦(Николай Григорьевич Рубинштейн)於1866年創立的音樂學院，匯集許多出色的音樂人才。如名作曲家柴可夫斯基(Пётр Ильич Чайковский)、鋼琴家兼作曲家塔涅耶夫(Сергей Иванович Танеев)等人曾在此任教，培育出無數優秀的音樂家，如作曲家兼鋼琴家拉赫曼尼諾夫(Сергей Васильевич Рахманинов)還有史克里亞賓(Александр Николаевич Скрябин)等，這所俄羅斯舉世聞名的音樂學院，對培養音樂人才與音樂教育有極大貢獻。

壯觀的猛瑪象標本

莫大動物標本博物館

Зоологический музей МГУ

✉ ул. Большая Никитская, 2
📞 (495)629-3948
🕐 週二、三、五～日10:00～18:00(17:00售票截止)，週四13:00～21:00(20:00售票截止)
🚫 週一休館，每月最後一個週二封館維護
💲 成人票300p，學生票150p，莫斯科大學教職員與7歲以下兒童免費
🌐 zmmu.msu.ru
➡ 地鐵線線Театральная站、淺藍線 Александровский сад或Арбатская站
🗺 P.81

博物館現址為1902年建成

　　莫大動物標本博物館源於莫大1791年設立的生物史研究室，為莫大生物系附設博物館，迄今逾225年歷史、近800萬件收藏，是莫斯科最大、歷史最悠久的自然科學博物館。近萬件展品從1樓的無脊椎動物、昆蟲類、魚類、兩棲類、爬蟲類、海底溫泉生物標本至2樓的鳥類、哺乳類標本、各種動物化石標本，館藏相當豐富。往2樓階梯旁的猛瑪象骨化石標本特別壯觀，令人印象深刻。

契訶夫創作高峰期故居

契訶夫故居紀念館

Дом-музей А.П. Чехова

契訶夫故居

- ✉ ул. Садовая-Кудринская, 6
- ☎ (495)691-3837
- 🕐 週二、五、六、日11:00～18:00(17:30售票截止)，週三、四11:00～21:00(20:30售票截止)；2019～2020年閉館維修，預計2021年重新開放，維修期間部分展品移至畫家奧斯特羅烏霍夫故居Дом И.С. Остроухова展出
- 休 週一
- 💲 成人票150p，學生票100p，16歲以下兒童免費
- http goslitmuz.ru/museums/dom-muzey-a-p-chekhova/ (俄)
- ➡ 地鐵紫線Баррикадная站、環線Краснопресненская站
- MAP P.81

契訶夫是俄國十九世紀的名作家，不僅以出色的短篇小說與莫泊桑、歐·亨利並列世界三大短篇小說家，另以卓越的戲劇創作與易卜生、史特林堡並列三大現代戲劇名家，備受世界文壇推崇。為紀念這位偉大的文學家，莫斯科契訶夫藝術劇院、契訶夫國際劇場藝術節皆以他命名。1886年秋至1890年春，契訶夫文思豐沛，在此大量創作著名短篇小說及劇作，成為知名作家，並加入了劇作家協會。目前故居紀念館展示當時契訶夫與家人生活的空間，也展出作家逝世後家人捐贈的珍貴文稿。

蘇聯時期的新興商業街

新阿爾巴特街

Улица Новый Арбат

- ✉ улица Новый Арбат
- ➡ 地鐵藍線Арбатская站、淺藍線Арбатская站
- MAP P.81

新阿爾巴特街的大樓曾被蘇聯人民稱為莫斯科的假牙(вставные челюсти Москвы)

新阿爾巴特街是蘇聯時期莫斯科都市計畫的重大建設。1960年代初期，政府於門牌號碼單數側興建了4棟26層高樓、雙數側5棟25層高樓，這些外形壯觀、設計新潮的建築群，是當年蘇聯向世界宣揚社會主義成功的象徵。儘管這條街的蘇聯勝景已輝煌不再，但仍為莫斯科市中心的繁華大道，俄羅斯著名的莫斯科書屋書店(Московский Дом книги)、旋律唱片行(Мелодия)、十月電影院(Октябрь)等聚集在此。除了設立許多辦公室，此街也是重要的娛樂場所。

莫斯科的重點老街徒步區

阿爾巴特街

Улица Арбат

- ✉ улица Арбат
- ➡ 地鐵藍線或淺藍線Арбатская站、藍線或淺藍線Смоленская站
- MAP P.81

劇院旁，歌劇《杜蘭朵公主》女主角——杜蘭朵公主銅像前，常有街頭藝人演出

阿爾巴特街是莫斯科最古老的街道之一，街名源於15世紀阿拉伯商人或克里米亞韃靼人傳入的阿拉伯字，最初為工匠、商人聚集地，18世紀起成為貴族名流雲集的黃金地段。俄羅斯名人如詩人普希金、茨維塔耶娃、作曲家兼鋼琴家史克里亞賓、俄國詩人暨歌手布拉特‧阿庫加瓦等曾在此定居；作家果戈里、托爾斯泰、契訶夫、作曲家兼鋼琴家拉赫曼尼諾夫等生前也常來這裡；關於阿爾巴特街的文學、詩歌等藝術作品，更是不勝枚舉。今日阿爾巴特街已為行人徒步區，紀念品店、咖啡館、餐廳、紀念品

阿爾巴特街的塗鴉牆很多維克多‧崔相關標語紀念這位蘇聯搖滾樂先鋒；牆前仍常有人唱他的歌

攤林立，有許多街頭畫家、街頭藝人表演，是一非常熱鬧的觀光老街。

歷史悠久的阿爾巴特街，曾於1994年舉行慶祝建街500週年典禮

普希金的新婚居處

普希金故居紀念館

Мемориальная квартира А.С. Пушкина на Арбате

✉ ул. Арбат, 53　　📞 (499) 241-9295

🕐 週三、五～日10:00～18:00(17:30售票截止)，週四 13:00～21:00(20:30售票截止)

🚫 週一、週二休館，每月最後一個週五封館維護

💲 成人票250р，優待票100р，攝影票100р；2月10日普希金紀念日、4月第三個週日文化遺產節、5月第三個週六國際博物館節、6月6日普希金誕辰紀念日、9月第一個週六莫斯科市慶及每月第三個週日免費開放

🔗 www.pushkinmuseum.ru (俄)

➡ 地鐵藍線或淺藍線Смоленская站，沿улица Арбат幾十步即見

🗺 P.81

普希金像與娜塔莉亞肖像

阿爾巴特街上的普希金(Александр Сергеевич Пушкин)故居紀念館是俄國著名詩人普希金1830～1831年間向貴族租賃的住處，也是詩人1831年2月18日迎娶當年俄羅斯第一美女娜塔莉亞・岡察洛娃(Наталья Николаевна Гончарова)的新婚居處。紀念館1樓展示《普希金與莫斯科》特展，陳列普希金及其友人生前肖像、詩人為自己作品繪製的插圖及當時莫斯科市容等展品；2樓則為普希金及其家人當時居住的廳室，置身其中，特別令人感慨詩人充滿戲劇性的一生。

知識充電站

俄羅斯文學之父──普希金

1799年6月6日，普希金生於莫斯科貴族家庭。普希金外公原為彼得一世的非洲僕役，因聰穎過人受彼得一世賞識並認為養子；因此，外貌承襲非洲血統特色的普希金也從小展現過人天賦，就讀沙皇村中學作品便震驚文壇，令知名作家自嘆弗如；但因追求自由、諷刺時政的態度被流放南方4年，直至尼古拉一世將他召回，才得以重返上流社會。1831年，普希金與當時的俄羅斯第一美女娜塔莉亞・岡察洛娃結婚，而後移居聖彼得堡。1837年，因法國軍官丹特斯(Дантес)熱烈追求妻子的謠言甚囂塵上，普希金忍無可忍，向丹特斯提出決鬥，不幸於1月27日決鬥中身負重傷，2天後便逝世，得年僅37歲。

普希金是俄國文學史上第一位大量創作俄語詩歌、戲劇、小說的作家。他的作品彰顯俄國民族特色與俄語精粹，不僅奠定俄羅斯文學基礎，對現代俄語也有非常深遠的影響。俄國文學在普希金之後才開始蓬勃發展，開啟俄國文學的黃金時代。雖經翻譯後，外國讀者較難體會普希金作品音韻與意涵之美，但對俄國人而言，普希金絕對是俄羅斯最偉大的詩人、現代俄語之父、俄國文學最重要的靈魂人物之一。

七大史達林式建築

蘇聯時期經典高樓

莫斯科七大史達林式建築是史達林執政期間興建的七棟大樓，設計融合巴洛克式城堡塔樓、中世紀歐洲哥德式建築及美國1930年代摩天大樓的風格特色，造型獨樹一格，又有人稱為結婚蛋糕建築；俄國人則暱稱它為莫斯科的七姊妹。

文化人公寓

Жилой дом на Кудринской площади

文化人公寓位於庫德林斯卡雅廣場(Кудринская площадь)旁，建於1948～1954年間，高156公尺，24層大樓有超過450間公寓及商店、郵局、電影院(已歇業)等生活所需工商服務，蘇聯時期是航空業者、測試飛行員、蘇聯共產黨中央委員會委員及蘇聯部長會議成員等高官官邸。因庫德林斯卡雅廣場以前叫作起義廣場(Площадь Восстания)，文化人公寓曾一度名為起義廣場大樓(Высотка на площади Восстания)。

✉ Кудринская площадь, 1　➡ 地鐵紫線Баррикаднаяⓜ站、環線Краснопресненскаяⓜ站

藝術家公寓

Жилой дом на Котельнической набережной

藝術家公寓建於1938～1940、1948～1952年間，26層大樓設有700間公寓及商店、郵局、電影院等生活所需工商服務；史達林時期曾有不少名人在此居住，其中以曾受史達林欽點至大劇院演出的芭蕾名伶加林娜・烏蘭諾娃(Галина Сергеевна Уланова)最為出名。烏蘭諾娃故居現已設為紀念館，可以電話(495) 915-4447預約時間前往參觀。

✉ Котельническая набережная, 1/15
➡ 地鐵環線Таганскаяⓜ站、橘線Китай-городⓜ站

莫斯科大學主樓 ГЗ МГУ

莫斯科大學是俄國史上第一所大學，1755年羅曼諾索夫創校於今紅場歷史博物館處，後遷至馴馬場廣場旁(今新聞系、心理系及亞非學院等系校區)，主樓建於1949至1953年間，36層樓高240公尺，是莫斯科七大建築中最高樓，《黑暗世界》、《黑閃電》等許多電影皆曾在此取景。

✉ Ленинские горы, 1
➡ 地鐵紅線Университетⓜ站往университет出口

烏克蘭飯店 Гостиница «Украина»

烏克蘭飯店建於1953～1957年間，有34層樓，是七大建築中的第二高樓。1957年5月25日開幕時為全歐洲最大的飯店，2005年被列為法定歷史文化古蹟，2007年開始進行修復，至2010年4月28日完工，現由國際連鎖飯店(Radisson Royal Hotel)體系經營。

✉ Кутузовский проспект, 2/1, стр. 1

➡ 地鐵藍線、淺藍線或環線Киевская站

列寧格勒飯店

Гостиница «Ленинградская»

列寧格勒飯店建於1949～1952年間，有17層樓，高136公尺，是七大建築中最小的高樓；位於共青團廣場(Комсомольская площадь)旁，緊鄰列寧格勒、亞羅斯拉夫、喀山等3個火車站，交通便利。此飯店被Hilton國際連鎖飯店體系收購後，歷經多年修復，已於2009年復業，改名為Hilton Moscow Leningradskaya，但俄國人仍習慣以列寧格勒飯店稱呼這棟大樓。

✉ Каланчевская улица, 21/40

➡ 地鐵紅線或環線Комсомольская站

外交部大樓

Здание Министерства иностранных дел

外交部大樓建於1948～1953年間，有27層樓，高172公尺。傳說原本大樓設計並沒有尖頂部分，後因史達林下令加上尖頂，因建築無法承受石造尖頂的重量，鋪上赭石以鋼板搭建，致使尖頂與建築體略有色差；為美觀已將尖頂粉刷成與建築體同色。此外，據聞額外搭建的尖頂結構過弱，無法承受五角星的重量，所以它是七大建築中唯一不用五角星做尖頂裝飾的大樓。

✉ Смоленской-Сенной площади, 32/34

➡ 地鐵藍線或淺藍線Смоленская站

重工業部大樓

Административно-жилое здание возле «Красных ворот»

重工業部大樓建於1947～1952年間，有24層樓，高138公尺，蘇聯時期為交通建設工程部門所在地兼公寓住宅，並設有銀行、餐廳、幼稚園等生活所需工商服務。重工業部大樓所在地昔時曾為住宅區，俄國名詩人萊蒙托夫(Михаил Юрьевич Лермонтов)便誕生於此。

✉ Садовая-Спасская улица, д.21

➡ 地鐵紅線Красные ворота站

逛|街|購|物 Покупки

上流社會的超市—耶立謝耶夫超市
Eлисеевский Магазин 超市 紀念品

✉ Тверская ул., 14
📞 (495)650-4643
🕐 每天24小時
🌐 www.eliseevskiy.ru
➡ 地鐵紫線Пушкинская站往Пушкинская
площадь出口，沿Тверская улица往克里
姆林宮方向走幾分鐘即見
🗺 P.81

裝潢華美的超市歷史悠久，迄今已超過百年

特維爾大街上的Елисеевский
Магазин是聖彼得堡著名商人格
里高利·耶立謝耶夫(Григорий
Григорьевич Елисеев)於1898年買
下、籌備3年所開設的超市。1901
年甫開張時，耶立謝耶夫超市便
以普羅旺斯進口的橄欖油、法國
進口的松露及牡蠣、精選的俄羅
斯魚子醬、燻魚與火腿、超市自
製的各式精緻糕餅、茶葉、咖啡
和葡萄酒等高價食品及華麗的裝
潢造成轟動。革命時期耶立謝耶

自產糕點部名聲遠播
(王敏紫/攝影)

夫移民法國，
超市改為國
營，但蘇聯時
期這裡仍被視
為莫斯科重要的奢華地標；現今
則為莫斯科重要的觀光景點，是
進口食品最多、選擇最豐富的超
市之一。

莫斯科書屋書店 書店
Московский Дом книги

✉ ул. Новый Арбат, 8
📞 (495)789-3591
🕐 週一～五09:00～23:00，週六、日10:00～
23:00
🌐 www.mdk-arbat.ru (俄)
➡ 地鐵藍線或淺藍線Арбатская站，往улица
Новый Арбат方向走幾分鐘即見
🗺 P.81

新阿爾巴特街上的莫斯科書屋
書店開幕於1967年9月25日，營業
面積廣達3,600平方公尺，為當時
全蘇聯最大的書店。1998年莫斯
科書屋展開連鎖經營模式後，以

這家書店為總店，店內文學、藝
術、教育、外文、科學、古董書
籍等各類圖書高達21萬本，並有5
萬件辦公文具用品、5千件視聽項
目產品。這裡常舉辦作者新書發
表會、讀書會等活動，是莫斯科
文化界重要的地標之一。

玩家交流

換個心情品嘗世界

很多人吃過羅宋湯，但俄國的羅宋湯不論食材、調味、料理方式，都與台灣有極大差異。不少朋友第一次品嘗俄式羅宋湯，都對湯上漂浮的酸奶油、湯裡深紅色的甜菜很不習慣，很難理解這種湯為何如此深受歡迎；等多吃幾次後，才逐漸愛上正宗羅宋湯香濃美味，感受到酸奶油的順口提味──甚至離開俄國後，還會想念這道獨特湯品。俄羅斯地處歐亞交界，在此可以盡情品嘗前所未見的東西，留下很多新鮮有趣的回憶；可能是一碗羅宋湯，可能是一杯科瓦斯，可能是歐洲式宮廷餐廳一頓浪漫的燭光晚餐，也可能是路邊攤一捲帶酸奶油的沙威瑪。無論何時何地、酸甜苦辣，希望你跟我一樣，喜歡這些在俄國才吃得到的口味，喜歡在這裡品嘗到的世界。

特|色|餐|飲 Ресторан

T 宛如置身宮廷
Турандот

歐式、日式、中式料理

- ✉ Тверской бул., 26
- ☎ (495)739-0011
- 🕐 週日～四12:00～00:00，週五、六12:00～01:00
- 💲 特價套餐3,500p(平日12:00～00:00)，平日午餐時段(12:00～16:00)所有菜色一律8折
- 🌐 www.turandot-palace.ru/en
- ➡ 地鐵紫線Пушкинская站，沿Пушкинская площадь普希金廣場對面Тверской бульвар走數10步(麥當勞斜對面)
- 🗺 P.81

Турандот以歌劇《杜蘭朵公主》的杜蘭朵為名，是特維爾大街旁著名的宮廷式餐廳，也是莫斯科著名的餐飲景點之一。餐廳每間廳室皆精雕細琢，或以特地收藏的骨董裝飾、或聘工匠繪製壁畫，服務生的制服、餐具也經過配套，營造出與眾不同的用餐氣氛；餐點擺盤非常注重美觀，

讓人感到來此用餐，就是一場色、香、味俱全的盛宴。

照片由餐廳提供

門口左側石製招牌不大，前來需注意

91

令人難忘的烤肉與起司烤餅
Джон Джоли 格魯吉亞

✉ Тверская улица, 20/1
☎ (495)792-7030
🕐 週一～四11:00～24:00，週五11:00～02:00，週六12:00～02:00，週日12:00～24:00
💲 前菜+主菜約1,000p
🌐 ch1ef.ru/restaurant/jonjoli (俄)
➡ 地鐵綠線Тверская站、紫線Пушкинская站、灰線Чеховская站
🗺 P.81

北臨俄國、西接黑海、南面土耳其的格魯吉亞是史達林的故鄉，地處歐亞十字路口，料理口味兼容東西，香、濃、鮮、酸、辣、鹹、甜兼備，從前菜到甜點，每道都有迷人的獨到之處。Джон Джоли的炭火烤肉鮮嫩多汁、窯烤派餅噴香可口，裝潢明亮舒服，適合聚餐，深受年輕人喜愛。

攝影／顧志誠

(上)起司烤餅(Хачапури по-имеретински)適合多人分享 (下)豪邁的整隻烤雞

慵懶迷人水煙沙發餐館
Чайхона №1 烏茲別克料理

✉ Новый Арбат, 21
☎ (495)507-0021
🕐 每天24小時
💲 主餐約380p起，抓飯約460p起
🌐 www.chaihona.com
➡ 地鐵綠線Маяковская站，Триумфальная площадь廣場旁沿ул. 1-ая Тверская-Ямская門牌號碼漸多方向走3分鐘即見
🗺 P.81

Чайхона №1由製片人Тимур Ланский於西元2000年創立，揉和餐廳、沙發酒吧跟水煙咖啡館元素，首創lounge cafe沙發餐館，美味烤肉、抓飯、沙烏瑪(P.138)搭配放鬆的水煙、慵懶音樂、舒適座席，獨特風情令人印象深刻。現Чайхона №1連同控股公司旗下其他品牌坐擁數十家分店，為俄國最大烏茲別克菜連鎖餐廳。

(上)酸甜漿果汁морс搭配烤肉，去油解膩
(下)大份烤肉適合多人聚餐分享
(攝影／陳沛逸)

My-my

俄式自助乳牛主題餐廳

俄式料理

📧 ул. Арбат, 45/24
📞 (985)178-8882
🕐 每天10:00～23:00
💲 湯約110p，主餐約300p
🌐 www.cafemumu.ru (俄)
➡️ 地鐵藍線或淺藍線Смоленская站，沿улица Арбат走幾分鐘即見

MAP P.81

My-my是Andrey Dellos Restaurant餐飲體系開設的平價餐廳，採蘇聯時期風行的自助取餐系統，以可愛乳牛為設計主題，餐點可口、物美價廉，還有點餐附贈牛奶糖、兒童專區等貼心服務，這裡是許多學生、小孩喜歡的餐廳。

(左) My-my旁即為俄國詩人暨歌手布拉特・阿庫加瓦(Булат Шалвович Окуджава)的紀念像
(右) My-my是俄語的牛叫狀聲詞，也就是哞哞的意思；受歡迎的My-my在莫斯科已有多家分店

Венеция

留學生特別推薦

義式料理

📧 Страстной бульвар, 4/3, стр. 3
📞 (495)694-5862
🕐 週一～五11:00～00:00，節假日12:00～00:00
💲 主餐約700p，甜點約300p
🌐 venezia.menu(俄)
➡️ 地鐵紫線Пушкинская站、灰線Чеховская站，沿面對普希金紀念像右方Страстной бульвар走幾分鐘即見

MAP P.81

(左) 美味的義式薄皮披薩
(右) 酸甜可口的草莓輕乳酪蛋糕

Венеция讀音為venezia，意即威尼斯，是燈光美、氣氛佳的義式餐廳，在莫斯科有4家分店；因這裡餐點美味可口、價格合理，聚餐吃薄皮披薩、吃甜點喝下午茶都很理想，是不少莫斯科留學生喜歡的聚會餐廳。

Венеция這家店面需先過大門，往內走才會見到店門

Пилзнер
歡樂暢飲捷克啤酒屋
捷克料理

- ✉ ул.1-ая Тверская-Ямская, 7
- ☎ (985)488-5929
- ⏱ 每天12:00～01:00
- 💲 主餐680p起，啤酒1升約600p
- 🌐 pilsner.ru
- ➡ 地鐵線Маяковская站，Триумфальная площадь凱旋廣場旁沿ул. 1-ая Тверская-Ямская門牌號碼漸多方向走3分鐘即見
- 🗺 P.81

　　Пилзнер菜肴量大味美、啤酒暢快順口，是年輕人熱鬧揪團大口吃肉、大碗喝酒的好去處。酒單上的Резаное啤酒是該店特調的雙色啤酒：一般金黃色啤酒在上、著名的捷克黑啤酒(Велкопоповицкий Козел)在下，兩層啤酒壁壘分明，非常有趣。

推薦燉豬肉、醃菜配麵餅(Брабец)

Макдоналдс
全俄國第一家麥當勞
美式速食

- ✉ ул. Большая Бронная, 29
- ☎ (495)755-6027
- ⏱ 每天06:00～24:00
- 💲 特大big tasty漢堡約245p，薯塊約75p
- 🌐 www.mcdonalds.ru (俄)
- ➡ 地鐵線Тверская站、紫線Пушкинская站，Пушкинская площадь普希金廣場右側斜對面
- 🗺 P.81

　　坐落在普希金廣場斜對面的麥當勞，是當今俄羅斯年輕人重要的兒時回憶。1988年蘇聯尚未解體前，莫斯科市政府與麥當勞集團簽約、籌備開店；1990年1月31日開幕前，吸引了超過5千人排隊等候一嘗傳說中的漢堡滋味，當天湧進3萬人，創下全球麥當勞最高單日服務人次紀錄。當年排隊購買麥當勞的小孩現在雖已成年，談及小時候吃麥當勞的回憶，仍有超幸福的感覺。

台灣菜單上沒有的漢堡
(讀音為big tasty)

全俄第一家麥當勞的店面

在地人推薦的古典餐廳

喜歡古典路線的朋友，不妨試試這家在地人特別推薦的餐廳。

充滿優雅文藝氣息

Кафе Пушкин

俄式料理

✉ Тверской бул., дом 26А

☎ (495)739-0033

🅒 每天24小時

💲 沙拉+湯+主菜+熱飲1,260p (平日12:00～16:00 зал Аптека藥局廳商業午餐)

🌐 www.cafe-pushkin.ru/en

➡ 地鐵紫線Пушкинская站，沿Пушкинская площадь普希金廣場對面Тверской бульвар走數十步(麥當勞斜對面)

🗺 P.81

　　Кафе Пушкин與Турандот同為Andrey Dellos Restaurant餐飲體系旗下的餐廳，但以俄國文豪普希金為名、效仿普希金時代的文藝沙龍，以較實惠的價格提供精緻美食與親切的服務，節假日會為小朋友舉辦一些平易近人又帶有文藝氣息的活動，是相當有特色的餐廳。

Кафе Пушкин門口右側的石製招牌不大，前來用餐時需注意

店內設置傳統歐式電梯

Кондитерская Пушкин風格夢幻甜美

香濃的湯品
分量不小

Кондитерская Пушкин是Кафе Пушкин的甜點部，可來此享用或外帶各色精緻甜點

蜂蜜奶油蛋糕蜜香沁甜、帕芙洛娃蛋白霜輕盈酥脆

莫斯科河畔區

Район Замоскворечье

概況導覽

莫斯科河流經莫斯科市中心，昔時是重要的商業水路，如今成為莫斯科的觀光重點，河岸公園草坪更是莫斯科人夏季散步、作日光浴、野餐的熱門地點。歷經炸毀重建的基督救世主大教堂離紅場不遠，白石建築體映襯璀璨金頂，是莫斯科河畔最美的風景之一。珍藏印象派繪畫傑作的普希金造型藝術博物館、全世界最大的俄羅斯繪畫美術館──特列季亞科夫畫廊都坐落於本區，值得喜愛繪畫藝術的朋友好好遊覽。新少女修道院景致如畫，春花夏草、秋葉冬雪，四季皆宜造訪；修道院旁的公墓是俄羅斯各界名人長眠之地，管理有方的墓園整潔幽靜，常有人前去散步或緬懷先人，宛如雕塑藝術公園。河畔區歷史悠久、風光明媚，河水潺潺，不經意地在繁華熙攘的首都中，保留了一片鬧中取靜的幽境。

一日遊行程表

1 基督救世主大教堂
🕐 參觀時間90分鐘

2 特列季亞科夫畫廊或普希金造型藝術博物館
🕐 參觀時間180分鐘

3 新少女修道院
🕐 參觀時間90分鐘

4 新少女公墓
🕐 參觀時間60分鐘

重回莫斯科河畔的大教堂

基督救世主大教堂

Храм Христа Спасителя

✉ ул. Волхонка, 15-17

🕐 大教堂週二～日10:00～17:00，週一13:00～
17:00 / 附設博物館10:00～17:00，

🈺 每月最後一個週一封館維修

http www.xxc.ru

➡ 地鐵紅線Кропоткинская站往Храм
Христа Спасителя出口即見

MAP P.97

基督救世主大教堂原為拿破崙戰爭時期，感謝耶穌基督庇護俄羅斯抵抗拿破崙侵略的教堂；當時為俄國第一座人民自發捐建的大教堂，由К. Тон堂設計主導，外牆綴以名雕塑家拉岡諾夫斯基(А. Логановский)、拉馬札諾夫(Н. Рамазанов)、寇特(П. Клодт)等人作品，教堂內集合最傑出的藝術家如馬爾可夫(А. Марков)、魏列夏庚(В. Верещагин)、歇米拉德斯基(Г. Семирадский)、蘇里可夫(В. Суриков)、克拉姆斯科依(И. Крамской)等傾力繪製壁畫，1883年落成啟用後，直至1888年才修繕完畢，浩大工程持續近50年，4座鐘樓懸掛了14個鐘，最大的鐘重達26噸。

1931年史達林實施詆毀宗教政策下令炸毀教堂、改建成蘇維埃宮大樓(Дворец Советов)；但因莫斯科河畔地質濕軟複雜、而後爆發第二次世界大戰，蘇維埃宮建案隨之停擺。1960年赫魯雪夫執政時期，蘇維埃宮地基改建成游泳池對外開放，據說為當時世上最大露天溫水游泳池。1980年代晚期，俄羅斯輿論掀起重建教堂聲浪，最後教堂終於1994～1997年間重建完成。

如今基督救世主大教堂是舉辦俄羅斯重要慶典的地方，每年東正教最重要的慶典──復活節大典都在此舉行，俄羅斯聯邦總統也必親臨現場參與。教堂地下室附設博物館，介紹原教堂、蘇維埃宮、泳池、重建教堂的歷史過程，很值得順道參觀。

外牆雕塑值得仔細欣賞

基督救世主大教堂

旅行小抄

拍張紀念照

大教堂旁,紀念前任牧首阿列克謝二世(Алексий II)的牧首橋(Патриарший мост)上拍照角度很好,適合在此拍攝基督救世主大教堂、克里姆林宮、莫斯科河的紀念照。

攝影/瓦農

大教堂附設門口獨立的餐廳,提供經濟實惠的自助式簡餐

教堂附設麵包店

走到對岸,連同牧首橋一起拍攝也非常好看(攝影/瓦農)

大教堂外的紀念品店商品精緻、款式豐富,值得順便逛逛

全俄羅斯第二大海外藝術博物館

普希金造型藝術博物館

Музей изобразительных искусств им. А.С. Пушкина

- ✉ ул. Волхонка, 12
- ☎ (495)697-9578
- ◷ 週二、三、六、日11:00～20:00(入場至 19:00止)，週四、五11:00～21:00(入 場至20:00止)
- 休 週一
- 💲 主館成人票400p，學生票200p，16歲以下兒 童免費；歐美19至20世紀藝術個人收藏分館 成人票400p，學生票200p，16歲以下兒童免 費；兩館套票成人票750p，學生票400p
- http www.arts-museum.ru
- ➡ 地鐵紅線Кропоткинская站往Храм Христа Спасителя出口，以教堂和莫斯科河為右側 方向沿улица Волхонка走數分鐘即見
- MAP P.97

　　坐落於莫斯科河畔的普希金造型藝術博物館，是羅曼諾夫王朝末代沙皇尼古拉二世任內建設；尼古拉二世曾率皇室成員出席1898年8月17日奠基典禮，並以尼古拉二世之父──亞歷山大三世之名，命名為亞歷山大三世優秀藝術博物館。普希金造型藝術博物館收藏大量歐洲雕塑作品、古埃及藝術品、西歐畫作、古幣及花瓶等珍品，並於1985年起收藏攝影藝術作品，是全俄羅斯第二大海外藝術博物館(僅次於聖彼得堡冬宮)，以大量荷蘭、法國、義大利等西歐藏畫聞名全國，也是世上收藏最多法國印象派及後印象派傑作的美術館之一。來此可飽覽林布蘭、魯本斯、凡·戴克、普桑、洛蘭、華托、柯洛、庫爾貝、莫內、畢沙羅、雷諾瓦、梵谷、高更、塞尚、竇加、馬蒂斯、畢卡索等名家畫作，值得喜歡畫作或雕塑作品的朋友一遊。

主館10室林布蘭《老嫗像》

1898～1912年間興建的主館為新古典風格樣式，係建築師克萊因(P. Клейн)所設計，其古文明展品與雕塑館藏特別豐富，畫作收藏相對較少

主館左側即歐美19至20世紀藝術分館，收藏許多名畫

莫內作品《白睡蓮》

梵谷作品《聖馬里海》

雷諾瓦作品《女演員章娜·莎瑪里像》

竇加作品《藍衣舞者》

畢卡索藍色時期作品《詩人沙巴提斯像》

馬蒂斯作品《紅色的魚》

101

名聞遐邇的特列季亞科夫珍藏

特列季亞科夫畫廊

Третьяковская галерея

✉ Лаврушинский переулок, 10

☎ (495)957-0727

🕐 週二、三、日10:00～18:00(入場至17:00止)，週四、五、六10:00～21:00(入場至20:00止)

休 週一

💲 成人票500p，學生票200p，18歲以下兒童免費

🌐 tretyakovgallery.ru

➡ 地鐵橘線或黃線Третьяковская站往Третьяковская галерея出口，左轉後過左側馬路至Большой Толмачевский переулок，沿Большой Толмачевский переулок走至Лаврушинский переулок右轉，再走數十步即見　MAP P.97

安德烈·魯布廖夫作品《三位一體》聖像

特列季亞科夫畫廊是世上最完整收藏俄羅斯繪畫藝術精品的美術館之一。館藏原為一生熱愛藝術，大量收購畫作、資助畫家創作的俄羅斯著名商人兼收藏家特列季亞科夫(Павел Михайлович Третьяков)的私人收藏，後於1856年創辦畫廊與民眾分享藝術之美，並於1892年將畫廊捐贈莫斯科市政府。歷史悠久的特列季亞科夫畫廊藏品現已高達13萬件，囊括俄羅斯12世紀以來最著名的諸多經典傑作，如全俄國最知名的聖像畫家安德烈·魯布廖夫的《三位一體》聖像、列賓的《伊凡雷帝與其子》、蘇里可夫的《女貴族馬洛佐娃》等，俄國知名畫家、巡迴展覽畫派名家巨作不勝枚舉，是許多喜愛俄國繪畫藝術人士到訪莫斯科必遊之地。

畫廊外觀由建築師巴許基洛夫根據畫家瓦斯涅佐夫作品為藍圖所設計

藝術殿堂裡的孩子

　　我在俄羅斯逛過不少博物館、美術館，欣賞藝術傑作，大飽眼福。不過，如今印象最深的，是在那些地方偶遇的人。在特列季亞科夫畫廊某展覽室，遇見連筆都拿不太穩的幼稚園小朋友散坐一地，一邊聽老師講解、一邊臨摹牆上的風景畫作，一群小小孩用氣音談笑、互相嘲笑對方塗鴉，真的非常可愛。遇到父母手推娃娃車、帶著孩子或牽或抱前來看畫，總令我敬佩不已。曾遇過一位年輕媽媽抱著嬰兒，用氣音向孩子解釋自己喜愛的作品後，附上一句：「親愛的，雖然你現在還小⋯⋯以後你就會懂的！」熱愛藝術、傳承美學到如此地步，令我非常感動。此外，也曾聽一群校外教學的小學生談論畫作，他們的獨到見解完全超乎想像，給我上了寶貴的一課。或許在藝術的殿堂裡，每個人都是孩子、都有成長的空間吧！

莫斯科河畔區—熱門景點

特列季亞科夫畫廊

蘇里可夫作品《女貴族馬洛佐娃》

瓦斯涅佐夫作品《騎灰狼的伊凡王子》

列賓作品《伊凡雷帝與其子》

伊凡諾夫作品《耶穌現於民間》

巡迴展覽畫派

19世紀起，俄羅斯繪畫、文學才開始融入民族風格，展現俄羅斯特色而蓬勃發展。畫家開始關注社會現實、揭露沙皇制度的殘酷及平民百姓之苦；「巡迴展覽畫派」即為一群提倡現實主義的藝術家，他們不再美化或追求虛構的美麗，而是真實地重現俄羅斯生活風貌。這些畫家每年定期到各城市舉辦巡迴畫展，提倡關懷社會現實風氣，開啟了俄羅斯繪畫的新紀元；很多俄國名畫家如列賓(Илья Ефимович Репин)、蘇里可夫(Василий Иванович Суриков)、克拉姆斯科伊(Иван Николаевич Крамской)等人，都是該畫派的成員。

克拉姆斯科伊作品
《無名女郎》

旅 行 小 抄

到服務台拿地圖

購票後，記得到服務台拿份地圖，以免在館內迷路。畫廊官方地圖標明畫家作品室號碼及一些名作，因此參觀時可對照展覽室門上編號、門旁的畫家介紹板、地圖上標示作品，辨識所在位置。館方也提供語音導覽租借。

館內附設簡餐及餐廳

館內附設自助式簡餐位於地下1樓；簡餐店旁樓梯可通往1樓獨立店面的餐廳，餐廳提供英語菜單、用餐環境舒適很多，商業午餐也只比自助簡餐稍貴一些。館設餐廳斜對面還有俄國少見的蔬食餐廳Кафе-студия Сок，餐點清爽可口，提供英語菜單，平日12:00～16:00有8折優惠，有興趣不妨一試(詳見P.117)。

遠離塵囂的靜修之地

新少女修道院

Новодевичий монастырь

- ✉ Новодевичий пр., 1
- ☎ (499)246-8526
- ◉ 每天09:00～17:00
- 💲 成人300p，學生票100p，攝影票100p，錄影票200p(攝、錄影禁用腳架)
- http ndm-museum.ru (俄)
- ➡ 地鐵紅線Спортивная站往ul. 10-летия Октября出口，右轉走至街底即見
- MAP P.97

新少女修道院也譯為新聖女修道院、新聖母修道院，是莫斯科大公瓦西里三世為紀念莫斯科公國合併斯摩稜斯克、供奉斯摩

稜斯克聖母像而下令修建的修道院。相傳兩國交戰初期，莫斯科公國戰事不順，瓦西里三世於1514年再次攻城前，曾站在斯摩稜斯克城牆下發誓：若得神助、成功兼併斯摩稜斯克，必將在莫斯科興建女子修道院以供奉聖母、虔誠修道。後來莫斯科軍果真順利攻下斯摩稜斯克城池，瓦西里三世也依言下令興建修道院，供奉斯摩稜斯克聖母像。

16～17世紀曾有許多皇室貴族婦女被遣送至此靜修，其中又以彼得一世皇姐蘇菲亞攝政公主最為出名。蘇菲亞與彼得是同父異母的姐弟，面臨即位之爭時，因彼得與另一名皇弟伊凡年幼，

新少女修道院外觀，從公園池塘對面拍攝的角度特別好看

修道院的夜景也很有名

蘇菲亞掌控禁衛軍、攝政掌權，彼得與其母退居莫斯科近郊小村內。彼得成年後，蘇菲亞下令暗殺彼得奪權，所幸彼得聞訊潛逃至金環謝爾蓋聖地的聖三一修道院避難；隔天擁護彼得的兵團前往護駕，彼得呼籲軍民擁護合法沙皇，並下令禁衛軍官來見、違者問斬。禁衛軍轉向彼得效忠，蘇菲亞被送入新少女修道院軟禁。10年後，蘇菲亞仍涉嫌與部分軍隊密謀復權，彼得平亂後下令蘇菲亞受戒、專心修道；蘇菲亞從此改名蘇珊娜，在此靜修至過世，下葬於此地斯摩稜斯克教堂。

雖修道院坐落於莫斯科市中心，此地的優美景致、靜謐氣息和獨特的歷史背景，都給人遠離俗世的感覺。新少女修道院於1922年改建成博物館，2004年名列聯合國教科文組織世界文化遺產，2010年歸還教會恢復使用，入內須遵守參觀禮節。特別推薦參觀完修道院後，到門外小坡下的小公園散散步，欣賞修道院與水色互相輝映的美景。

修道院內著名的斯摩稜斯克教堂

莫斯科河畔區—熱門景點

新少女修道院

(上) 新少女修道院旁的公園林蔭舒適，很多民眾喜歡來此賞景休憩

(中) 公園內的鴨子銅像源自Robert McCloskey童書《Make Way for Ducklings》，綠頭鴨媽媽帶小鴨前往Boston Public Garden尋夫的情節；因童書大受歡迎，Boston Public Garden順應民心，設置了雕塑家Nancy Schön的母鴨帶小鴨銅像，1991年蘇聯總統夫人戈巴喬娃隨夫訪美時，相當喜歡可愛的銅像，美國總統夫人芭芭拉・布希隨夫回訪蘇聯時，便致贈複製品，供蘇聯兒童共賞同樂。附近不少小孩喜歡來騎鴨子，非常可愛

(下) 當年囚禁蘇菲亞公主的塔樓，謠傳在外牆寫下願望可以成真，很多人來此許願

各界名人的長眠之地

新少女公墓

Новодевичье кладбище

- ✉ Лужнецкий проезд, 2
- 🕐 每天09:00～17:00
- ➡ 地鐵紅線Спортивная站往ул. 10-летия Октября出口，右轉走至街底見修道院城牆，再沿城牆往左走數分鐘即見
- 🗺 P.97

整潔的園區

　　新少女公墓坐落於新少女修道院旁，自古以來，不少俄羅斯名人下葬於此。這片墓園的墓碑設計、雕塑別出心裁，常有遊客來此向喜愛的名人致意，也有不少民眾掃墓之餘在此小憩，宛如幽靜的公園。

　　新少女公墓占地很廣，為避免迷路，旅遊旺季時不妨跟團聽導遊講解介紹；如自行參觀，先在門口參閱地圖，抄下想找的名人墓確切地址(墓碑號碼、墓區及排數)，再尋覓會比較順利。不過，有些名人墓小徑為草地，下雨時較泥濘，建議晴天前往參觀。

美麗的墓碑藝術

新少女公墓大門

人生終點站，出乎意料的幽靜美麗

踏入新少女公墓前，我從未以觀光角度參訪過任何一個墓園。以往，除非是清明掃墓或悼亡追思親屬，根本不曾想過「到墓地去」這件事。然而新少女公墓是莫斯科相當有名的景點，加上不少朋友也推薦這個地方，我終於還是來到這座占地甚廣的公墓——並深為這裡的喪葬文化感動。墓園道路整潔、分區清楚，墓碑特別設計出地下故人的風格特色，除了俄國傳統獻給亡者的假花，園區花木多經園丁整頓，採光良好；雖然參觀當日為陰天、秋末林葉隨風飄落，卻一點也不陰森，反而有種寂靜清幽之美。園內除了觀光客，也有些老人來此聊天、散步、欣賞墓碑或獨坐墓旁沉思，感覺這裡就像公園一樣；只是，這座公園的主題，是生命消逝後的安息地。

新少女公墓名人墓指標圖 長眠於新少女公墓的名人不勝枚舉，在此僅列幾位供對照參考。

第6區第23排51號
俄國前總統葉爾欽墓（Борис Николаевич Ельцин）

第2區第12排38號
俄國名作家果戈里墓

第2區第15排180號
俄國名作家契訶夫墓

第5區第23排109號
莫斯科尼庫林馬戲團創辦人、俄國著名小丑兼喜劇演員尼庫林墓（Юрий Владимирович Никулин）

入口

莫斯科遊河

搭乘遊船，遍覽莫斯科風光

莫斯科水運發達，古時曾有「五海之都」的商港美稱。流經市中心的莫斯科河，是打通莫斯科經濟水路的重要功臣。今日有不少觀光遊船，提供遊客另一個欣賞莫斯科的角度。來此遊河時，搭配這張景點圖，就可以抓準時機欣賞或拍照留念囉！

歐洲廣場
площадь Европы

歐洲廣場在 Киевский вокзал 遊船碼頭下船處對面，廣場旁即為基輔火車站、地鐵站，交通非常便捷。

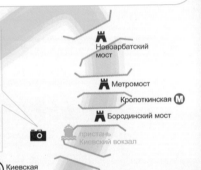

Новоарбатский мост

Метромост

Кропоткинская Ⓜ

Бородинский мост

пристань Киевский вокзал

Ⓜ Киевская

新少女修道院
Новодевичий монастырь

新少女修道院離莫斯科河畔不遠，在林葉掩映間，隱約可見修道院屋頂金燦的十字架。

Ⓜ Парк Культуры

Новобережковский мост

Ⓜ Фрунзенская

盧日尼基體育館
Стадион «Лужники»

盧日尼基體育館是1980年莫斯科奧運主賽場之一，迄今仍為莫斯科舉辦許多體育賽事、演唱會的重要場地。

пристань Фрунзенская набережная

пристань Воробьевы горы

Новоандреевский мост

Метромост

Ⓜ Воробьевы горы

莫大主樓、麻雀山
ГЗ МГУ и Воробьевы горы

莫斯科大學主樓位於麻雀山公園上，春夏時分，不少莫大學生會到麻雀山公園草皮上曬太陽、彈吉他唱歌、打牌或野餐。

莫大主樓、麻雀山

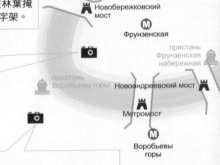

新少女修道院

盧日尼基體育館

基督救世主大教堂

Храм Христа Спасителя

一般遊船會在基督救世主大教堂對岸碼頭靠岸，在此拍照的時間比較充裕。

聖瓦西里大教堂
見p.112

札里亞季耶公園
見p.74

Боровицкая Ⓜ

克里姆林宮
見p.112

пристань Большой
Устьинский мост

Большой
Москворецкий мост

Большой
Устьинский мост

Ⓜ Китай-город

Большой
Каменный мост

пристань Большой
Каменный мост

藝術家公寓
見p.112

Патриарший
мост

紅色十月巧克力工廠

Здание кондитерской фабрики «Красный Октябрь»

Красный Октябрь紅色十月是俄羅斯著名的巧克力品牌，河畔這棟紅磚建築即為該企業旗下工廠之一。

Крымский мост

пристань
Крымский мост

Ⓜ Октябрьская

Андреевский
мост

Алёнка是這家工廠非常出名的牛奶巧克力

пристань
Парк им.
Горького

彼得船柱

Памятник Петру I

高達98公尺的彼得船柱，是俄羅斯最大的紀念雕像、也是世上最高的雕像之一。曾謠傳彼得船柱原為慶祝哥倫布發現美洲500週年所造，因遭美國婉拒禮物才將哥倫布改為彼得一世；但俄羅斯官方否定這項說法，並於莫斯科850週年建城慶祝活動上，正式揭幕啟用彼得船柱。

高爾基文化休閒公園

Парк культуры и отдыха им. Горького

高爾基文化休閒公園位於莫斯科河畔，附設許多遊樂設施，是不少莫斯科人假日全家出遊、充滿歡笑的地方斯科850週年建城慶祝活動上，正式揭幕啟用彼得船柱。

(王瓴萊／攝影)

克里姆林宮
Кремль

克里姆林宮面向河岸有教堂群美麗的天際線和雄偉的城牆，拍照特別好看。

聖瓦西里大教堂
Храм Василия Блаженного

外觀華麗的聖瓦西里大教堂，從河上遙望，也很令人驚豔。

札里亞季耶公園
見p.74

Боровицкая

基督救世主大教堂
見p.111

Большой Москворецкий мост

пристань Большой Устьинский мост

Большой Устьинский мост

Китай-город

Большой Каменный мост

пристань Большой Каменный мост

Патриарший мост

紅色十月巧克力工廠
見p.111

彼得船柱
見p.111

藝術家公寓
Жилой дом на Котельнической набережной

藝術家公寓座落於Большой Устьинский мост遊船碼頭附近，雄偉的史達林式建築非常引人注目。鄰近Китай-город一帶是遊前後順便散步的好地方，улица Варварка上有不少莫斯科早期建築古蹟、街底即為紅場，沿此街道往返紅場或遊船碼頭，可一路欣賞莫斯科昔時風光。

購|物|名|店 Покупки

Е 歐洲廣場旁的百貨公司
вропейский

`百貨公司`　`美食街`　`餐　廳`

✉ площадь Киевского вокзала, 2
☎ (495) 921-3444
🕐 週一～四、日10:00～22:00，週五、六
　10:00～23:00
🌐 evropeisky.ru
➡ 地鐵環線、藍線或淺藍線Киевская站往ТЦ
　Европейский出口
🗺 P.97

Европейский讀音為evropeisky, 意即「歐洲的」，莫斯科華人常稱這裡為歐洲商場

　　Европейский百貨公司是莫斯科市內最大購物中心之一，連接不同店面廊道的5個中庭各以歐洲國家首都命名為莫斯科、巴黎、羅馬、柏林和倫敦，超過500家知名品牌專櫃從BCBG、BILANCIONI、TRU

TRUSSARDI等設計師品牌到adidas、REEBOK、ZARA等年輕流行品牌兼備，購物選擇非常齊全。逛累時，也有Чайхона №1、Грабли、Starbucks、Академия、Шоколадница等餐廳、簡餐咖啡店和美食街可用餐休息。

特|色|餐|飲 Ресторан

В 俄國第一家連鎖烘焙坊 `法式麵包`　`俄式麵包`　`甜點烘焙坊`
олконский

✉ Большая Якиманка ул., 19
☎ (905)553-2554
🕐 週一～五07:30～22:00，週末08:00～
　22:00
💲 麵包65p起、可頌125p起、甜點100p起
🌐 wolkonsky.com (俄)
➡ 地鐵灰線Полянка站，往пер. Бродников走，
　至Большая Якиманка ул右轉不久後即見
🗺 P.97

　　Волконский是俄國和烏克蘭第一家連鎖麵包點心店，採用高品質麵粉與在地當季食材，手工製作，堅持傳統、自然理念，不使用添加物、改良劑、防腐劑，

法式、俄式麵包保存期限僅12小時，甜點保存期限48小時，新鮮可口的優質美味深受許多上班族與學生喜愛。此外，Волконский自創業初期就成立特教兒童慈善中心，指導特教兒謀生手藝，每月送麵包、糕點至育幼院、養老院，善舉廣獲認同。

各色熱銷麵包中，可頌香濃不膩，是特別有名的招牌商品(攝影/Jenny)

У 知名俄國食品品牌
Палыча

`即食俄式簡餐` `冷凍食品連鎖店` `糕 點`

- ✉ ул. 10-ти летия Октября, 13
- 📞 (495)269-5555#0630
- 🕐 週一～五08:00～21:00，週六10:00～20:00，週日10:00～18:00
- http www.palich.ru(俄)
- ➡ 地鐵紅線Спортивная站往ул. 10-летия Октября出口，右轉走幾分鐘即見
- MAP P.97

(上) 新少女修道院附近的У Палыча店面

(左) 節慶時，У Палыча推出的復活節應景蛋糕

У Палыча原為薩馬拉市內一家小簡餐店，1991年剛開幕時，窄小店內只有4張桌子供客人用餐，卻以各色美味的俄式家常菜逐漸打響知名度，於1995年開張第一家餐廳，供應逾350道的豐富菜色。1996年開設工廠生產線後，У Палыча成為俄式餃子、薄餅、漢堡排等冷凍食品及蛋糕、糕點、冰淇淋等甜點品牌，除通過各大超市及零售體系銷售，也在俄羅斯各大城市開始增設品牌連鎖店，供應各式俄羅斯風味美食。

B 坐擁基督救世主大教堂景觀
ar Strelka

`無國界料理`

- ✉ Берсеневская набережная, 14/5
- 📞 (495)771-7416
- 🕐 週一～四09:00～00:00，週五09:00～03:00，週六12:00～03:00，週日12:00～00:00
- 💲 湯＋主餐＋甜點約2,000p
- http www.barstrelka.com
- ➡ 地鐵紅線Кропоткинская站往Храм Христа Спасителя出口，經牧首橋，快下橋時右側河邊即見
- MAP P.97

(戴仔悅/攝影)

夏季露天座席絕佳景觀(戴仔悅/攝影)

Bar Strelka是2009年創立的Strelka媒體、建築、設計學院附設餐廳，餐點飲料大量採當季新鮮在地食材，折衷主義裝潢結合60至70年代斯堪地那維亞、義大利與裝飾藝術元素，週末有俄羅斯和外國樂團表演，文藝又時尚，用餐小酌都很舒適。

Ресторан у Пиросмани

美食、美景與藝術豐富饗宴 **格魯吉亞**

✉ Новодевичий проезд, д. 4
☎ (499)255-7926
🕐 每天12:00～22:30
💲 湯+烤餅+主餐約2,200p
🌐 www.upirosmani.ru
➡ 地鐵紅線Спортивная站往ул. 10-летия Октября出口，右轉沿улица 10-летия Октября走至街底，再沿修道院與公園旁的Новодевичий проезд走幾分鐘即見
🗺 P.97

Ресторан у Пиросмани是坐落於新少女修道院旁的藝術景觀餐廳，精湛道地的格魯吉亞餐點極致美味，堪稱一絕。除了美食、大片觀景窗坐擁新少女修道院美景，店內以傳統格魯吉亞設計裝潢，並展示大量格魯吉亞原始主義代表畫家Нико Пиросмани名作複製畫及Наталья Нестерова、Макс Бирштейн與Анна Бирштейн父女、Татьяна Назаренко、Тенгиз Мирзашвили、Омар Дурмишидзе等當代俄羅斯與格魯吉亞畫家畫作。店內每晚提供現場音樂演出，美食、美景、音樂與藝術的多重享受，曾被譽為莫斯科三大必訪地點之一。

由於美國前總統柯林頓、德國前總理科爾、加拿大前總理保羅馬丁、丹麥約阿基姆王子、日本首相橋本龍太郎、南韓總統文在寅、名模辛蒂克勞馥等，來此用餐的政商名流不勝枚舉，餐廳亦發揮巧思，在名人坐過的椅子背面嵌上牌子標註貴賓姓名、身分與到訪日期。若行程安排參觀新少女修道院，強烈推薦來此用餐，並留意看看椅背的低調彩蛋。

(左上、下)面向新少女修道院公園池塘的大片玻璃窗，明亮舒適的窗邊景觀雅座
(右上)完美融合豐富食材，香濃鮮美的Солянка雜菜湯

Х自然發酵老麵烘焙輕食 歐式輕食
Хлеб Насущный

📧 Зубовский бул., 11А
📞 (495)989-4560
🕐 平日07:00～23:00，週末08:00～23:00
💲 商業午餐前菜＋主餐＋飲品500 p起(週一～
　　五12:00～16:00)
http hlebnasushny.ru (俄)
➡ 地鐵紅線Парк культуры站出口左側
MAP P.97

碗裝咖啡相當適合冬天暖手

有湯、麵包、沙拉、主餐及飲料的商業午餐

Хлеб Насущный供應自然發酵老麵製作的新鮮麵包、三明治、咖啡、各式輕食與甜點，享用美食之餘還能兼顧健康，目前在莫斯科已有多家分店，偶爾想吃輕食換換口味的旅客，很適合來此享用早餐或下午茶，以零負擔美味均衡旅途飲食。早上可來此享用當天現烤的手工麵包當早餐，平日中午有經濟實惠的商業午餐，下午小憩喝咖啡吃點心聊天，晚上來採購高達5折的當日折扣麵包，幾乎各時段都適合造訪。

雙人早餐以各式新鮮麵包配上香甜果醬，香醇順口的咖啡以瓷碗裝盛，感覺很特別

Хлеб Насущный店面裝潢舒適簡樸，很能讓人放鬆心情

Грабли

俄式自助主題餐廳
俄式料理

- ✉ ул. Пятницкая, д. 27
- ☎ (495)545-0830
- 🕐 週一～五08:00～23:00，週末09:00～23:00
- 💲 湯約100p，主餐約300p
- 🌐 www.grably.ru(俄)
- ➡ 地鐵橘線或黃線Третьяковская站、綠線 Новокузнецкая站
- 🗺 P.97

　　Грабли是俄式自助連鎖餐廳，以清新怡人的花園設計、平價可口的餐點，吸引不少上班族、學生來此用餐。此外，Грабли的甜點在同類型餐廳間表現不俗，到Грабли用餐，別忘了到甜點部那邊看看。

Грабли的讀音為grably，在莫斯科已開設9家分店

Сок

清爽可口的美味蔬食
希臘、義大利、俄國、印度蔬食料理

- ✉ Лаврушинский переулок, 15
- ☎ (495)953-7963
- 🕐 每天11:00～23:00 (點餐至22:00止)
- 💲 主餐+甜點約700p (週一～五12:00～16:00有8折優惠，憑特列季亞科夫畫廊票根9折優惠)
- 🌐 cafe-cok.ru(俄)
- ➡ 地鐵橘線或黃線Третьяковская站往Третьяковская галерея出口，左轉後過左側馬路至Большой Толмачевский переулок，沿Большой Толмачевский переулок走至Лаврушинский переулок右轉，再走數十步即見
- 🗺 P.97

　　Сок位於特列季亞科夫畫廊對面，是俄國很少見的蔬食餐廳，除了奶蛋素，也供應純素vegan、生機素食raw餐點、無蛋無精製糖的甜點、現打水果飲品，清爽可口、價格合理，全店禁菸，健康環保理念深獲文藝青年喜愛。

(右)招牌飲料為現打水果雞尾酒、綜合果汁
(左)無蛋無精製糖的蛋糕依然香濃美味
(攝影／顧志誠)

其他地鐵沿線景點

Другие достопримечательности рядом с метро

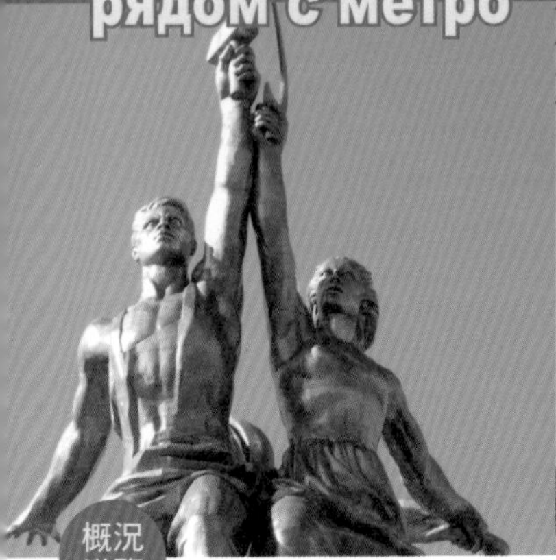

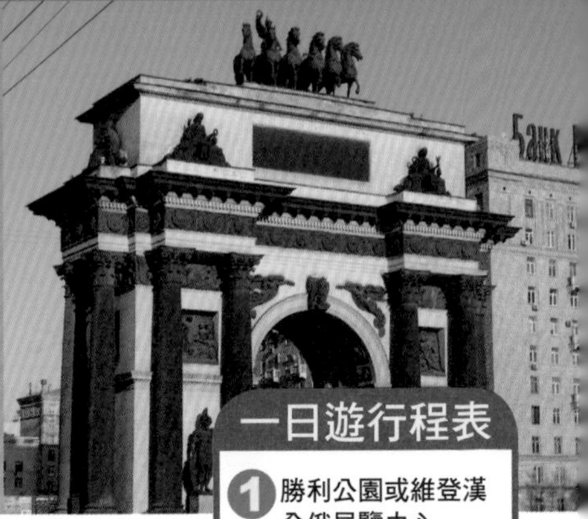

一日遊行程表

1. 勝利公園或維登漢全俄展覽中心
   參觀時間90分鐘
2. 維爾尼撒日工藝市場
   參觀時間180分鐘
3. 女皇村或莫大觀景台
   參觀時間90分鐘

概況導覽

莫斯科幅員廣大，著名景點較多。來到這裡，除了繁華市區必遊，切莫錯過地鐵環線，離市中心較遠的地方，仍有不少景點值得觀賞。

橘線北方的維登漢全俄展覽中心坐落於充滿太空、宇宙主題的莫斯科東北市區，是蘇聯時期彰顯各加盟國地區特色、經濟建設成果的博覽會場，如今除舉辦大型展覽、展售各國特色商品與經營遊樂場，莫斯科人也愛在此從事戶外休閒活動，氣氛和諧。另外綠線南方的女皇村也很有看頭，這座占地遼闊的宮廷莊園，清新的山光水色令人心曠神怡，亦可參觀重建開放的宮殿博物館。紅線西南方的國立莫斯科大學素有俄羅斯最高學府美譽，不論是主樓前著名的麻雀山觀景台或羅曼諾索夫紀念花園，常可聽見大學生爽朗的歡笑，感受到青春活潑的氣息。藍線西方的勝利公園是莫斯科最大的二戰歷史紀念園區，周邊景點皆與戰爭有關，緬懷歷史、慶祝勝利氣氛特別濃厚；東北方的維爾尼撒日工藝市場則是全市最大的紀念品展售集散地，喜歡買紀念品的朋友可以到此逛個過癮。

遊走在線路複雜的地鐵內，可別忘了駐足欣賞各線、各站的裝飾藝術，或觀看偶遇的街頭藝人表演——地鐵系統本身也是莫斯科著名景點呢！

友誼百貨公司
麥當勞
友誼酒店
Новослободская站
友誼酒店＋參觀地鐵站

АРМЕНИЯ
蘇聯民族友好噴泉
維登漢主展覽館　麥當勞
謝爾蓋聖地直達巴士站
宇宙飯店
太空人
紀念博物館
ВДНХ站
維登漢國民經濟成就展覽園區

維爾尼撒日
工藝品市場
伊茲麥羅沃飯店區
伽瑪-德爾塔飯店
伊茲麥羅沃
飯店區
貝塔飯店
Партизанская站
維爾尼撒日工藝品市場

博羅季諾戰役全景博物館
庫圖佐夫元帥像
凱旋門
Кутузовский проспект
Шоколадница
伏首山聖喬治大教堂
勝利紀念碑
衛國戰爭中央博物館
Парк Победы站
勝利公園

ВДНХ

ПАРТИЗАНСКАЯ

НОВОСЛОБОДСКАЯ

莫斯科城國際商務中心
ДЕЛОВОЙ ЦЕНТР

ВЫСТАВОЧНАЯ

庫爾斯克火車站
Курский вокзал

ПАРК ПОБЕДЫ

Таганская

Бункер-42
Таганская пл.
5-й
Котельнический
переулок
Азбука
Вкуса
Крошка
Картошка
ул. Большие
Каменщики
Таганская站
42號地堡

УНИВЕРСИТЕТ

ЦАРИЦЫНО

Царицыно站
女皇村

Новоцарицынское ш.
女皇村園區大門
噴水池
博物館區入口
大宮殿博物館、御膳房博物館

麻雀山觀景台
ГЗ МГУ
莫斯科
大學主樓
Стардоrs
Крошка
Картошка
羅曼諾索夫
紀念廣場
МГУ莫大
圖書館總館
莫斯科
大馬戲團
АШАН
СИТИ
Капитолий
Теремок、
Крошка Картошка
Университет站
МГУ莫大校區

N

展現蘇聯強權的大公園
維登漢國民經濟成就展覽園區

Выставка достижений народного хозяйства (ВДНХ)

✉ проспект Мира, домовладение 119, «ГАО ВВЦ»

☎ (495)544-3400

⏰ 園區每天24小時開放，展館依展覽時間

💲 園區免費入場，各展覽與遊樂設施現場定價

http www.vvcentre.ru

➡ 地鐵橘線ВДНХ站，往ВВЦ出口

MAP P.119

維登漢國民經濟成就展覽園區是蘇聯的重大建設，自1935年開工，1939年開幕為全聯盟農業展覽館(Всесоюзная сельскохозяйственная выставка)。為展示蘇聯集體農莊豐收成果，傳達人民團結愛國精神，展現雄厚經濟實力與蘇聯泱泱大國風範，許多建築師、雕塑家、音樂家、電影工作者等參與此項的建設工作。

雖然相關建設與展覽曾於二戰時代停擺，戰後政府於1948年下令修復，並於1954年重新開放，再於1958年建造地鐵站，方便民眾前來參觀。1959年起展覽園區改稱國民經濟成就展覽園區(Выставка достижений народного хозяйства)，簡稱維登漢(ВДНХ)，展示蘇聯各項先進科技成就、各加盟國文化特色及經濟產品；1992年蘇聯解體後更名為全俄展覽中心Всероссийский Выставочный центр，2014年復名國民經濟成就展覽園區(Выставка достижений народного хозяйства)，平時俄國人慣用簡稱維登漢。

現在維登漢不只是莫斯科著名的大型展覽會場，也出租店面展售各國特色商品、經營遊樂場；園區占地廣大，很適合放風箏、滑直排輪、騎腳踏車等戶外休閒活動，是莫斯科人假日全家出遊的好去處。

入口拱門是傳統古羅馬凱旋門設計，上面銅像由健壯青年男女高舉豐收穀物，歌頌蘇聯農業富足榮景

旅行小抄

園區吃吃喝喝

園區內很多炭火烤肉攤位，標示價目通常僅為100克肉的價格，一份烤肉極可能索價超過1,000盧布，請特別注意。另外，亞美尼亞展館有酒吧、餐廳和亞美尼亞名牌干邑白蘭地(詳見P.137)。

展覽園區周邊

宇宙飯店
Гостиница Космос

宇宙飯店是蘇聯為1980年莫斯科奧運興建的建設之一，一出ВДНХ地鐵站，就可見到馬路對面這棟特殊的弧形大廈，非常醒目。這裡是俄國電影《日巡者(Дневной дозор)》的重要場景，不少戲迷會在此處拍照留念。

✉ Проспект Мира, 150　📞 (495)234-1206
http www.hotelcosmos.ru
➡ 地鐵橘線ВДНХ站，往ВВЦ出口

電影《日巡者》中，女主角阿莉莎(Алиса)曾駕車飛馳飯店牆面

太空人紀念博物館
Мемориальный музей космонавтики

太空人紀念博物館開幕於1981年4月10日——尤里・加加林(Юрий Алексеевич Гагарин)完成人類史上首次進入太空任務20週年紀念日，館內主要展示火箭樣品、太空人用品、太空物品設計文件、紀念郵票和紀念幣等宇宙航天相關物品。該館曾於2006年進行整修，直至2009年才恢復對外開放。

✉ проспект Мира, 111　📞 (499)750-2300#1016
◉ 週二、三、五～日11:00～19:00(18:30售票截止)，週四11:00～21:00(18:30售票截止)，週一休館
💲 成人票250p，優待票50p，攝影票(禁用閃光燈)230p，錄影票(禁用專業器材)230p；語音導覽200p
http www.kosmo-museum.ru
➡ 地鐵橘線ВДНХ站，往ВВЦ出口

充滿設計感的建築

勝利公園

Парк Победы

- ✉ Парк Победы
- ➡ 地鐵藍線Парк Победы站，往Парк Победы出口
- MAP P.119

園區內的每座紀念碑都代表一支戰功輝煌、英勇的軍隊與其指揮官

俄羅斯人非常重視歷史，而第二次世界大戰對俄國的重要性，更是難以言喻。希特勒麾下納粹德軍無戰不克橫掃歐洲時，蘇聯面臨了生死存亡的考驗，傾盡旗下加盟國所有人力、資源，以團結、無畏的愛國精神與毅力、無法估量的血汗代價，歷經多次慘烈戰役，才從重大傷亡中獲得最後勝利。

以莫斯科保衛戰為例，希特勒曾認為攻占莫斯科即可重挫蘇軍主力，藉此結束對蘇聯戰爭，因此集中德軍最精銳的部隊，於1941年9月30日以180萬人、1,700輛坦克、1,390架飛機、1萬4千多門大炮及迫擊炮對莫斯科展開大規模攻勢，企圖以德軍拿手的閃電戰在10天內占領莫斯科，並揚言將於紅場上檢閱法西斯部隊。面臨危急存亡的關鍵時刻，莫斯科短短3天召集了25個工人營、12萬人的民兵師、169個巷戰小組、45萬人(上述數據3/4是婦女)參加修築防禦工事應戰，傾全城之力誓死保衛首都。

衛國戰爭號召全民奮起

當時，史達林親自坐鎮莫斯科指揮作戰，於紅場上閱兵並發表演說振奮全國民心；莫斯科攻防戰自1941年9月底持續到1942年1月，最後蘇軍終於將德軍擊退

至莫斯科100～250公里外，成功阻止德軍攻勢，保衛了首都。這是德軍首次在二戰中大敗後撤，此役德軍約58萬1千900人傷亡，但蘇聯也付出了慘痛代價，共有128萬人傷亡。俄國人稱二戰為衛國戰爭(Великая Отечественная война)，不但是史達林呼籲全民奮起、英勇抗敵的口號，也是那一代人共同的心聲。

坐落於伏首山上的勝利公園，於二戰勝利50週年——1995年5月9日開幕。這片園區占地135公頃，1958年舉行奠基典禮起，便開始植樹造林、整地規畫，因重要的二戰歷史紀念價值，受俄羅斯聯邦、莫斯科市政府高度重視，人民也極為關切：1970～1980年間為建造紀念碑，來自民間的捐款便高達1.94億盧布。為紀念二戰勝利的公園如今已平添不少休閒氣息，許多民眾假日會來此遊憩。

園區中央大道劃分為5階，象徵戰役長達5年；階上設置1418道噴泉，象徵戰時1418個流血的日子

勝利紀念碑高141.8公尺，勝利女神持桂冠偕天使降臨，碑身浮雕戰史，碑下聖喬治持長矛戰勝納粹惡龍

為紀念衛國戰爭，特別建造的伏首山聖喬治大教堂

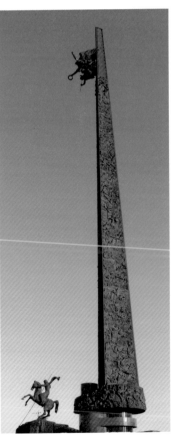

123

俄羅斯重要國定節日——勝利日

為紀念二戰得來不易的勝利，每年五九勝利日——5月9日這一天，紅場上都會舉行別具意義的閱兵大典，勝利公園也配合進行一連串的二戰紀念活動、音樂會，以共襄盛舉。曾參與二戰的軍民會穿軍服、配戴勳章應邀出席；許多民眾繫戴紀念勝利日與衛國戰爭的聖喬治絲帶(Георгиевская ленточка)，向當年戰爭英雄獻花致意，場面非常感人。

每年4、5月分，俄國街頭特別常見以黑色代表硝煙、橙黃色代表火焰、紀念戰士英勇精神的聖喬治絲帶。2005年為慶祝對抗法西斯勝利60週年，俄羅斯一些主要城市開始發放聖喬治絲帶供民眾配戴追思先烈，2006年起全俄境內繼續推廣，至2010年已發出逾5千萬條絲帶，已成為衛國戰爭紀念活動重要標誌之一。

慶祝勝利日的人潮

身歷其境的二戰歷史紀念博物館

勝利博物館

Музей Победы

✉ площадь Победы, 3
☎ (499)449-8184
🕐 週二、三、四、日10:00～20:00(19:30售票截止)，週五、六10:00～20:30(20:00售票截止)　　　　休 週一
💲 主館與廣場軍備成人票400p，優待票300p，16歲以下兒童免費，館內允許業餘器材無閃光燈攝錄影
🌐 victorymuseum.ru
➡ 地鐵藍線Парк Победы站，往Парк Победы出口　　　MAP P.119

勝利公園廣場中央紀念碑下，即為勝利博物館。館內以不同主題的展示廳陳列紀念二戰歷史的各項文物，值得參觀。

Диорамы全景畫廳有6個展示區，以油畫為背景，大砲、槍械、坦克等二戰實物為前景，真實重現二戰時期1941年12月莫斯科保衛戰蘇軍反擊(Контрнаступление советских войск под Москвой в декабре 1941 г.)、史達林格勒戰役蘇軍會師(Битва под Сталинградом. Соединение фронтов)、列寧格勒圍城戰(Блокада Ленинграда)、庫斯克會戰(Курская битва)、下第聶伯河戰役(Форсирование Днепра)、攻克柏林(Штурм Берлина)等重大歷史戰役。

博物館中央圓頂即光榮廳位置

展示主題別具不同氣氛

將領廳(Зал Полководцев)陳列各式勳章、旗幟和名將雕像、戰士紀念像。光榮廳(Зал Славы)中央為勝利戰士雕像，天花板以蘇聯最高級別的軍功勳章——勝利勳章為中心，下以英雄城市浮雕環繞，牆面以72塊潔白大理石鐫刻1萬1千8百榮獲英雄稱號的傑出軍士姓名與部隊編號。緬懷哀悼廳(Зала Памяти и скорби)中央，母親哀悼亡子的白色大理石雕像代表戰時那些痛失至親的故事，哀悼追思2千6百萬6千陣亡或失蹤、在戰爭中一去不返的人；天花板垂降而下的水晶鍊珠，象徵為死者落下的眼淚。勝利之路廳(Путь к Победе)以武器、軍裝、獎章、宣傳海報、雕塑、繪畫、照片、新聞報導、信件、宣傳海報等實物展示二戰歷史面貌；緬懷紀念書部門(Книга Памяти)則為登記、保存二戰史料的地方，除了登記將士傷亡失蹤資料、戰役資料，也受理家屬的投書補充或指正，可見館方在保存史料上的用心。

勝利之路廳愛國海報

博物館外，二戰時期蘇軍使用過的軍備實物展

知識充電站

率軍致勝的勝利勳章

光榮廳天花板中心орден «Победа» 勝利勳章

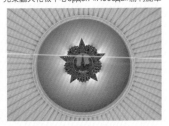

勝利勳章是蘇聯最高級別軍功勳章，授予戰績顯赫、扭轉局面、開啟蘇軍致勝關鍵的高階將領。勳章以白金為框架，外圍鑲嵌150枚總重達16克拉的鑽石，採每枚5克拉的俄羅斯天然紅寶石製作五星角，中央為純銀底座的藍色圓形琺瑯，上嵌黃金鑄造的莫斯科克里姆林宮城牆、救世主教堂、列寧墓及金橡葉(橡樹在俄國是勇敢的象徵)等圖案；再用白色琺瑯綴以СССР蘇聯與紅色金邊琺瑯緞帶上ПОБЕДА勝利字樣。因大量使用珠寶的設計，是所有蘇聯勳章中唯一非造幣廠生產、由莫斯科的珠寶作坊製造的勳章。雖然戰時無法順利蒐集珠寶導致部分勳章以人造材料製作，勝利勳章的榮譽與歷史價值仍非常珍貴。因此，莫斯許多地方、紀念品店都可見到這個勳章的形象。

勝利公園周邊
凱旋門
Триумфальная арка

✉ площадь Победы
➡ 地鐵藍線Парк Победы站，往Парк Победы出口
MAP P.119

名人打造凱旋門古典風格

波維是俄國19世紀最著名的設計師之一。俄法戰爭之後，他負責主導莫斯科重建計畫，以古典主義設計了亞歷山大花園、馴馬場、劇院廣場、大劇院、凱旋門及諸多教堂，莊重、優雅、柔和的風格，至今仍被視為經典。維塔利(Иван Петрович Витали)則是當時相當出色的雕塑家，除了凱旋門出自其手，劇院廣場噴泉的雕像、聖彼得堡以薩大教堂西面與南面外牆雕像、巴甫洛夫斯克宮前的保羅一世像(現為複製品，真品保存於加特契那Гатчина)也是他的傑出名作。

　　19世紀俄國知名建築師波維(Осип Иванович Бове)設計的凱旋門，是俄法戰後重建莫斯科計畫中，紀念1812年成功抵抗拿破崙侵略而建的。為紀念這場戰役，俄、法兩國都建造了凱旋門——著名的法國巴黎凱旋門，是為紀念1812年拿破崙攻占莫斯科所建(雖然拿破崙60多萬大軍最後只剩3萬多人班師回國)，而俄國則為紀念俄軍最終勝利與1814年攻克巴黎後的凱旋。這道凱旋門原坐落於特維爾門廣場(Площадь Тверская Застава，今白俄羅斯火車站廣場)上、也就是1814年俄軍自巴黎班師回莫斯科所經之地，後來才移至現址。

雕塑家維塔利與齊摩非耶夫特造凱旋門勝利女神、武士與俄國騎士像，象徵勝利、榮譽、勇氣與和平

Другие достопримечательности рядом с метро

重現致勝關鍵戰役

博羅季諾戰役全景博物館

Музей-панорама «Бородинская битва»

✉ Кутузовский проспект, 38

☎ (499)148-1967

🄲 預計2019年第三季整修完工，重新對外開放

💲 整修前成人票附導覽450p、無導覽250p，優待票附導覽300p、無導覽100p，週末12:00～16:00須隨團導覽參觀，每月第三個週日免費開放。預計整修後因應物價調漲約100p起

http www.1812panorama.ru

➡ 地鐵藍線Парк Победы站、淺藍線Кутузовская站

MAP P.119

博物館外的庫圖佐夫元帥像

博羅季諾戰役(Бородинская битва)是俄法戰爭中俄方致勝的關鍵戰役之一，俄國名作家列夫‧托爾斯泰(Лев Николаевич Толстой)曾於歷史小說《戰爭與和平(Война и мир)》中，詳細描述這場會戰的情節。1812年9月7日清晨6點法軍以102門大砲向俄軍開火，拉開了戰爭的序幕。位於莫斯科西110公里處的博羅季諾村成為兩軍交戰地，雙方以猛烈砲火、槍彈互攻，步兵、騎兵一波波衝進伸手不見五指的濃煙裡，

艱難越過成堆屍體與傷兵，在槍林彈雨中進行血淋淋的消耗混戰(法軍步兵約發射140萬子彈，相當於每分鐘約2千3百發；砲兵也發射了6萬至9萬1千枚砲彈)。當晚雙方收兵重整，法軍約3萬人傷亡，俄軍約4萬5千人傷亡，堪稱戰爭史上最血腥的單日戰役。博物館以弧形壁面真實比例的壁畫為遠景，擺放兵器等實物為近景，重現激戰的歷史場景；畫面上共有400位將領級軍官與3000多名戰士，栩栩如生的全景常讓訪客有身歷其境的感覺。

🄺知識充電站

戰勝拿破崙的俄國名將──庫圖佐夫

1812年俄法戰爭中，庫圖佐夫(Михаил Илларионович Кутузов)臨危受命，以67歲高齡接掌元帥軍權出任總司令。當時輿論認為他缺乏當代戰爭經驗，且其軍事才能無法與拿破崙一較高下，加上俄軍已居劣勢，俄國處境堪稱岌岌可危。然而，庫圖佐夫對優勢法軍實施撤退、堅壁清野等戰略，不戀戰、保存戰力的作法，反而鞏固軍心，讓軍隊完全效忠。博羅季諾戰役後，俄軍傷亡慘重無力再戰，為了「不讓人民變成砲灰」，庫圖佐夫更做出棄守莫斯科這個史無前例的決定。俄軍正是在博羅季諾戰役失利、拿破崙進駐莫斯科這兩項重大犧牲後，才開始反敗為勝，直至攻入巴黎。至今俄國人談及庫圖佐夫時，仍對他為大局著想、適時忍讓的宏觀智慧讚佩不已。

飽覽莫斯科市中心景觀

麻雀山觀景台

Смотровая площадка на Воробьёвых горах

✉ Смотровая площадка на Воробьёвых горах

➡ 地鐵紅線Воробьёвы горы站，出站後沿公園路徑上坡約走10到15分鐘；或紅線Университет站往университет出口，過馬路至莫大主樓校區，左轉約步行10分鐘至ул. Лебедева，右轉步行約15分鐘

🗺 P.119

　　觀景台位於麻雀山上，1953年與莫大主樓同時落成，是莫斯科市內最著名的免費觀景台。此處背倚莫大主樓、面向莫斯科河灣，距莫斯科河面水平高度為80公尺，天氣晴朗時，除了河岸對面的盧日尼基體育館，右側可眺望克里姆林宮、基督救世主大教堂；左側可見莫斯科國際商務中心Moscow City、國民經濟成就展覽園區一帶的奧斯坦金諾電視塔（Останкинская башня）。由於莫斯科市民結婚常來此拍照留念，成排超長禮車、新人甜蜜幸福的笑容，是這裡習見的一種風景。

- -

地下65公尺的另一個世界

42號地堡

Бункер-42

✉ 5-й Котельнический переулок, 11
📞 (499)703-4455
🕐 每天10:00～22:00（21:00最後一場導覽），參觀需至少1個工作天前09:00～20:00電話或電郵zakaz@bunker42.com預訂
💲 週二～日11:30／13:30／15:30／17:30英語導覽The Cold War（含史達林辦公室）成人票2,200p、學生票1,300p；18:30英語導覽Declassified Tour（含冷戰紀錄片）成人票1,800p、學生票1,000p；週一17:30限16歲以上英語導覽Bunker Secrets（含戰略空軍備用指揮中心及地堡水泵隧道工程）2,800p；如欲於其他時段參觀，需租用英語導覽機500p參加俄語導覽場次，票價依內容而異。8～14歲兒童需成人陪同，8歲以下兒童禁止入館
🌐 bunker42.com/eng
➡ 地鐵環線Таганская站，往ул. Большие Каменщики出口，沿ул. Большие Каменщики走到Народная ул.左轉，遇到Гончарная ул.路口右轉，沿Гончарная ул.走至5-й Котельнический переулок左轉，不久後見綠門紅星黃色三樓建築即達
🗺 P.119

　　Бункер 42是蘇聯時期興建的防核武地堡，深達65公尺（18層樓高）、占地逾7,000平方公尺、備有1個月以上的補給，位置鄰近克里姆林宮以便戰時國家高層避難、指揮核戰，迄今仍為軍用，僅開放局部參觀，導覽全程由軍官陪同，需嚴守規定。

　　進出地堡需走樓梯，館內除了展示核武、蘇聯時期相關用品，附設蘇聯風高級餐廳，於餐廳消費才能搭乘電梯。

地堡的戰備補給充沛，甚至有黑魚子醬(攝影／陳迪)

買俄羅斯娃娃看緣分

一般而言，除了伏特加、魚子醬，俄羅斯最熱門的紀念品首推可愛的俄羅斯娃娃。然而我第一次進維爾尼撒日工藝品市場便空手而回。逛了半天，目不暇給、眼花撩亂，沒覓得特別喜歡的娃娃，倒買了其他紀念品。逛台前，走遍整條阿爾巴特的攤位、紀念品店，終於發現了心儀的娃娃，卻因價格昂貴而買不下手。不願放棄的我，又特地跑一趟維爾尼撒日工藝品市場——幸好皇天不負苦心人，被我找到了想要的娃娃，還見了那位繪製娃娃的畫家。至今我仍記得，從畫家手上接過娃娃那得來不易的欣喜；每次回家看見媽媽梳妝台上那尊娃娃的微笑，總有種會心的感覺。我想，在茫茫的俄羅斯娃娃海裡，能一眼看中的娃娃，就是一種緣分吧。祝你來此，也能找到屬於自己的緣分。

莫斯科最大紀念品市集
維爾尼撒日工藝品市場
Вернисаж в Измайлово

✉ Измайловское Шоссе, 73ж
☎ (495)215-5437
🕐 週六、日09:00～17:00，週三(批發交易日)09:00～17:00
💲 門票10p 🔗 kremlin-izmailovo.com
➡ 地鐵藍線Партизанская站，出地鐵站後依左側斜對面指標走幾分鐘即見
🗺 P.119

這片政府特別規畫的手工藝品展售區，位於俄羅斯中世紀沙皇主題樂園伊茲麥羅沃克里姆林宮(Кремль в Измайлово)旁，商品豐富多樣，幾乎市面上所有紀念品、俄羅斯手工藝品一應俱全，15年前開張以來深受遊客喜愛，名聲遠播。除了週三批發日店家多為批貨轉售的商販，其他時段以觀光市場模式經營開放，有些製作紀念品的工匠或藝術家本人也會來此擺攤。因長期接觸觀光客，店家大多通曉英語甚至可用中文溝通，在此選購紀念品相當方便。雖然正式名稱為爾尼撒日工藝品市場，為了方便好記，莫斯科人習慣叫它Измайловский вернисаж，中文戲稱「一隻螞蟻」，聽來格外有趣。

旅行小抄
附近歇腳的地方
要是逛累了，可就近品嘗園區內的小吃；若想離開園區找個安靜的地方，地鐵旁的伊茲麥羅沃飯店1樓設有咖啡店，可以就近補充體力。

女皇村

Музей-заповедник «Царицыно»

✉ ул. Дольская, д.1

☎ (495)322-4433

◉ 園區每天06:00～24:00；博物館週二～五10:00～18:00（17:30售票截止），週六10:00～20:00（19:30售票截止），週日與國定假日10:00～19:00（18:30售票截止），週一休；花房週三～五10:00～18:00（17:30售票截止），週六10:00～20:00（19:30售票截止），週日與國定假日10:00～19:00（18:30售票截止），週一、二休

休 博物館週一休息，花房週一、二休息

$ 入園免費，全園區通行成人票810p，優待票340p；大宮殿館御膳房成人票400p，優待票110p；中宮成人票150p，優待票80p；第三騎士宮成人票150p，優待票80p；花房250p，優待票100p；業餘攝影免費（禁閃光燈、三腳架），每月第三個週日免費開放

http tsaritsyno-museum.ru

➡ 地鐵綠線Царицыно站，往Музей-заповедник «Царицыно»出口，順地下道指標出口後，經火車鐵軌橋下即見

MAP P.119

17世紀時，這裡原名為黑泥地(Черная Грязь)，因得天獨厚的自然美景逐漸受世人注意，開始在此興建莊園。1775年，女皇凱薩琳二世蒞臨時大為此地優美的山光水色驚豔，下令在此興建行宮，也因而改稱女皇村(Царицыно)。可惜行宮尚未建成，女皇便過世了；繼任的保羅一世下令中止女皇村工程，工人撤離後，蓋到一半的房舍很快就被荒煙蔓草掩蓋，成為廢墟。

亞歷山大一世繼位後，因感念幼時祖母曾帶他在此散步、談論行宮計畫，下令將此地整頓成公園，以供遊覽；亞歷山大一世偶爾會來此散心、釣魚，但未下令

(上) 女皇村園區大門
(中) 花園內的音樂噴泉水舞
(下) 園區提供禮服租借服務，讓遊客租禮服拍照；也有不少新人來此拍攝婚紗

重建宮殿。此後女皇村沉寂了好一陣子，直至亞歷山大二世開放民眾來此喝茶、郊遊，這裡才開了不少茶館；之後頒布的全國土地解放政策更將這片土地還諸於民，民眾迅速在此興建別墅，成為熱門避暑勝地新女皇村(Новое Царицыно)。當時名人如作家杜斯妥也夫斯基、契訶夫、布寧與作曲家柴可夫斯基等，都曾到此一遊；但也因遊客漸多，為避免意外，宮殿廢牆、廊柱都遭拆除，行宮遺址夷為平地。

巴任諾夫和卡查寇夫融合哥德、巴洛克、俄羅斯風格的俄國風哥德式建築

完成凱薩琳二世遺願

蘇聯時期，這裡改名為列寧村(Ленино)，政府曾在此設立辦公室、博物館，展示在地挖到的古文稿、行宮設計圖，建電影院與娛樂設施，但整修古蹟計畫屢遭停擺，直至1984年決定成立蘇聯國立民族裝飾與應用藝術博物館(Государственный музей декоративно-прикладного искусства народов СССР)，才確立這裡的保存價值。

蘇聯解體後，俄國政府於1993年將此地更名為國立女皇村博物館(Государственный музей-заповедник «Царицыно»)，並於2005年9月正式大規模重建宮殿與莊園建設。2007年園區修復完成，事隔200多年女皇村終於落成；9月2日莫斯科市慶舉行的開幕典禮，連該屆總統普京也曾出席。

大宮殿博物館內只有兩間大廳重建成宮廷式建築，其餘為帝俄時期文物展覽室

旅行小抄

進博物館的規矩

進大宮殿博物館(Большой дворец)前，需先取用門口旁的鞋套穿好；御膳房博物館(Хлебный дом)則無此規定。

地下1樓簡餐餐廳，觀光旺季生意興隆

除園區攤販，博物館地下1樓售票窗旁設簡餐店、大宮殿博物館3樓有餐廳，可就近用餐。地下1樓的紀念品店禮品精美、種類選擇豐富，有時間可逛逛。博物館內洗手間比園區流動廁所乾淨舒適很多。

莫斯科地鐵

歷史悠久、四通八達的地下宮殿

莫斯科地鐵除了交通便捷，還是莫斯科建築藝術中重要的里程碑。每個地鐵站都有不同的設計，在公共建設中保留了獨特性，又有囊括各時期經典建築風格的歷史意義，為首屈一指的工程藝術，被公認為世上最漂亮的地鐵，是深藏莫斯科地底不可不看的風景。

藍線革命廣場站
Площадь Революции

此站100多座的銅像栩栩如生，有農民、軍人、勞工甚至抱著孩子的父母雕像，展現人人平等、每個人都是英雄的精神思想。

環線新鎮車站
Новослободская

月台大廳以32扇富含拉脫維亞特色的彩繪玻璃拼貼裝飾，美麗的玻璃組成各種不同的圖案、故事；光影交錯，令人有置身教堂窗下的錯覺。

環線共青團站
Комсомольская

挑高的天花板、雄偉的拱門屋頂、華麗的大理石雕花及水晶吊燈，富麗堂皇宛若置身宮殿般，值得駐足欣賞。

(上) 革命廣場站的銅像
(中) 新鎮站彩繪玻璃
(下) 共青團站華麗的月台大廳

有如馬賽克畫廊的基輔站

馬雅可夫斯基站月台大廳莊嚴肅穆

環線基輔站
Киевская

基輔站以瑰麗的馬賽克記錄俄羅斯、烏克蘭重要歷史畫面，走過月台大廳像逛歷史畫廊，是莫斯科地鐵必看景致。

綠線馬雅可夫斯基站
Маяковская

月台大廳採羅馬式半圓弧拱門設計，莊嚴肅穆，出口天花板以馬賽克拼出詩句與詩作意境、盡頭佇立詩人馬亞可夫斯基紀念像，車站就是詩人專屬的紀念館。

環線塔槓絲卡雅站
Таганская

牆面以典雅陶瓷浮雕紀念蘇軍英雄，人潮熙攘的月台上，精美浮雕別有沉靜安寧的韻味。

塔槓絲卡雅站典雅的紀念浮雕

環線和平大街站
Проспект мира

史達林式浮華氣派的風格，在白、金色搭配的廊柱浮雕及水晶大吊燈中展露無遺。

氣派的和平大街站月台

環線白俄羅斯站
Белорусская

素雅的天花板浮雕配襯枝狀吊燈、圓弧拱門，展現白俄羅斯與眾不同的純淨氣質。

白俄羅斯站素雅的天花板浮雕

淺綠線特魯布納亞站
Трубная

淺綠線是較新的地鐵路線，此站以圓拱屋頂、大理石地板營造出經典風格，牆上絢麗的玻璃馬賽克、燈飾設計則較新穎現代。

特魯布那亞站的裝飾藝術

逛|街|購|物 Покупки

Капитолий

莫大學生課後集散地　百貨公司　電影院　美食街　餐廳　超市

- ✉ проспект Вернадского, 6
- ☎ (495)644-3487
- ⏰ 每天10:00～22:00
- 🌐 www.kapitoliy.ru (俄)
- ➡ 地鐵紅線Университет站往университет出口，背對莫大主樓與馬戲團，沿проспект Вернадского步行幾分鐘即見
- 🗺 P.119

　Капитолий是俄國知名連鎖百貨公司體系，這家在莫斯科大學校區旁經營的百貨公司有Zara、Levi's等國際知名品牌店面、Kapo連鎖電影院、知名法國連鎖超市體系歐尚(Auchan)經營的АШАН сити超市、電器超市(Media Markt)、美食街及Starbucks、Елки-палки等知名咖啡店或餐廳進駐，滿足莫大學生與附近居民各層面的娛樂需求，生意興隆。1樓АШАН сити超市自製的沙拉、麵包、熟食物美價廉，很適合買回旅館享用或帶到公園去野餐。

玩家交流

充滿回憶的美食街與超市

　　還記得某年春末離開莫斯科時，莫大地鐵站旁的*Ашан сити Капитолий*現址只是一片荒地。我離開後不久，這裡大興土木，建起大型百貨公司，還有土耳其連鎖超市體系*Рамстор*進駐，為莫大學生、附近居民增添了便捷的購物環境。雖然事先已有耳聞，當年重回莫斯科第一天，前來採購用品時我仍感到不可思議──短短3年內，這座大型百貨公司從一片荒地到建築落成、超市易主經營、購物人潮不斷，原以為再也不會回到莫斯科的我，竟也成為顧客了。往後的留學歲月常在超市採購、與朋友交流商品使用或食物品嚐心得；課後跟同學飢腸轆轆地直奔3樓美食街吃飯；在美食街被傳教士搭訕、與朋友相約聚餐或辦活動、考前換環境複習課業、生平第一次用手機上網……有各式各樣的回憶。若說莫大是留學生短期的家，這裡就像莫大的後院，充滿留學生最青春、最豐富的流金歲月。

М摩天大樓林立

Московский международный деловой центр «Москва-Сити»
莫斯科城國際商務中心

✉ Пресненская набережная
➡ 地鐵淺藍線Выставочная站、
　　Международная站，黃線Деловой центр站

　　原為棄置石材工廠，1992年提出改建商務中心構想、成立市府授權代管公司，1995年動工，為莫斯科第一個結合商業、居住、娛樂的發展計畫，投資額達120億美元、占地60公頃，落成大樓後已進駐許多企業、百貨公司、飯店，堪稱莫斯科新天地。

　　Афимолл百貨公司有H&M、Mango、Zara、Bershka等平價時尚名牌、電影院(以俄語配音播映外國電影)、餐廳、Перекресток超市，是這一帶逛累休息的好地方。

攝影 / Ушаков С.Г.

特色餐飲

特別推薦莫斯科著名中餐廳 中式料理
Ресторан Дружба 友誼酒店

- ✉ ул. Новослободская, 4, ТЦ «Дружба», 0 этаж
- ☎ (499)973-1212
- 🕐 每天11:00～23:00
- 💲 主餐約500p
- 🌐 www.drugba.ru (俄)
- ➡ 地鐵環線Новослободская站，出站後右轉幾步即為ТЦ Дружба友誼百貨公司，看見百貨公司1樓麥當勞再右轉，即見餐廳招牌和入口階梯 MAP P.119

友誼酒店是莫斯科頗負盛名的中餐廳。除了價格合理、交通方便外，這裡的菜色多達180餘種，味美可口、上菜速度快，菜肴分量足，多人共享特別經濟實惠。包廂附設活絡氣氛的卡拉OK，服務親切，也讓這裡成為留俄華人在莫斯科聚餐首選。吃膩歐美各色餐點、想品嘗懷念的中菜好滋味時，來友誼保證可以大快朵頤。

道地中菜量大味美，是許多莫斯科人和留學生的最愛；如果用餐人數不多，點一兩份麵食加主菜，就可飽餐一頓

布林餅專賣店 俄式薄餅
Теремок

- ✉ Проспект Вернадского, 6, ТЦ «Капитолий», 3 этаж
- 🕐 每天09:00～22:00
- 💲 薄餅約95p起，飲料約90p
- 🌐 www.teremok.ru (俄)
- ➡ 地鐵紅線Университет站университет出口，背對莫大主樓與馬戲團，沿проспект Вернадского步行數分鐘，Капитолий百貨公司3樓 MAP P.119

Теремок創立於1998年，現點現做的布林餅香嫩可口，搭配豐富多變的內餡相當好吃，廣受歡迎。Теремок現以連鎖店、街頭攤車或小亭子、美食街店面等3種形式經營，購買非常便捷。

(左) 布林餅趁熱享用風味最佳；有地區限定口味，喜歡布林餅可稍加留意
(右) 白樺樹汁(Березовый сок)讀音為berezovy sok，味道獨特

亞美尼亞美酒佳肴
АрАрАт　亞美尼亞料理、歐式料理

✉ Проспект мира, д. 119, ВДНХ, павильон №68 «Армения»

📞 (495)222-7852

🕐 每天11:00～23:00

💲 商業午餐沙拉＋湯＋烤肉主餐＋飲品 300р（週一～五12:00～15:00）

http restoranararat.ru（俄）

➡ 地鐵橘線ВДНХ站，往ВДНХ出口，進入維登漢國民經濟成就展覽園區，一路直行抵蘇聯民族友誼噴泉，面向噴泉右側АРМЕНИЯ亞美尼亞展覽館，入內穿過酒吧上2樓

MAP P.119

АрАрАт以亞美尼亞名牌干邑白蘭地АрАрАт為名，坐落於維登漢國民經濟成就展覽園區蘇聯民族友誼噴泉旁АРМЕНИЯ亞美尼亞展覽館內2樓，以美味烤肉、傳統饢炕烤製的各式烤餅、干邑白蘭地、亞美尼亞紅酒或白酒聞名，每晚提供現場音樂表演，若到訪維登漢園區，特別推薦來此品嘗各色亞美尼亞美酒佳肴。

(左) 展館1樓為酒吧，АрАрАт餐廳位於樓梯上方，入口有些隱密
(右) 饢炕烤製的起司烤餅(攝影／陳沛逸)

俄式烤馬鈴薯　俄式料理
Крошка Картошка

✉ Проспект Вернадского, 6, ТЦ «Капитолий», 3 этаж

📞 (985)783-2808　🕐 每天09:00～22:00

💲 烤馬鈴薯加2種配料約200р，湯約150р

http www.kartoshka.com（俄）

➡ 地鐵紅線Университет站университет出口，背對莫大主樓與馬戲團，沿проспект Вернадского步行數分鐘，Капитолий百貨公司3樓

MAP P.119

Крошка Картошка是俄國的連鎖烤馬鈴薯快餐店，不少購物中心美食街或路邊都有Картошка的分店。這家店的烤馬鈴薯配料選擇多樣，算是比較營養、健康、價格合理又方便的速食。除了烤馬鈴薯，他們的羅宋湯料多味美、經濟實惠，在同等級連鎖店中最受到好評；因羅宋湯沒有直接加酸奶油，點餐時需另外加點。

Крошка Картошка的讀音為kroshka kartoshka, 在麻雀山觀景台旁有駐點，平時也很常見

Cтардог!s 街頭常見連鎖熱狗店
歐式快餐

- ✉ Воробьевы горы, Аллея МГУ
- 🕐 每天24小時
- 💲 大熱狗約160p
- http www.stardogs.ru (俄)
- ➡ 地鐵紅線Воробьёвы горы站或Университет站，出站後約步行15～30分鐘，麻雀山觀景台旁
- MAP P.119

常見的攤車，法式熱狗音為 frantzusky hotdog，丹麥熱狗音為datsky hot-dog

Cтардог!s是俄羅斯有名的連鎖熱狗店，不少地鐵站或景點旁都有Cтардог!s的分店或攤位。Cтардог!s的熱狗口味選擇多樣，價格合理、快速方便，深受很多通勤上班族跟學生喜愛。曾有新聞報導指出，Cтардог!s是俄羅斯最乾淨衛生的路邊簡餐；除了便捷美味，還能吃得安心健康。

街頭小吃

沒時間進餐廳吃飯時，找家乾淨的小店，嘗嘗快捷方便的俄國街頭小吃吧！

Другие достопримечательности рядом с метро

沙烏瑪 шаурма
源於中東的烤肉夾餅，通常餅皮為лаваш薄餅。同樣的烤肉，用пита口袋餅裝則為沙威瑪шаверма

桑撒 самса
類似咖哩角的三角酥皮餡餅

斯洛伊卡 слойка
千層酥皮派

哈掐布里 хачапури
源自格魯吉亞的麵餅

缺布列克 чебурек
源於黑海附近的油炸酥薄餡餅

饅第 манты
源自蒙古的小包子

瓦特魯許卡 ватрушка
俄式傳統帶餡圓麵包

別亮許 беляш
約在蒙古時期傳入的炸肉包

列標許卡 лепешка
從中亞傳入的烤麵餅

莫斯科住宿情報

Проживание в Москве

莫斯科市面積廣大,市中心黃金地段的酒店、飯店大多定位高級,入住不但交通方便,又可充分感受莫斯科經典奢華的一面;其他離市中心稍遠、鄰近地鐵站的商務酒店,便捷舒適的住宿條件可徹底休息,養精蓄銳繼續隔天行程。如果預算不高,入住經濟型青年旅館不但節省開銷,旅館內背包客青春活潑的氣息,特別容易認識朋友、交流旅遊心得。莫斯科旅遊旺季約在4～10月,住宿價格也隨之調漲;是否供應機場接駁交通、餐點、衛浴為房內附設或公用等細節,最好一併在訂房前確認清楚。

紅場及克里姆林宮區

Гостиница Метрополь
大都會酒店

✉ Театральный проезд, 2
☎ (499)501-7800　💲 16,000p起
🌐 www.metropol-moscow.ru
➡ 地鐵綠線Театральная站
🗺 P.59

　　1901年開幕的大都會酒店坐落於劇院廣場斜對面，臨近馴馬場廣場、紅場等市中心景點，交通便捷；典雅的建築設計，更讓這家酒店名列莫斯科新藝術主義建築經典傑作之一。美國總統歐巴馬、中國大陸主席胡錦濤、搖滾歌手麥克傑克森、世界三大男高音之一多明哥、時尚界名人喬治·亞曼尼與皮爾·卡登等各界名流，都曾為酒店貴客。

The Ritz-Carlton, Moscow
莫斯科麗池卡登

✉ Тверская улица, 3
☎ (495)225-8888　💲 60,000p起
🌐 ritzcarlton.com
➡ 地鐵紅線Охотный ряд站
🗺 P.59

　　莫斯科麗池卡登坐落於俄羅斯著名大道——特維爾大街上，又緊臨馴馬場廣場、紅場等市中心知名景點，景觀絕佳，極度便利；加上美侖美奐的建築設計、裝潢跟頂級飯店服務，曾被譽為莫斯科奢華酒店之最。

莫斯科河畔區

Radisson Collection Hotel, Moscow
雷迪森莫斯科酒店

- ✉ Кутузовский проспект, 2/1, стр. 1
- ☎ (495)221-5555　💲 9,000р起
- 🌐 www.radissonhotels.com/en-us/hotels/radisson-collection-moscow
- ➡ 地鐵藍線、淺藍線或環線Киевская站
- 🗺 P.97

　　原為莫斯科史達林式七大建築中第二高樓的烏克蘭飯店，現由Radisson Royal Hotel國際連鎖飯店體系經營，改名雷迪森莫斯科酒店。在此除有舒適優質的住宿環境，還可欣賞氣勢恢弘的高樓建築，感受史達林風格與莫斯科今日風光交融的氣氛。

商務酒店 Гостиница

其他地鐵沿線

Marriott
萬豪國際酒店

- 💲 14,000р起
- 🌐 marriott.com
- 🗺 P.81

　　Marriott萬豪國際酒店在莫斯科已開設8家分館，每家分館不同定位，提供交通便利、理想舒適的更多選擇；坐落於特維爾大街上的Moscow Marriott Grand Hotei分館位於台北莫斯科經濟文化協調委員會代表處斜對面，辦理認證等手續相當方便。

Holiday Inn
假日酒店

- 💲 8,200р起
- 🌐 holidayinn.com
- 🗺 P.284

　　Holiday Inn國際連鎖酒店體系在莫斯科已開設7家分館，提供交通便利、理想舒適的各種選擇；其中Holiday Inn Moscow-Lesnaya hotel因臨近白俄羅斯火車站，交通方便，是台灣不少商務、藝術表演團體訪問莫斯科時的理想住宿地點。

ibis
宜必思酒店

- 💲 5,900р起
- 🌐 ibishotel.com
- ➡ 地鐵綠線或環線Павелецкая站
- 🗺 P.284

　　ibis國際連鎖酒店已於莫斯科開設多家商務飯店，緊臨地鐵綠線及環線Павелецкая站、Domodedovo機場特快車站Павелецкий火車站，交通便利；免費提供WiFi上網服務，深受商務旅客歡迎。

Русотель 羅斯飯店

✉ Варшавское ш. 21км
☎ (985)783-2808
💲 2,500р起　🌐 www.rus-hotel.ru/en
➡ 飯店提供接駁車往返地鐵灰線Бульвар
　Дмитрия Донского站　　📍 P.284

　　這間商務飯店鄰近Домодедово
機場、全歐洲最大購物娛樂園區
「VEGAS」，價格實惠，提供預
訂接送機、往返地鐵站的接駁班
車服務，雖離市中心較遠，不少
外國遊客及商務人士仍喜歡下榻
於此，節省住宿費花，把錢花在
吃喝玩樂等更值得的地方。

Novotel 諾富特飯店

💲 6,800р起
🌐 www.novotel.com
📍 P.284

　　法國Accor集團旗下的Novotel
酒店已於莫斯科開設3家酒店，緊
鄰機場、地鐵站，交通便利外，
整潔舒適、親切有禮的四星級服
務深受遊客與商務人士喜愛；
Novotel Moscow City緊鄰莫斯科城
國際商務中心，對參展旅客特別
方便。

Туристский гостиничный комплекс «Измайлово Бета» 伊茲麥羅沃飯店區貝塔飯店

✉ Измайловское ш., д. 71, корпус 2Б.
☎ (495)792-9850　💲 3,000р起
🌐 www.hotelbeta.ru
➡ 地鐵藍線Партизанская站　📍 P.119

　　伊茲麥羅沃飯店區是蘇聯政府
1980年莫斯科奧運建設之一，緊
臨Партизанская地鐵站，交通非
常便利。伊茲麥羅沃飯店區旗下
有阿爾法(Альфа / α)、貝塔(Бета /
β)、維加(Вега / 織女一)與伽瑪-
德爾塔(Гамма-Дельта / γ-δ)4間飯
店，貝塔飯店緊鄰地鐵站，食宿
便宜，大廳提供免費無線網路，
吸引許多商務旅客住宿。

Туристские гостиничные комплексы "Измайлово" (Гамма-Дельта) 伊茲麥羅沃飯店區伽瑪-德爾塔飯店

✉ Измайловское ш., 71
☎ (495)737-7070
💲 3,000р起
🌐 www.izmailovo.ru
➡ 地鐵藍線Партизанская站　📍 P.119

　　鄰近地鐵站、維爾尼撒日工藝
品市場，交通便捷，上網預訂可享
折扣，經濟實惠，不少商務旅客、
旅行團來訪莫斯科都下榻此處。

特維爾大街、新阿爾巴特街、阿爾巴特街區

Sheraton Palace Hotel Moscow
莫斯科喜來登酒店

- ✉ 1-я Тверская-Ямская улица, 19
- ☎ (495)931-9700　💲 11,000p起
- http www.sheratonpalace.ru
- ➡ 地鐵綠線Белорусская站　MAP P.81

　　莫斯科喜來登臨近特維爾大街、白俄羅斯火車站，距紅場、克里姆林宮等景點只需步行30分鐘，交通非常方便；堅持貫徹Sheraton國際連鎖酒店體系服務品質，為旅客提供了舒適宜人的住宿環境。

經濟型青年旅館 Хостел

其他地鐵沿線

Godzillas

- ✉ Большой Каретный переулок, 6
- ☎ (495)699-4223
- 💲 850p起
- http godzillashostel.com
- ➡ 地鐵灰線Цветной бульвар站
- MAP P.284

　　Godzillas開張於2005年，是莫斯科第一間獨立經營的青年旅館，也是莫斯科最大、最有名的青年旅館，曾受紐約時報、新聞週刊和每日電訊報等媒體採訪報導。由於交通方便、環境乾淨整潔、價格實惠，廣受青年旅客、背包族喜愛。

莫斯科河畔區

High Level Hostel

- ✉ Москва, Пресненская наб., 6с2
- ☎ (963)757-9533
- 💲 1,500p起
- http hostelhl.ru
- ➡ 地鐵淺藍線Выставочная站，黃線Деловой центр站
- MAP P.119

　　High Level位於Imperia Tower 43樓，高170公尺，大片玻璃窗鳥瞰莫斯科城國際商務中心景觀、臨近地鐵站與百貨公司的便利交通、舒適整潔的住宿環境、免費供應的早餐和網路、員工親切的服務態度，都深受住客推薦。

金環

Золотое кольцо

雷賓斯克
Рыбинск

科斯特羅馬
Кострома

烏格里奇
Углич

亞羅斯拉夫
Ярославль

普廖斯
Плес

卡利亞津
Калязин

羅斯托夫
Ростов

佩列斯拉夫爾-扎列斯基
Переславль-Залесский

伊萬諾沃
Иваново

蘇茲達里
Суздаль

謝爾蓋聖地
Сергиев Посад

尤里耶夫-波利斯基
Юрьев-Польский

蘇茲達里
Суздаль

謝爾蓋聖地
Сергиев Посад

亞歷山德羅夫
Александров

弗拉基米爾
Владимир

弗拉基米爾
Владимир

莫斯科

莫斯科
Москва

水晶鵝城
Гусь-Хрустальный

N

城市印象

俄羅斯中世紀古城

　　金環是莫斯科東北方一些著名中世紀古城的統稱，這些城市大多保有俄國歷史重要古蹟與當地特色，連成環狀，因此被譽為金環。前來俄國旅遊，金環可說是大城外最具傳統特色的景點。

　　一般公認的金環主要城市為謝爾蓋聖地、弗拉基米爾、蘇茲達里、亞羅斯拉夫、羅斯托夫、伊萬諾沃、科斯特羅馬及佩列斯拉夫爾─扎列斯基。此外，亞歷山德羅夫、卡利亞津、普廖斯、雷賓斯克、烏格里奇、尤里耶夫─波利斯基等周邊較小城鎮，也在廣義的金環範圍以內。

　　金環中，又以謝爾蓋聖地、弗拉基米爾與蘇茲達里離莫斯科較近，交通比較方便，適合遊客觀光。當地人較能與外國遊客交流，態度大多友善──就算無法英語溝通，也願以肢體語言、紙筆交流，提供遊客所需援助。

蘇茲達里

Суздаль

概況
導覽

名列聯合國教科文組織世界文化遺產的蘇茲達里，鄉村風光保存良好，景致清淨美麗；鎮中心只有一條大路、觀光景點步行可達，居民親切純樸，農村陶罐料理美味可口，來此遠離塵囂，特別祥和閒適、與世無爭。

一日遊行程表

1 斯帕索・葉夫菲米男子修道院
🕐 參觀時間180分鐘

2 克里姆林宮
🕐 參觀時間120分鐘

3 木造建築博物館
🕐 參觀時間90分鐘

4 購物或用餐
🕐 所需時間約120分鐘

因弗拉基米爾、蘇茲達里距離近，一般外國遊客多兩地同遊，由莫斯科經弗拉基米爾轉車前往蘇茲達里。從弗拉基米爾至蘇茲達里車程約半～1小時，火車站對面的Автовокзал巴士站巴士票價自110盧布起，自早上6點半～晚上8點約每半小時發車一次；計程車約為2,800盧布起跳。如通俄文，想省去弗拉基米爾轉車時間，可至莫斯科蕭爾科夫斯基巴士站(Щелковский автовокзал，地鐵藍線終點Щелковская站)搭乘前往蘇茲達里的巴士，因蘇茲達里非終點站(終點為Иваново伊萬諾沃)，購票、上車時務必聲明前往蘇茲達里；車內需對號入座，

蘇茲達里地圖

Hostel Patchwork

斯帕索・葉夫菲米 男子修道院

На Яру

修道院旁觀景台

波查爾斯基大公紀念像

Лимпопо

聖母庇護修道院

ул. Пожарского

ул. Ленина

ул. Красноармейская

ул. Покровская

Гостиница «Ризоположенская»

聖母解袍修道院

Харчевня

Магнит

ул. Васильевская

Торговая площадь

Сокол

Автовокзал 巴士站

Сервант

ул. Ярунова гора

克里姆林宮

ул. Кремлевская

ул. Варганова

Tatyana's House

ул. Пушкарская

ул. Ленина

木造建築博物館

Пушкарская Слобода

N

車程約4～5小時，中途會在休息站停留約10分鐘。如通俄語，至蘇茲達里後需計程車可打電話8-492-312-1131叫車，通常比直接招車便宜。

(左) 蘇茲達里鎮徽
(右) 蘇茲達里名產蜂蜜氣泡酒

蘇茲達里公國的皇宮與教堂

克里姆林宮

Кремль

- ✉ ул. Кремлевская, 20
- ☎ (492)312-1624
- 🕐 園區每天09:00～20:00；聖母降世大教堂及博物館每天09:00～19:00，每月最後一個週二14:00～19:00
- 💲 成人票400p，優待票250p；蘇茲達里3日成人票1,000p，優待票600p
- 🌐 www.vladmuseum.ru
- 🗺 P.149

入園需先至博物館內的售票處買票，再開始參觀

克里姆林宮是蘇茲達里發源地之一，據考古研究，此建築應為10世紀遺跡，歷史則於1024年開始明文記載興建。克里姆林宮是古蘇茲達里的核心，11～12世紀曾興建長達1.4公里的城牆堡壘，作為蘇茲達里大公皇室宮殿及蘇茲達里公國最高教堂抵禦外敵，堪稱蘇茲達里政治、歷史地位最高的地方。如今克里姆林宮已改為博物館對外開放，宮內完善保存的聖母降世大教堂(Рождественский собор)已名列聯合國教科文組織世界文化遺產，非常值得參觀。

克里姆林宮外觀

蘇茲達里—熱門景點

克里姆林宮

聖母降世大教堂
Рождественский собор
原建於1225年，1530年改磚
造翻修頂部後，1750年建成
圓頂，13～17世紀教堂裝飾
藝術、13世紀教堂大門「金
門」、17世紀聖像屏和祭器等
都非常珍貴；東正教教堂圓頂
以藍色象徵聖母，而這座聖母
降世大教堂是金環唯一的藍頂
教堂，地位崇高。

旅 行 小 抄

前往鄰近的木造建築博物館
參觀完克里姆林宮,可沿宮後小路
過河,前往木造建築博物館。

博物館 Музей

教堂旁的博物館有各種主題展覽,展出蘇茲達里政治、宗教、生活等各層面歷史文物;聖像展室收藏不少珍貴聖像,值得好好欣賞。

知 識 充 電 站

世界文化遺產──經典白石建築

基督教自拜占庭帝國傳入基輔羅斯後,各地常效法拜占庭興建磚砌教堂;12世紀中葉拜占庭帝國衰退、無力影響羅斯後,弗拉基米爾及蘇茲達里一帶開始以白石取代薄磚,興建白石建築。

隨後,在內憂外患動蕩不安、蒙古統治的年代裡,即使白石採礦、運輸及加工等成本比薄磚貴了約10倍,兩地依然堅持興修白石建築彰顯民族文化,對12至13世紀俄國各地建築影響深遠。

迄今已佇立860多年的白石建築曾於完工數年後,被積年累月的爐煙燻黑,灰頭土臉直至19世紀,才因清潔及維護外牆恢復潔白美麗。

蘇茲達里的克里姆林宮與斯帕索‧葉夫菲米男子修道院、弗拉基米爾的聖母安息大教堂、黃金門、德米特里耶夫斯基大教堂,弗拉基米爾附近博戈柳博沃鎮的涅爾利代禱教堂、博戈柳博沃宮,以及蘇茲達里附近契德克夏鎮的聖鮑里斯和格列布教堂共8座經典白石建築已列入聯合國教科文組織世界文化遺產名單。

Суздаль

固若金湯的堡壘型修道院

斯帕索・葉夫菲米男子修道院

Спасо-Евфимиев монастырь

- ✉ ул. Ленина
- ☎ (492)312-0746
- ◉ 週日～五10:00～18:00，週六10:00～19:00，每月最後一個週四14:00～18:00
- 💲 成人票400p，優待票250p；蘇茲達里3日成人票1,000p，優待票600p
- http www.vladmuseum.ru MAP P.149

博物館園區入口為報喜門教堂

修道院雄偉的城牆與塔樓

克里姆林宮、斯帕索・葉夫菲米男子修道院

若問蘇茲達里當地人最推薦什麼景點，答案常為斯帕索・葉夫菲米男子修道院、克里姆林宮並列。這座修道院歷史悠久，從14世紀開始修建木造禦敵堡壘，16～17世紀間改建留存至今，以創辦這座修道院的聖人葉夫菲米(Евфимий Суздальский)為名。修道院近1.5公里長的城牆、12座瞭望戰備塔、教堂、鐘樓都保存相當完善，又因珍貴歷史文化價值，名列聯合國教科文組織世界文化遺產。

主顯聖容大教堂
Спасо-Преображенский собор

修道院內最主要的教堂，16世紀起依蘇茲達里12～13世紀傳統白石建築風格設計修建，17世紀間完成外牆與內部壁畫裝飾；因年代久遠壁畫失色，後經1970年末修復工程，才幾近恢復原貌。教堂圓頂正中央的壁畫主題為《祖國(Отечество)》，牆面則有聖人葉夫菲米創辦與興建這座修道院的故事壁畫。

波查爾斯基大公墓
Восстановленная гробница князя Пожарского

主顯聖容大教堂東牆邊為德米特里・米哈伊洛維奇・波查爾斯基大公墓(Дмитрий Михайлович Пожарский)。波查爾斯基大公是莫斯科公國晚期，在內憂外患威脅下與富商密寧合作抵禦外敵、結束混亂時代的俄羅斯民族英雄。紅場聖瓦西里大教堂前，便佇立著密寧與波查爾斯基大公紀念像。波查爾斯基大公逝世後，於1642年下葬於此，1885年墓上曾立民間集資建造的紀念鐘，但於1933年被毀；今日所見墓於2009年11月4日重建落成，當日俄國總統梅德韋傑夫也親臨典禮，向這位俄羅斯歷史上的重要人物致意。

旅 行 小 抄

園區找茶去
修道院附設簡餐店價格不貴，可嘗嘗俄國藥草茶(травяной чай)。

園區洗手間乾淨整潔

修道院鐘樓
Монастырская звонница
建於16～17世紀間，但古時的銅鐘皆於1930年代被蘇聯政府徵收送入冶煉廠，現今的17個鐘為後來再造的鐘。鐘樓週二～日10:10、11:00、12:00、13:00、14:00、15:00、16:00、17:00敲鐘（每月最後一個週四休），讓人心境特別平和。

監獄
Тюрьма
1766年凱薩琳二世下令成立這座監獄，曾囚禁受迫發瘋致死的十二月黨人費多爾・沙霍夫斯克伊(Фёдор Петрович Шаховской)、預言家阿貝爾(Авель)等政治犯；19世紀也關過東正教舊教神職人員，後於1881年，俄國名作家托爾斯泰努力爭取下，一些教徒囚犯才獲釋放。1923～1939年間專作政治犯監獄，收容一些政府認為政治立場不同的名人。

安息聖餐教堂
Успенская трапезная церковь
現為俄羅斯純真藝術館(Музей наивного искусства России)，展出俄羅斯自學成才的藝術家作品，相當有特色的所在。

修道院長房
Архимандритский корпус
現為俄羅斯18～20世紀聖像展覽館，聖像以精美珠寶裝飾，金碧輝煌；2樓廊台是拍攝主顯聖容大教堂與鐘樓的最佳所在。

藥草園
Аптекарский огород
俄國人自古熱愛藥草天然療法，修道院早在18世紀便種植多種藥草，迄今這片歷史悠久的藥草園仍由博物館園丁負責照料。

修道院旁觀景台
Смотровая площадка у Спасо-Евфимиева монастыря

修道院入口小路的盡頭設有觀景台，在此拍攝河邊景色與修道院的城牆，可以取得很不錯的角度，並可遠眺聖母庇護修道院。

波查爾斯基大公紀念像
Памятник Дмитрию Пожарскому

為紀念安葬於修道院內的波查爾斯基大公，院外設立了這位俄國英雄的紀念像。

貴族婦女靜修思過處——聖母庇護修道院
Покровский монастырь

這座修道院建於1364年，自16世紀起收容被流放的皇室成員與貴族婦女，其中包括彼得一世第一任妻子耶芙朵齊雅(Евдокия Фёдоровна Лопухина)。如今此地仍為使用中女子修道院，入內需注意各種參觀禮節。

旅 行 小 抄

觀景台旁的小木屋

這間小木屋進門後，左為紀念品店、右為簡餐店，雖然這裡店面簡單、座位少、只能以簡單的英語溝通，卻因店員友善的服務態度與美味餐點，深受外國旅客喜愛，成為蘇茲達里遊客口耳相傳的推薦餐廳。

На Яру
俄式料理

✉ ул. Ленина, 133б, на смотровой площадке у Спасо-Евфимиева монастыря

📞 (492)312-5263

🕐 每天09:00～21:00

💲 湯約200p，主餐約500p

(上) 簡單樸素的小木屋
(下) 燉牛肉(говядина тущеная)以陶罐裝盛，馬鈴薯蘸飽湯汁，香濃可口

俄國傳統的鄉村風貌

木造建築博物館

Музей деревянного зодчества

- ✉ ул. Пушкарская
- ☎ (492)312-0784
- 🕐 每天09:00～19:00，每月最後一個週三14:00～19:00
- ⁇ 一般而言莫斯科夏季到9/30止，冬季到訪請先上網查詢是否開館
- 💲 成人票400p，優待票250p；蘇茲達里3日成人票1,000p，優待票600p
- 🔗 www.vladmuseum.ru
- 🗺 P.149

這片博物館園區原為德米特里耶夫斯基修道院(Дмитриевский монастырь)所在地，後於20世紀60～70年代創立木造建築博物館，博物館方在河畔這片廣闊草地上修復、展示弗拉基米爾與蘇茲達里一帶保存良好的俄羅斯18～19世紀傳統木造建築群。

民房 Дом

展出俄國昔時鄉村生活情景，壁爐除了可以煮飯、暖化室內，更可在爐上睡覺，作用與炕類似，俄國童話角色小傻瓜伊凡(Иванушка-дурочок)便常在爐上休息；餐桌上以俄羅斯傳統待客禮節擺設麵包與鹽，園區工作人員也穿著傳統俄羅斯服裝，令人在此有種時光倒流的感覺。

旅行小抄

注意上下樓梯
園區內許多建築樓梯斜度大，上下樓梯除需注意步伐，也要小心碰頭。

園區廁所位於民房間，條件比較原始

館貓名叫帕夏(Паша)，常認真地散步巡視

俄國傳統民俗節日──黃瓜節

時間：每年7月底擇日舉行，為期3天

Праздник огурца黃瓜節是斯拉夫民族保留下來的傳統節日之一，7月底為黃瓜收成時節，黃瓜節便是慶祝夏季黃瓜豐收、準備醃酸黃瓜的日子。雖然俄羅斯人大多喜歡口味清爽、入菜變化豐富的黃瓜，一般大城市很少過黃瓜節；保留務農傳統、親近大自然的蘇茲達里則堅守傳統，盛大慶祝這個民俗節日。很多蘇茲達里人春天播種時就準備最大、最好吃的黃瓜，婦女也設計各種佳餚參加黃瓜烹飪比賽，餐廳常應景推出蘇茲達里黃瓜宴。每逢七月，政府與民間大張旗鼓地在木造博物館園區合辦黃瓜節園遊會，以歌舞表演、黃瓜雕刻藝術比賽、黃瓜烹飪比賽、美食攤、手工藝品攤、黃瓜主題紀念品等豐富內容招攬民眾、遊客共襄盛舉，每年節慶期間，當地常湧現大批遊客前往同歡。一年一度的黃瓜節不僅是俄國人熱愛的節日，也成為蘇茲達里的象徵之一。

讓遊客合影的黃瓜美少女

會場有可愛的黃瓜紀念品，逛起來很有趣

以黃瓜入菜的俄羅斯傳統美食攤位

Суздаль

逛｜街｜購｜物 Покупки

Магнит 小鎮裡的超市 超市

✉ ул. Ленина, 75
☎ (800)200-9002
◉ 每天08:00～23:00
http magnit-info.ru (俄)
MAP P.149

蘇茲達里鎮中心為保存古老街景，沒有大城市常見的連鎖店。這裡的餐廳多由中午開始營業，如果住宿地方不供應早餐，可先來這家超市買些麵包、零食充飢。蘇茲達里路邊多為紀念品攤、一般飲料店較少，途經超市酌量買點水或冷飲，也很重要。蘇茲達里的特產蜂蜜氣泡酒（медовуха）在超市裡也可買到，通常同款、同容量的售價比景點來得便宜些。

蘇茲達里自產礦泉水品牌 Серебряный сокол銀隼商標

特｜色｜餐｜飲 Ресторан

Лимпопо 俄國人家美味 俄式料理

✉ ул. Красноармейская, 25A
☎ (492)312-1213
◉ 每天12:00～22:00
$ 湯＋主餐約600 p
MAP P.149

Лимпопо發音為Limpopo，坐落於聖母庇護修道院附近，以美味俄式湯品、陶罐料理、溫馨明亮的木屋廣受好評，許多前來度假的俄國旅人都說這裡有家的味道，推薦一試。

(左)豐富美味的湯品選擇 (右)鄉村陶罐料理(攝影 / 簡鈺燊)

159

Харчевня

溫馨鄉村餐廳 俄式料理

- ✉ ул. Ленина, 73
- ☎ (492)312-0722
- 🕐 每天09:00～23:00
- 💲 沙拉約250p，湯約220p，主菜約550p，飲料約150p起
- MAP P.149

Харчевня歷史悠久，是蘇茲達里知名度頗高的俄式鄉村料理餐廳。店內以拼布、傳統布娃娃裝飾，展現溫馨可愛的田園風格。經典道地的傳統料理、舒適用餐環境與合理價格，讓這裡成為在地人樂於推薦的特色餐廳。不少人喜歡在此小酌，歡快度過餐後時光。

蓋碗燉肉(мясо под шубой)相當入味，是餐廳經理推薦菜色

Сервант

簡潔時尚酒吧 俄式、歐式料理

- ✉ ул. Ленина, 63
- ☎ (492)312-0198
- 🕐 週一～四12:00～23:00，週五、六12:00～01:00，週日12:00～00:00
- 💲 主菜約500p
- MAP P.149

這家餐廳位於鎮中心廣場旁，店內裝潢新穎時尚、簡潔舒適，融合俄羅斯傳統料理方式與歐式調味的餐點美味可口，附設酒吧，是當地年輕人喜歡的聚會地方。

秋涼時節造訪蘇茲達里，很適合來杯香料熱紅酒(глинтвейн)暖暖身子

奶焗豬肉(мясо в сливках)融合傳統鄉村陶罐料理方式與歐式白醬調味，味道濃郁

商業廣場、鎮上路邊有許多紀念品攤，逛攤位時，不妨看看有無喜歡蘇茲達里特產。除了紀念品攤，廣場上也有不少攤位販售蔬果、蜂蜜等農產品，這是蘇茲達里當地重要的購物中心；廣場旁的長廊Торговые ряды則為鎮中心主要商店、餐廳所在。

蜂蜜氣泡酒 медовуха

медовуха是以蜂蜜發酵釀製的飲料，通常帶有一點酒精成分、氣泡，滋味香甜。蘇茲達里蜂蜜氣泡酒(Суздальская медовуха)非常有名，是當地的特產。除了工廠生產，蘇茲達里路邊也常見到店家自釀的蜂蜜氣泡酒。

瓶上標示Алк. 4,8-5,8% об.代表酒精濃度4.8～5.8%，可以此類推

幸運布娃娃 кукла

手作布娃娃是俄羅斯民俗傳統技藝之一。目前，這些富有俄羅斯民族特色的傳統娃娃在莫斯科、聖彼得堡等大城市已較少見，在蘇茲達里仍不時可發現這些具有祈願意義的布娃娃。

弗拉基米爾

Владимир

概況
導覽

一日遊行程表

1 黃金門
🕐 參觀時間180分鐘

2 聖母安息大教堂
🕐 參觀時間120分鐘

3 斯多列托夫家族
紀念館
🕐 參觀時間90分鐘

4 購物或用餐
🕐 所需時間約120分鐘

弗拉基米爾是一座10世紀末建立的千年歷史古城，12世紀初成為弗拉基米爾－蘇茲達里公國的首都，許多古蹟迄今保存良好，市中心只有一條大路，觀光景點步行可達，非常方便。

因莫斯科庫爾斯克火車站(Курский вокзал，請見P.119地圖)位於市中心交通方便，一般皆搭火車前往弗拉基米爾，班次為每天07:07、07:15、09:30、14:04、16:35、18:35、20:07的ласточка燕子號特快車，車程約1小時40分鐘，票價約600盧布起，非固定班次與票價等具體細節可上網站tutu.travel，車種選local，目的地輸入Vladimir查詢。搭巴士則需至地鐵藍線Щелковская站旁的蕭爾科夫斯基

Магнит

ул. Столетовых

ул. Большая Московская

Автовокзал
巴士站

ул. Вокзальная

斯多列托夫家族紀念館

Железнодорожный
вокзал
火車站

聖母降世男子修道院

Магнит

ул. Музейная

歷史博物館

德米特里耶夫斯基大教堂

弗拉基米爾建城850週年紀念碑

議事堂教會
文化中心

Макдоналдс

安德烈・魯布廖夫紀念像

聖母安息
大教堂

Лосось и кофе

弗拉基米爾
施洗聖人
紀念像

Папа Джонс

ул. Большая Московская

ул. Козлов Вал

黃金門

聖三一教堂

水塔暨古弗拉基米爾博物館

ул. Дворянская

N

巴士站(Щелковский автовокзал)，車程約3個半小時，票價大約從550
盧布起。

弗拉基米爾的禦敵要塞
黃金門
Золотые ворота

✉ Золотые Ворота
📞 (492)232-2559
🕐 每天10:00～18:00，每月最後一個週四封館維護，不開放參觀
💲 成人票150p，學生票100p
http www.vladmuseum.ru
MAP P.163

軍事歷史上各階段的相關文物展示

黃金門建於1158～1164年間，為古時城堡的教堂、凱旋門、瞭望台兼作戰塔樓，堡壘以白色石材建構，建築工法優秀，是少數留存至今的古俄羅斯防禦工程里程碑之一。1238年拔都進攻弗拉基米爾，以此為雙方攻防重地，因黃金門固若金湯，最後蒙古軍打破他處城牆才得以進城。此地雖為弗拉基米爾戰役兵家必爭之地，飽受戰火洗禮，但直至18世紀末、19世紀初政府改建城門前，幾乎仍與舊時無異；如今黃金門因重要歷史文化地位，已名列聯合國教科文組織世界文化遺產，城門樓上設有軍事博物館，值得參觀。

部分蘇美1975年太空合作計畫用品展示

水晶玻璃、刺繡、漆器手工藝展覽館

聖三一教堂

Троицкая церковь

✉ ул. Дворянская, 2
☎ (492)232-4872
🕐 週日～五11:00～19:00，週六11:00～21:00
💲 成人票150p，學生票100p
🌐 www.vladmuseum.ru
🗺 P.163

　　1778年一場大火損毀了17世紀原有木造教堂，後來教堂被拆遷，直至1913～1916年間信徒出資聘請建築師趙洛夫(C.M. Жаров)設計建造，這棟紅磚建築才得以問世。1916年啟用的聖三一教堂，1928年被政府徵收為辦公用途，並於1976年列入弗拉基米爾－蘇茲達里博物館編制。館內主要展出刺繡、漆器等傳統手工藝品，來自弗拉基米爾、水晶鵝城等地水晶玻璃藝術品也在此展出。

俄羅斯著名的水晶玻璃工藝城——水晶鵝城的水晶玻璃專櫃

這裡的博物館官方紀念品款式較多

登高遠眺弗拉基米爾景觀

水塔暨古弗拉基米爾博物館

*Водонапорная башня –
музей «Старый Владимир»*

✉ ул. Козлов Вал
☎ (492)232-5451
🕐 週日～五10:00～18:00，週六10:00～19:00，每月倒數第二個週二封館維護，不開放參觀
💲 成人票150p，學生票100p
🌐 www.vladmuseum.ru
🗺 P.163

　　1860年代弗拉基米爾開始建設都市供水系統，水塔20世紀初由建築師趙洛夫主導翻修成現今風貌，並於1970年代再次整修。如

今水塔已改為博物館，內部展示弗拉基米爾19世紀末～20世紀初歷史文物；塔頂為觀景台，可遠眺聖母安息大教堂、黃金門等重要景點。

弗拉基米爾-蘇茲達里公國宗教中心

聖母安息大教堂

Успенский собор

✉ Соборная площадь
🕐 週二～日13:00～16:45，週一休館
💲 成人票150p，學生票100p
🌐 www.vladmuseum.ru　🗺 P.163

　　這座教堂建於1158～1160年間，樣式為弗拉基米爾－蘇茲達里公國蒙古統治前的經典白石建築，曾是公國建國初期最重要的建設暨宗教中心。1185年火災後，歷經4年建造完成雙層天花板、5座圓頂；而後莫斯科克里姆林宮的聖母安息大教堂便以此為範本，設計出融合義大利文藝復興風格。

　　除了1927～1944年史達林詆毀宗教時期，這裡一直都是重要的禮拜教堂，抵禦蒙古時期更是弗拉基米爾—蘇茲達里公國人民避難所兼精神歸宿。蒙古統治末期俄羅斯各公國割據，1408年俄國最著名的聖

像畫家安德烈·魯布廖夫在此繪製壁畫，並完成了《弗拉基米爾聖母像(Владимирская богоматерь)》，韃靼鐵蹄入侵的年代，以宗教、藝術溫和穩定的力量撫慰人心。今日所見教堂為19～20世紀整修後風貌，珍貴歷史文化價值，已名列聯合國教科文組織世界文化遺產。由於此座教堂仍在使用中，入內需注意各種參觀禮節。

《弗拉基米爾聖母像》畫面柔美

聖母安息大教堂周邊

弗拉基米爾建城850週年紀念碑
Монумент в честь 850－летия г.Владимира

1918年此地曾設置過十月革命週年紀念碑；1958年為紀念弗拉基米爾建城850週年，改設這座高22公尺的白色石碑。這座紀念碑三面各有3公尺高的俄羅斯古戰士、建築師與現代工人雕像，雕像身後為弗拉基米爾建城以來重大歷史事件浮雕。

Владимир

市中心綜合博物館

議事堂教育文化中心

Культурно—образовательный центр «Палаты»

✉ ул. Большая Московская, 58

📞 (492)232-5278

🕐 週二～日10:00～17:00，週一休館，每月最後一個週四封館維護，不開放參觀

💲 成人票300р，學生票150р；Детский центр 兒童中心成人票100р，學生票50р

http www.vladmuseum.ru

MAP P.163

　　這棟1785～1790年間所建造的古典風格建築原為省政府辦公用途，直至20世紀90年代政府需興建博物館，才將此處單位逐一徵收改制。5年漫長艱辛的建館工程完成後，2樓設置弗拉基米爾貴族莊園文化、俄羅斯繪畫藝術展覽；1樓則成立兒童中心，以活潑方式介紹俄羅斯歷史、文化、童玩、自然科學等知識。館藏豐富多元，常舉辦各種親子活動，深得弗拉基米爾市民喜愛。

(中) 各國玩具展
(下) 市民參與展區內的親子活動

安德烈‧魯布廖夫紀念像
Памятник Андрею Рублеву

安德烈‧魯布廖夫生於動盪不安的蒙古統治年代末期，曾參與莫斯科克里姆林宮、

弗拉基米爾聖母安息大教堂、謝爾蓋聖三一修道院等地聖像、壁畫繪製工程。遵循東正教聖像嚴格規定下，魯布廖夫筆觸柔和溫暖，畫面特別祥和而有靈性，被尊為中世紀最偉大的俄羅斯東正教聖像和壁畫畫家。

弗拉基米爾施洗聖人紀念像
Памятник Крестителям Владимирской Земли

這座紀念像落成於基輔羅斯遷都弗拉基米爾850週年紀念日——2007年6月28日，舉旗騎士為俄國史上首位受洗並推行國教的君王。

獨特外牆浮雕
德米特里耶夫斯基大教堂
Дмитриевский собор

✉ Соборная площадь

☎ (910)770-5788

🕐 每天11:00～19:00，每月第二、四個週二休，每月最後一個週三封館維護，不開放參觀

⁉ 一般而言莫斯科夏季到9/30止，冬季到訪請先上網查詢是否開館

💲 成人票150p，學生票100p

🌐 www.vladmuseum.ru

🗺 P.163

教堂為弗拉基米爾－蘇茲達里公國於蒙古統治時期前的經典白石建築

　　這座教堂建於1194～1197年間，為莫斯科建城人長臂尤里第10個兒子大窩弗謝沃洛德大公(Всеволод Юрьевич Большое Гнездо)下令興建，因其教名為紀念東正教聖人聖德米特里(Святой Димитрий Солунский)取名德米特里(Димитрий)，這座大公寢宮旁的教堂便以此命名(俄語 Дмитриевский意即德米特里的)。1919年停用後教堂便列入弗拉基米爾博物館管轄並多次維修，最後於1999～2004年間將白石外牆及浮雕全部施以保護漆；因珍貴歷史文化價值，已名列聯合國教科文組織世界文化遺產。

俄羅斯歷史文物展覽
歷史博物館
Исторический музей

✉ ул. Большая Московская, 64

☎ (492)232-2284

🕐 週一～六10:00～18:00，週日10:00～17:00，每月倒數第二個週二封館維護，不開放參觀

💲 成人票150p，學生票100p

🌐 www.vladmuseum.ru

🗺 P.163

　　這座博物館由弗拉基米爾省政府建築師Петр Густавович Беген本更設計，建於1900～1906年間，1樓展示遠古時代至蒙古統治時期歷史文物，2樓則為蒙古統治至帝俄時期文物及弗拉基米爾當地名人、著名企業展。

2樓文物展覽

弗拉基米爾望族宅邸

斯多列托夫家族紀念館

Дом-музей Столетовых

✉ ул. Столетовых, 3

☎ (492)232-3126

🕐 週四～一10:00～16:00，每月倒數第二個週三封館維護，不開放參觀

🚫 週二～三

💲 成人票100p，學生票70p

🌐 www.vladmuseum.ru

🗺 P.163

　　斯多列托夫家族人才輩出，尼古拉・斯多列托夫(Николай Григорьевич Столетов)於莫斯科大學物理數學系畢業後，志願從軍參與克里米亞戰爭，屢立戰功，於俄土戰爭解放保加利亞，成為一代名將；其弟亞歷山大・斯多列托夫(Александр Григорьевич Столетов)是俄國19世紀著名的物理學家，電磁力學、光學、分子物理學或哲學皆十分擅長。此外，他還研究出斯多列托夫磁導率曲線與攝影、電影配音、電視、太陽能電池等許多現代發明的基礎應用理論，並在莫斯科大

亞歷山大・斯多列托夫相關展品

已逾百年歷史的音樂盒，優美悅耳

學任教長達30年，培育英才、提拔後進。這兩位名人兒時故居紀念館管理有方，入館後管理員會以俄語導覽他們的生平事蹟。

斯多列托夫家族紀念館周邊

亞歷山大・涅夫斯基下葬原址——聖母降世男子修道院
Богородице-Рождественский мужской монастырь

這座修道院建於1191年，1263年亞歷山大・涅夫斯基大公逝世後原下葬於修道院聖母降世大教堂內，直至1724年彼得一世下令將亞歷山大・涅夫斯基遺骸移靈至聖彼得堡。因這座修道院於1991年起恢復使用，入內禁止拍照，並需注意各種參觀禮節。除了欣賞17～18世紀整修的教堂建築，修道院內許多貓咪出沒，吸引遊客目光。

✉ ул. Большая Московская, 68

☎ (492)232-6710

🕐 每天10:00～17:00

🗺 P.163

M агнит 超市

小鎮裡的超市

✉ ул. Вокзальная, 3
☎ (8 800)200-9002
🕐 每天08:00～22:30
http magnit-info.ru (俄)
MAP P.163

Магнит是俄國街頭常見的連鎖超市，這家弗拉基米爾火車站站前門市，不論是剛抵達此地或準備離開，採購飲水、零食都很方便。超市麵包區有弗拉基米爾著名麵包品牌Владимирский хлебокомбинат，喜歡吃麵包的朋友可買來嘗鮮。

超市對面為列寧1893年8月23日訪問弗拉基米爾的參訪路線圖，及早期的火車頭

推薦特產

黃金門旁有很多紀念品攤，逛攤位時，不妨看看當地特色紀念品。

陶製磁鐵、吊飾純樸可愛

特|色|餐|飲 Ресторан

Макдоналдс 俄國麥當勞香濃可口 美式速食

- ✉ ул. Гагарина, 2Б
- 📞 (492) 245-1652
- 🕐 每天07:00～00:00
- 💲 特大big tasty漢堡約245p起，薯塊約75p
- 🌐 mcdonalds.ru
- 🗺 P.163

鄰近聖母安息大教堂、弗拉基米爾市中心要道上的絕佳位置非常方便、服務生較通英文，很多遊客喜歡來此歇腳。俄國麥當勞推出的限定餐點口味特別香濃，值得試試。

台灣菜單上沒有的薯塊、不定時推出的黑麵包漢堡

Папа Джонс 來自美國的披薩、捲餅 披薩、捲餅

- ✉ 2-я Никольская ул., 1
- 📞 (492)247-0407
- 🕐 每天11:00～23:00
- 💲 約450p
- 🌐 www.papajohns.ru
- 🗺 P.163

可索取英文菜單(攝影／簡鈺熒)

源自美國的Papa John's在俄國很受歡迎，弗拉基米爾這間分店有內用座位、兒童遊戲區，除了美味現做披薩，也供應捲餅、沙拉，多人或單人都方便享用。

內用之外，也可外帶(攝影／簡鈺熒)

23cm披薩一人也可享用(攝影／簡鈺熒)

171

謝爾蓋聖地
Сергиев посад

概況
導覽

　　謝爾蓋聖地又譯作謝爾吉耶夫鎮或扎戈爾斯克(蘇聯時期名稱)，是金環離莫斯科較近的歷史古城，於1337年由東正教聖人聖謝爾蓋(Сергий Радонежский)建立聖三一修道院開始建城，全鎮以修道院為中心，鎮民多為虔誠教徒；這裡也是著名俄國特產──俄羅斯娃娃的發源地，鎮上許多路邊攤販售俄羅斯娃娃。

　　由於前往謝爾蓋聖地的電車並非終點停靠站，且無英語指示，從莫斯科前往謝爾蓋聖地，建議由維登漢全俄展覽中心大門外搭388號巴士(見P.119地圖)，自06:45至22:50約每10～20分鐘發車，車程約1個半小時，票價約450盧布。抵達謝爾蓋聖地的終點站為謝爾蓋聖地火車站旁，回程需走至馬路對面388車站搭車，末班車為21:00發車。此鎮主要景點即聖三一修道院，通常半天可參觀完畢，無需安排住宿。

一日遊行程表

1 聖三一修道院
🕐 參觀時間180分鐘

2 購物或用餐
🕐 所需時間約120分鐘

斯摩稜斯克
聖母像教堂
Церковь в честь
Смоленской
иконы Божией
Матери
📷

Аптекарский переулок

Красногорская
площадь廣場
●

鐘樓 📷
Колокольня

聖母安息大教堂
Успенский собор
📷

聖靈降於使徒教堂
Церковь в честь
Сошествия Святого
Духа на апостолов
📷

📷 謝爾蓋聖三一修道院
Свято-Троицкая Сергиева Лавра

📷 📷 聖謝爾蓋教堂餐廳
Трапезная с храмом Преподобного
Сергия Радонежского

聖三一大教堂
Троицкий собор

проспект Красной Армии

Вознесенская улица

Сергиевская улица

Вознесенская улица

Сергиевская улица

玩具博物館
Музей игрушки
📷

1-я Рыбная ул.

1-я Рыбная ул.

🎁 ТЦ «Счастливая 7Я»
百貨公司

🍴 ТЦ «Счастливая 7Я»
百貨公司

Вокзальная пл.
火車站廣場
●

🍔 🚌 388巴士站

麥當勞
Макдоналдс

проспект Красной Армии

Вознесенская улица

Спортивный пер

Спортивный пер

🚉 火車站

N

謝爾蓋聖三一修道院

Свято-Троицкая Сергиева Лавра

✉ Свято-Троицкая Сергиева Лавра
☎ (496)540-5942
🕐 每天05:00～21:00，7月5日、7月18日、9月25日、10月8日等聖謝爾蓋節日24小時開放
💲 至修道院大門旁的紅色建築購票，門票310p，攝影票150p
http www.stsl.ru 🗺 P.173

1337年，東正教聖人聖謝爾蓋與其兄來到此地修行，稍後其兄不耐荒野生活艱苦前往莫斯科修道院，獨留聖謝爾蓋在此苦修；直至聖謝爾蓋事跡傳開，許多修士遷來共修，虔誠教徒也隨之開荒闢土、安家落戶於修道院旁，才逐漸發展成具規模修道院。

聖謝爾蓋在此擔任修道院院長，傳道修行不輟，經常為傷患、窮苦百姓祈禱，曾多次出現奇蹟治癒病患，聲名遠播，吸引無數病患、窮人前來請求救助。1380年德米特里·頓斯科伊與蒙古軍作戰前，也特地請聖謝爾蓋為其祝福，而後果真凱旋歸來，打破蒙古軍戰無不勝的神話。聖謝爾蓋在世時便被尊為東正教聖人，許多信眾慕名朝聖，追隨他的修行弟子則開枝散葉，在其他地方陸續成立50所修道院，皆成為當地精神教化中心。

此地不僅具珍貴歷史文化意義、名列聯合國教科文組織世界文化遺產，至今仍為地位崇高的修道院與神學院，入內須遵守各種參觀禮節。

旅行小抄

修道院便民服務

入口左側為書店、紀念品店，各種東正教書籍、日曆、月曆、聖像，介紹聖人名字的禮品書一應俱全。修道院附設小店，有各種聖像、東正教首飾、東正教儀式用品及紀念品。

院內附設簡餐店，可喝飲料或吃點東西，此處不提供座位，只能站著用餐。

聖三一大教堂
Троицкий собор

建於1422～1423年間，是修道院內最早興建的教堂，為14～15世紀典型白石建築。俄國名聖像畫家安德

烈‧魯布廖夫曾受修道院長聖尼康邀請至此創作聖像及壁畫，如今壁畫年久褪色，《三位一體》聖像現藏於莫斯科特列季亞科夫畫廊。

聖靈降於使徒教堂
Церковь в честь Сошествия Святого Духа на апостолов

建於1476年，是修道院內第2座教堂，由修建莫斯科克里姆林宮的普斯科夫建築團隊所造，呈典型普斯科夫磚造建築。教堂內有聖馬克希姆與聖安東尼奧的聖骸，緊臨教堂南牆則建有聖尼康門廊(Придел во имя преподобного Никона Радонежского)，安置聖尼康的聖骸。

斯摩稜斯克聖母像教堂
Церковь в честь Смоленской иконы Божией Матери

1730年，一位患病修士虔心向斯摩稜斯克聖母像祈禱，因聖母慈愛顯靈而治癒風濕手疾，遂於1746～1748年間建此教堂紀念。顯靈聖像現置於聖像壁正門右側。

聖母安息大教堂
Успенский собор

建於1559～1589年間，係伊凡四世下令以莫斯科克里姆林宮聖母安息大教堂為範本所建。1684年曾徵召當時著名的聖像畫家西蒙‧烏薩可夫(Симон Фёдорович Ушаков)等35位畫家，以100天時間繪製壁畫，相當美麗；教堂內安置莫斯科牧首聖斐剌芮德與聖因諾肯提的聖骸。

1644年維修教堂門廊時湧出了泉水，一名盲人修士因此水重獲光明後，顯聖奇蹟經口耳相傳吸引無數朝聖者前來汲水，以聖水療傷治病。教堂外的聖水亭落成於1872年，迄今仍有諸多信徒來此汲取聖水。

聖謝爾蓋教堂餐廳
Трапезная с храмом Преподобного Сергия Радонежского

為紀念聖謝爾蓋、提供修道院內與日俱增的修士用餐場地，彼得一世於1686～1692年間下令修建此處。教堂於聖謝爾蓋逝世300週年，由俄羅斯改革前最後一位牧首艾德里安舉行祝聖儀式，壁畫、浮雕相當華美。緊鄰入口的聖米莎教堂(Михеевская церковь)建於1734年，本為紀念聖母向聖謝爾蓋顯聖，後因安置聖米莎的聖骸更名。

玩具收藏應有盡有

玩具博物館

Музей игрушки

📧 проспект Красной Армии 123
📞 (496)540-4101
🕐 週三～日10:00～17:00
🚫 每月最後一個週五封館維修
💲 成人票平日250p、假日300p，學生票平日120p、假日150p，4歲以下兒童免費，«Детский портрет»展室禁攝錄影；需至гардероб外套寄存處購買鞋套入場，一雙10p
🌐 museumot.info (俄)　　🗺 P.173

　玩具收藏家尼古拉・巴勒特朗(Николай Дмитриевич Бартрам)1918年在莫斯科創建的玩具博物館，1931年改遷至此。館內展出俄羅斯皇室玩具、世界各國玩具、俄國名家所繪兒童畫像及全球首批俄羅斯娃娃，展品種類豐富。

知 識 充 電 站

俄羅斯娃娃揚名巴黎世博

俄羅斯最早的木製套裝玩具為蘋果或復活節彩蛋(蛋打開後，依次為皇冠、母雞、雞蛋、蛋黃)，直至1890年代才由工匠斯維朵什金(В. П. Звёздочкин)刻制、畫家馬留欽(Сергей Васильевич Малютин)彩繪完成第一套俄國典型農村少女模樣的娃娃，命名為瑪特廖什卡(Матрешка)。瑪特廖什卡是俄語名字瑪特廖娜(Матрена)的暱稱，其字根源自拉丁文中的母親，象徵健康、生命力強韌、多子多孫，與套裝少女娃娃的特色相當吻合。1900年，馬留欽將作品送至巴黎世界博覽會，一舉贏得銅牌獎，從此聲名大噪；俄羅斯各地隨即跟進，大量製作這種成套的手繪娃娃。

早期俄羅斯娃娃多為俄羅斯少女形象，打開後依次為青年、少女、青年、少女、嬰兒。隨時代演進，除了傳統漆彩技法，也發展出粉彩、烤漆、燙金、磨砂等創作方式；娃娃設計也不再局限家庭、家族，主題漸趨多樣，從少女、俄羅斯神話故事、俄國重要古城到演藝明星、政治領袖都有，堪稱俄羅斯最富盛名的一大特產。

Сергиев посад

金環住宿情報

Проживание в Суздале

由於弗拉基米爾市貌與莫斯科相似，景點一天可參觀完畢，至此旅遊，比較推薦到蘇茲達里住宿，一方面隔日在蘇茲達里時間較充裕；另一方面蘇茲達里治安較佳，雖然路燈不多，不少有些路段需備手電筒，但可好好享受當地特有的閑靜氣氛。金環飯店、旅館使用英語尚未普及，建議委託辦理簽證的旅行社幫忙訂房。

商務飯店 Гостиница

Пушкарская Слобода 普希卡村

✉ ул. Вокзальная, 3　☎ (800)350-5303
💲 3,500p起　🌐 pushkarka.ru (俄)　🗺 P.149

這家villa型飯店坐落於前往木造博物館的路上，館內附設會議廳、spa、馬車、雪橇車等付費設施，並有多家餐廳可供用餐，地點雖距鎮中心稍遠，但其高級度假村的經營形式仍吸引歐美日遊客及高消費能力的俄國旅客，其飯店規模堪稱蘇茲達里最大。

民宿

Tatyana's House

✉ ул. Ленина, 46Б (Ulitsa Lenina 46 B)
☎ (905) 057-7453　💲 1,500p 起
🌐 於booking.com搜尋Tatyana's House即見　🗺 P.149

這間木屋民宿俄語為Гостевой Татьянин дом，鄰近克里姆林宮，出門就是美麗的鄉間風光，地點極佳，乾淨、舒適，和藹熱情的女主人Tatyana塔齊揚娜會以Google和各種肢體語言溝通接待國際旅客，來此就像住在蘇茲達里生活，值得體驗。

經濟飯店 Гостиница

Сокол 隼

✉ Торговая площадь, 2 A
☎ (800)333-7282
💲 3,900p起
🌐 hotel-sokol.ru　🗺 P.149

這家飯店坐落於鎮中心商業廣場旁，地理位置非常方便；簡潔舒適的住宿環境、附贈早餐，是蘇茲達里相當理想的住宿地點。

經濟型青年旅館 Хостел

Hostel Patchwork

✉ Улица Гоголя, 59-1
☎ (930)831-3958
💲 950p起
🌐 於agoda.com或booking.com搜尋hostel patchwork即見
🗺 P.149

Hostel Patchwork坐落於斯帕索帕薄葉夫菲米男子修道院附近，雖然地點比較偏僻，但環境乾淨整潔、溫馨舒適，價格實惠，提供免費茶、咖啡、Wi-Fi，服務人員可通英語，附贈早餐，廣受好評，是蘇茲達里非常熱門的青年旅館。

Санкт-Петербург
聖彼得堡

聖彼得堡近郊

涅瓦河灣
Невская губа

兩島區
Два Острова

阿芙蘿巡洋艦
Крейсер Аврора

彼得保羅要塞
Петропавловская крепость

聖彼得堡

市中心區
Центр города

隱士廬博物館
Государственный
Эрмитаж

涅夫斯基大街
Невский
проспект

聖彼得堡近郊

涅瓦河
река Нева

往彼得宮城方向

往沙皇村與巴甫洛夫斯克方向

N

面向西方的北都

聖彼得堡原為瑞典近芬蘭灣出海口的沼澤地,彼得一世在瑞典北方戰爭奪得此處後,填海造陸、建立港都,命名為聖彼得堡並遷都至此。後經凱薩琳二世、亞歷山大一世、尼古拉一世等名君整治,聖彼得堡成為俄羅斯帝國政治、經濟和文化中心,也是俄國最歐化的城市;俄國文豪普希金便曾稱聖彼得堡為俄羅斯「面向西方的窗口」。

聖彼得堡是俄國當代史的核心,歷經1905年「血腥星期日」流血鎮壓、1917年資產階級二月革命及十月革命。也因應時局多次更名:一戰時因反德情結,源自德語的聖彼得堡,改名為純俄語的彼得格勒Петроград;蘇聯時期更名為列寧格勒Ленинград,二戰期間列寧格勒被德軍圍城長達872天,逾150萬人死於饑荒,如今街頭仍有不少戰時重地標語紀念。

1991年蘇聯解體後,市民投票復名聖彼得堡,是俄羅斯第二大城,中心及許多古蹟,已列入聯合國教科文組織世界文化遺產名單,市容維持古城風貌,是舉世聞名的觀光勝地。

特色風貌

凱薩琳二世時期，為疏緩芬蘭灣海水倒灌，開鑿了許多運河、修築橋梁，交織出浪漫的水鄉風光，贏得「北方威尼斯」美譽。許多連接市中心與島嶼的橋面深夜時會升起，以

便大船通行，因開橋時無地鐵班次，市區、島嶼隔河無法通行，需提早確認返程交通方式。

馬林斯基劇院，舊稱基洛夫劇院，是1783年凱薩琳二世下令建造的皇家歌劇與芭蕾舞劇院

由於地處高緯，6月11日～7月2日夏至前後，日不落白夜是聖彼得堡引以為傲的特色景觀，盛大舉辦紅帆節праздник "Алые паруса"與各種夜間藝文活動，是夏秋聖彼得堡旅遊旺季的巔峰時段。聖彼得堡自建城以來一直是俄羅斯藝術、文化中心；彼得堡人不僅喜愛各種藝術展覽，也愛上劇院聆聽音樂會或觀賞芭蕾、戲劇，文藝風氣興盛。

城市漫遊

由莫斯科到聖彼得堡最方便的交通方式為火車。由莫斯科地鐵Комсомольская共青團站旁的Ленинградский вокзал列寧格勒火車站，搭乘高鐵Сапсан(Sapsan)遊隼號至聖彼得堡，票價5,600盧布

Сапсан遊隼號(攝影／王毓棻)

起，車程約4小時，直達聖彼得堡市中心。

聖彼得堡許多過橋路段易塞車，最便捷的大眾交通工具為地鐵，搭乘、轉乘方式與莫斯科地鐵類似，一次票使用代幣、入站投入票閘即可。如通俄語，市中心很多公車沿涅夫斯基大街行駛，代步非常方便。

因歷史、地理差異，聖彼得堡與莫斯科都市文化截然不同，兩地俄語詞彙和發音也略有所別，不少連鎖店也因地制宜，設計不同外觀。聖彼得堡是全俄第一座都市計畫城市，道路規畫較整潔，地圖、指標、流動廁所等市內建設較完善，英語、中文化程度較高，是目前俄羅斯觀光最方便的地方。

市中心區

聖彼得堡市中心以涅夫斯基大街為主幹道，此區歷史古蹟保存良好，帝俄時期古典主義、巴洛克主義、新藝術主義等經典風格建築林立，市容華美浪漫。

冬宮古時為羅曼諾夫王朝皇室宮殿、今為舉世聞名的隱士廬博物館，豐富館藏與宮殿建築之美令人目不暇給；聖以薩大教堂、喀山大教堂、浴血復活大教堂等教堂極具地位、各有千秋，堪稱聖彼得堡觀光必遊勝地。每處景點拍照，都美得像明信片。

喜歡俄國文學作品的朋友可前往普希金故居紀念館或杜斯妥也夫斯基紀念館朝聖，繪畫藝術熱愛者千萬別錯過俄羅斯美術館珍藏的俄國名家巨作。涅夫斯基大街除了風景優美，也是聖彼得堡市中心重要的逛街購物、休閒娛樂去處，觀光、採購紀念品、用餐喝茶可一次滿足，相當方便。

一日遊行程表

1 隱士廬博物館
🕐 參觀時間180分鐘

2 聖以薩大教堂
🕐 參觀時間90分鐘

3 浴血復活大教堂
或喀山大教堂
🕐 參觀時間60分鐘

4 涅夫斯基大街
🕐 散步、購物、用餐約180分鐘

市中心區地圖

A Санкт-Петербургский
　Дом Книги
B Гостиный Двор
　Императорский
　фарфор
E Galeria
X NATURA SIBERICA
Y Невский Центр
Б 地下通紀念品店

34 彼得保羅要塞
35 羅斯特拉燈塔
36 人類和民族學博物館
37 國立聖彼得堡大學
38 俄羅斯藝術學院美術館
39 聖母領報館
40 傑特魯賽浴場
41 法貝熱博物館

莫斯科火車站

26 里莫爾尼大教堂
27 聖三一伊茲麥爾斯基大教堂
28 聖尼古拉海軍大教堂
29 鎮官橋
30 四馬橋
31 宮殿橋
32 第一工程師橋
33 皮卡洛夫橋

21 凱薩琳二世像
22 杜斯妥也夫斯基紀念館
23 亞歷山大‧涅夫斯基修道院
24 亞歷山大‧涅夫斯基廣場
25 藝術大師墓園

16 列寧格勒圍城防禦紀念館
17 漢科島戰役將士紀念牆
18 俄羅斯美術館
19 藝術廣場
20 喀山大教堂

11 普希金故居紀念館
12 冷血復活大教堂
13 戰神廣場
14 尼古拉一世像
15 夏日花園

6 聖以薩大教堂
7 聖以薩廣場
8 尼古拉一世像
9 青銅騎士像
10 亞歷山大花園

1 隱士盧博物館
2 冬宮
3 宮殿廣場
4 參謀總部大樓
5 海軍總部大廈

F Terrassa
G Демидовъ
H Du Nord 1834 кондитерская
I Пхали Хинкали
J Идиотъ
K Николаевский дворец
L Тархун
M Ресторан Нихао你好飯店
N Литературное кафе
O Штолле
P Сладкоежка
Q Буше
R Пышки
S Кофейная Гамма
T Шоколадница
V Зингеръ
W Север
Z Палкинъ
Г Пироговый Дворик
Ф Большая Кухня

Ч Дегтярные бани
М
40 Дегтярные бани
41 聖彼得堡柯林西亞酒店
42 亞洲酒店
43 雷迪森皇家彼得堡皇家飯店
44 Bonn-Apart
45 Simple Hostel Nevsky
46 Soul Kitchen
47 Hostel Whose
　suitcase?
W X M Y

熱 門 景 點

近三百萬件珍藏的藝術殿堂
隱士廬博物館
Государственный Эрмитаж

✉ Дворцовая площадь, 2

☎ (812)710-9079

🕐 週二、四、六、日10:30～18:00，週三、五10:30～21:00，週一、元旦與5月9日勝利日休館

💲 成人票700p(含參謀總部大樓、彼得大帝冬宮、緬西尼科夫宮、瓷器博物館等分館門票)，俄籍學生免費，每月第三個週四、3月8日、5月18日、12月7日免費開放(需憑身分證明換免費票)；所有票券只供單次入館使用，需保留票根至離館

🌐 www.hermitagemuseum.org

➡ 地鐵藍線Невский проспект站或綠線Гостиный Двор站往канал Грибоедова出口，沿涅夫斯基大街走至Большай Морская улица右轉，走至過參謀總部大樓鵝黃色凱旋門即見宮殿廣場對面博物館

🗺 P.183

　　隱士廬博物館簡稱冬宮，另譯作艾爾米塔什博物館，坐落於涅瓦河邊、緊鄰涅夫斯基大道，是全俄羅斯最大的博物館，也是世界最大的博物館之一。博物館建築以冬宮為主，共有6座主體建物：冬宮、小艾爾米塔什、大艾爾米塔什、新艾爾米塔什、艾爾米塔什劇院與儲備庫；館藏原為女皇凱薩琳二世私人收藏，起初大部分畫作置於宮內較偏遠獨立、稱為隱士廬(Эрмитаж)的廳室，而後逐漸增加藏品，1852年起開放民眾參觀，迄今已有160多年歷史。館內從石器時代至現代的文化藝術珍品近3百萬件，如欲仔細欣賞，需花好幾年的時間才能參觀完畢。為方便參訪遊客，館方網站搭建了數位博物館，方便民眾上網查詢想看的展品。

　　除了珍貴的館藏，由於這座

面向宮庭廣場的冬宮

玩家交流

步入冬宮的感動

　　還記得第一次進冬宮，剛從主階梯拾級而上，我便有種踏入幻境的錯覺——這裡美得不像人間，像童話故事場景。雖早已看過照片、電影，置身其中的震撼，遠遠超過我所預期；也不禁想像樓上或窗前佇立的王公貴族看來多麼瀟灑挺拔，公主、貴婦起舞或喝茶的姿態如何美麗動人。典雅的壁畫、雍容高貴的雕塑、巧奪天工的鑲嵌浮雕、晶瑩璀璨的吊燈及燭台，從天蓬、牆面、廊柱、門面、門把、家具至地板，處處精雕細琢、流光溢彩，璀璨奪目的豪華宮殿，令我歎服不已。從坐在政大教室裡看電影主角至冬宮閒庭信步，到有幸親身體會這裡的金碧輝煌，心裡對父母有滿滿的感激。而後多次舊地重遊，也絲毫不減那份滿目美景的感動。

隱士盧博物館

建築群曾為俄羅斯沙皇宮邸，尤其是1754～1762年間建築師拉斯特雷利(Франческо Бартоломео Растрелли)所設計建造的冬宮(Зимний дворец)，宮內廳室裝潢華美、獨具特色，宮廷建築藝術與展品爭輝，許多俄國電影拍攝都在此取景，其中又以俄國名導演亞歷山大·索科洛夫(Александр Николаевич Сокуров)所執導的《創世紀(Русский ковчег)》最為有名。因一般旅遊參觀時間不足以欣賞館藏藝術品，以參觀冬宮建築為首選目標，走馬看花通常也需3小時左右，建議安排冬宮行程多預留一些時間，好好欣賞這座美輪美奐的藝術殿堂。

雕像典雅高貴、牆面富麗堂皇

3小時冬宮攻略

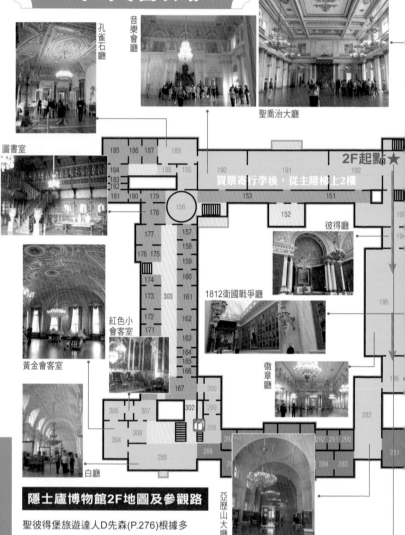

孔雀石廳

音樂會廳

聖喬治大廳

圖書室

2F起點 ★

買票寄行李後,從主階梯上2樓

彼得廳

1812衛國戰爭廳

紅色小會客室

黃金會客室

徽章廳

白廳

亞歷山大廳

隱士盧博物館2F地圖及參觀路

聖彼得堡旅遊達人D先森(P.276)根據多年經驗,推薦下午2點後人潮較少時,對照展室門上號碼,快速看完重要展品(不含皇室起居展室)、輕鬆拍照,3小時逛完冬宮。

冬宮主階梯

冬宮主階梯

18世紀曾稱為大使階梯、約旦階梯。1837年火災後,由建築師斯大索夫(Василий Петрович Стасов)保留拉斯特雷利設計修復;天篷的義大利畫家堤香作品《奧林帕斯》增加了視覺高度,牆面以神話人物雕像、綴金與明鏡裝飾,光芒耀眼、延伸視覺空間,華美至極。

陳列館大廳

達文西《聖母子》，隱士盧鎮館四寶之一

達文西《聖母子》，隱士盧鎮館四寶之一

小義大利光廊

古代寫生畫廊

至1F

拉斐爾《聖母子》，隱士盧鎮館四寶之一

拉斐爾《聖家族》，隱士盧鎮館四寶之一

新艾爾米塔什主階梯

法蘭德斯藝術大廳

拉斐爾敞廊

達文西《聖母子》

李奧納多‧達文西於1490～1491年間在米蘭完成的作品。溫柔親情在聖母眼中表露無遺，平和遠山象徵文藝復興時期世人和諧的精神。明暗光影、美麗的線條與協調色彩賦予畫作豐富造型組合與深度，美感崇高，是隱士盧鎮館四寶之一。

拉斐爾敞廊

1780年代凱薩琳二世命建築師科瓦練基(Джакомо Кваренги)效法羅馬梵蒂岡宮著名的拉斐爾室修築，為此溫特爾貝爾格爾(K. Унтербергер)率畫家團隊至羅馬以蛋彩臨摹壁畫；拱門繪製一系列聖經相關畫作，形成「拉斐爾聖經」，牆上多為拉斐爾受羅馬皇帝尼祿黃金宮出土壁畫激發靈感而作的穴怪圖。

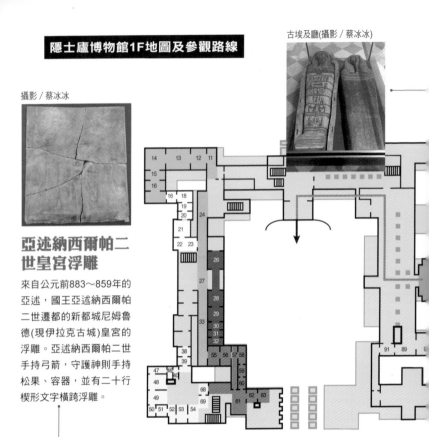

古埃及廳(攝影 / 蔡冰冰)

隱士廬博物館1F地圖及參觀路線

攝影 / 蔡冰冰

亞述納西爾帕二世皇宮浮雕

來自公元前883～859年的亞述，國王亞述納西爾帕二世遷都的新都城尼姆魯德(現伊拉克古城)皇宮的浮雕。亞述納西爾帕二世手持弓箭，守護神則手持松果、容器，並有二十行楔形文字橫跨浮雕。

經典名畫攻略

位於參謀總部大樓東翼的分館展出大量野獸派、抽象派、印象派館藏，動線清楚、設置名家個人展廳，與冬宮本館相比知名度不高、遊客不多，推薦愛畫的朋友早上來此，從4樓開始欣賞經典傑作，下午再逛冬宮。(by旅遊達人D先森)

梵谷作品《紫丁香花叢》

高更作品《手拿水果的女人》

Центр города

188

大花瓶廳

二十柱廳

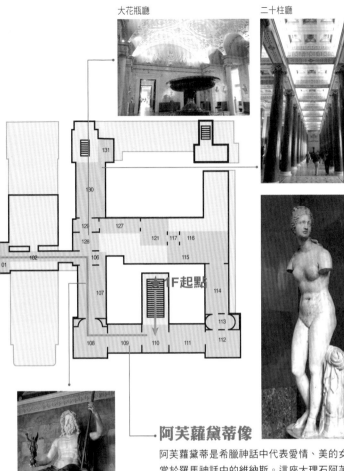

攝影／蔡冰冰

阿芙蘿黛蒂像

阿芙蘿黛蒂是希臘神話中代表愛情、美的女神，相當於羅馬神話中的維納斯。這座大理石阿芙蘿黛蒂像來自公元前二至三世紀的古希臘，高167公分，為俄羅斯第一座收藏的女性雕像古物，開啟了俄羅斯帝國收藏雕像古物的先河。

朱比特廳 (攝影／黃翎)

馬諦斯作品《舞蹈》

莫內作品《蒙特吉農花園一角》

宮殿廣場
Дворцовая площадь

宮殿廣場位於冬宮前,是聖彼得堡最主要的廣場。羅曼諾夫王朝末年俄羅斯局勢動盪不安,1905年1月22日數萬名工人由聖彼得堡各地湧入這片廣場,準備向沙皇請願改革社會與政治制度,卻不幸被政府以軍警武力鎮壓,造成1千多人死傷,史稱「血腥星期日」事件。第一次世界大戰1917年間,各界大規模罷工發起二月革命致使尼古拉二世退位後,列寧、史達林等避居國外或被流放的共產黨核心人物紛紛返回首都,11月7日晚上,列寧領導紅衛兵隊員、士兵及民眾從這裡包圍冬宮,推翻臨時政府,史稱「十月革命」。宮殿廣場因重要歷史地位,現已名列聯合國教科文組織世界文化遺產。見證過羅曼諾夫王朝的輝煌與覆亡,尼古拉一世為紀念胞兄亞歷山大一世戰勝拿破崙於1829～1834年間在廣場上建造的亞歷山大柱(Александровская колонна)依然聳立,與冬宮同為俄羅斯帝國黃金歲月的珍貴遺址。

可經凱旋門前往宮殿廣場

海軍總部大廈
Адмиралтейство

冬宮旁的海軍總部大廈最初為1704年彼得一世親自設計Π字型建築及塔樓，在此開始造船、建立俄國海軍，後於1728～1738年間經設計師寇洛勃夫(Иван Кузьмич

Коробов)整建、1805～1823年札哈羅夫(Андреян Дмитриевич Захаров)翻修，一改傳統古典主義建築的壯麗氣派風貌，以莊嚴簡潔風格象徵海軍英勇精神，是世界建築史上公認的傑作。

參謀總部大樓
Здание Главного штаба

這座建築師羅西(Карл Иванович Росси)設計的弧形大樓建於1819～1829年間，中央的1812衛國戰爭凱旋門與東西兩翼總長580公尺，原為帝俄政府參謀總部、國防部、外交部與財政部所在地，現除東翼隸屬隱士廬博物館編制外，其餘仍屬軍方管轄。鵝黃、白、黑三色的新古典主義大樓，與廣場對面天藍、白、鵝黃三色的冬宮巴洛克式建築互相輝映，非常和諧。

到服務台拿地圖

購票後,可到服務台拿中文地圖,參考官方地圖上標明的館方推薦展品、展室,配合本書地圖規畫參觀行程,相信你在這座美不勝收的寶庫裡,會更如魚得水、悠遊自得。

保護館藏的貓警衛

早在冬宮成立初期,為保護收藏品,凱薩琳二世下令養貓防鼠,獨特傳統迄今已近250年,現有50~60隻貓警衛,每隻都有取名,為正式編制職員,享有專人照顧、專用廚房及小醫院等員工福利。展館開放時,貓警衛多待在地下室,偶爾會到宮殿堤防或廣場上散步。

館內附設劇院

艾爾米塔什劇院昔時為皇室家庭劇院,現在常有歌劇團、芭蕾舞團至此演出;雖舞台較小,親臨宮廷劇院感覺相當特別,節目表可事先從博物館網站查詢,再至線上訂票網站訂購,或委託辦理簽證的旅行社代購。

2樓展示廳的絕佳視野

冬宮一面濱臨涅瓦河、一面朝向宮殿廣場,2樓宮殿廳房大片玻璃窗採光良好,也提供絕佳角度欣賞風景。

新艾爾米塔什門口的巨人

新艾爾米塔什古時為隱士廬博物館入口,8座撐起門廊的Ατλας阿特拉斯式巨人雕像非常壯觀,值得前往一看。阿特拉斯或譯亞特拉斯,是希臘神話提坦神族的擎天神,因反抗宙斯失敗,被降罪在世界最西處支撐蒼天;阿特拉斯形象為歐洲傳統建築特色之一,傳說摸著從戰神廣場方向數來第二座巨人的左腳大姆指許願會成真,吸引很多年輕人前來許願;新人婚禮當天也會來摸巨人腳趾,祈求婚姻美滿、小孩聰明可愛。

從190室音樂會廳可見瓦西里島

從289室白廳可眺望宮殿廣場

與眾不同的東正教教堂

聖以薩大教堂

Музей-памятник
«Исаакиевский собор»

- ✉ Исаакиевская площадь, 4
- ☎ (812)315-9732
- 🕐 教堂週四～二10:30～18:00 (17:30售票截止)，週三休館，4月27日～9月30日夏季夜間延長開放時間為18:00～22:30 (22:00售票截止) / Колоннада觀景台每天10:00～18:00 (17:30售票截止)，4月27日～9月30日夏季夜間延長開放時間為18:00～22:30 (22:00售票截止)，11月1日～4月30日每月第三個週三休館
- 💲 成人票350p，學生票200p，觀景台票200p，語音導覽租借200p
- http www.cathedral.ru
- ➡ 地鐵藍線Невский проспект站、綠線Гостиный Двор站或藍線Сенная площадь站或紫線Адмиралтейская站
- MAP P.183

聖以薩大教堂

高懸外牆的雕塑

　　聖以薩大教堂由亞歷山大一世下令興建，以彼得一世的主保聖人──彼得一世生辰適逢紀念日的東正教聖人聖以薩(Исаакий Далматский)為名，是聖彼得堡建築古典主義時代晚期代表作之一。

　　此教堂由建築師蒙菲郎(Анри Луи Огюст Рикар де Монферран)設計、尼古拉一世親自監工，集維塔利(Иван Петрович Витали)、寇特(Петр Карлович Клодт)等名家雕塑，布魯尼(Федор Антонович Бруни)、勃留洛夫(Карл Павлович Брюллов)、雪布耶夫(Василий Кузьмич Шебуев)、里斯(Франц Николаевич Рисс)等傑出畫家繪製壁畫、設計馬賽克，1818年開始至1858年完工，耗時40年，工程浩大。

　　聖以薩大教堂高達101.5公尺，長、寬皆近100公尺，二戰時期為避免敵機襲擊，直徑達25.8公尺的中央穹頂曾漆成灰色。宏偉的花崗石柱多達112根，並以大理石、孔雀石、天青石、斑岩及其他貴重金屬裝飾，除古典主義，亦兼具新文藝復興主義、拜占庭風格與折衷主義特色，氣勢磅礡華麗，呈現不同往昔東正教教堂的新風貌。

　　如今，教堂左側禮拜堂平日仍有教會服務，大廳則作博物館開放參觀，有語音導覽可租用，旅遊旺季也有團體導覽可報名參加。教堂室內面積逾4平方公里，重要節慶時可容納1萬4千人進行禮拜，是聖彼得堡最大的東正教教堂。

聖像屏相當罕見地以白、金、綠為主色，畫風完美融合傳統東正教藝術與相對前衛的歐式風格

王門上方《最後的晚餐》以文藝復興風格繪製耶穌與十二門徒面容，筆觸柔美，襯上金飾顯得特別溫暖；前後交錯的配置，更賦與畫面豐富的層次感

王門右側第2幅聖像為聖以薩，平時的天使長米迦勒移至聖以薩上方

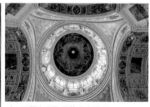

(左) 王門左側聖母像雍容溫柔
(右) 穹頂內的壁畫

旅行小抄

螺旋石梯需步步為營

聖以薩大教堂觀景台設置獨立入口，塔樓室內的螺旋狀石階梯梯近200階，教堂第一層頂部上則為懸空的室外金屬樓梯，建議爬樓梯時小心步伐以策安全；觀景台上可飽覽聖彼得堡市中心景致，很適合拍照，並有俄文語音解說廣播。

(右) 石階旋轉弧度不小，走太快容易頭暈
(下) 尼古拉一世紀念像、聖彼得堡市議會面景觀

聖以薩大教堂周邊

尼古拉一世像
памятник Николаю I

這座紀念像是雕塑家寇特(Петр Карлович Клодт)作品，雕像後正對聖以薩大教堂處為尼古拉一世之女瑪麗亞公主(Мария Николаевна)的寢宮瑪林斯基宮殿(Мариинский дворец)，現為聖彼得堡市議會。尼古拉一世紀念像往瑪林斯基宮殿方向，有片空地，如無特別觀察，很難發現這是一座橋梁──寬達97.3公尺的藍橋(Синий мост)，是聖彼得堡最寬的橋梁。

📧 Исаакиевская площадь

➡️ 地鐵藍線Невский проспект站、綠線Гостиный Двор站或藍線Сенная площадь站、橘線Спасская站、紫線Садовая站

🗺️ P.183

瑪麗亞公主曾為帝國藝術學院院長，此為宮廷畫家法蘭茲所繪肖像，藏於隱士廬博物館

青銅騎士像

памятник Медный всадник

✉ Сенатская площадь

➡ 地鐵藍線Невский проспект站、綠線Гостиный Двор站或紫線Адмиралтейская站

🗺 P.183

蘇里可夫所繪的《聖彼得堡聖以薩廣場彼得一世紀念像》

青銅騎士像為法國雕塑家法爾科耐(Étienne Maurice Falconet)的代表作之一。女皇凱薩琳二世因以彼得一世的繼承人自居,特別下令鑄造這座彼得一世紀念像,於1782年8月7日執政20週年紀念舉行落成典禮。由於俄國文豪普希金詩作《青銅騎士》名聞遐邇,彼得一世紀念像後來便以此命名,許多俄國藝術作品亦以此雕像為創作題材。

相傳1812衛國戰爭年間,亞歷山大一世因擔心戰火波及聖彼得堡,曾下令將城內最重要藝術品移往他處;當時一名少校巴圖林(Батурин)不斷夢見青銅騎士動起來、走過聖彼得堡街道抵達亞歷山大一世寢宮,向皇帝說:「年輕人,你把我的俄羅斯帶成什麼樣子了?不過,只要我還在,我的城市就一無所懼!」亞歷山大一世聞此,便取消了遷移計畫。

青銅騎士英姿風發,落成以來一直是彼得一世的經典形象。彼得一世面向瑞典揮手,正巧紀念戰功輝煌的瑞典大北方戰爭;而瑞典首都斯德哥爾摩市中心的卡爾十二世騎馬紀念像則望向俄羅斯,生前為敵的君王逝世後,紀念像竟也遙相呼應,輝映成趣。

這是俄國第一座帝王騎士像,前腳奮起的駿馬代表俄國,被踏死的大蛇意指改革維新的阻礙,象徵俄國在彼得一世領導下突破困難、開創新局

知識充電站

不滿帝俄政府──十二月黨人起義

亞歷山大二世廢除農奴制後，工業迅速發展，聖彼得堡開始出現富有的中產階級。主張西化、縮短貧富差距的歐洲派與主張維護傳統本土派爭執不休，各種社會問題日趨嚴重；在歐洲啟蒙、自由主義思想衝擊下，繁華先進的西歐與傳統的俄羅斯形成強烈對比，許多貴族、軍官、知識分子開始對帝俄政府感到不滿。1825年沙皇亞歷山大一世駕崩，尼古拉一世繼位不久，貴族、官兵便在12月14日武裝起義；史稱參與活動的義士為十二月黨人，這次武裝起義則稱為十二月黨人起義。

詩人殞落最後的家

普希金故居紀念館

Мемориальный Музей-квартира А.С.Пушкина

- ✉ наб. Мойки, 12
- ☎ (812)571-3531
- 🕐 週三~一10:30~18:00(17:00售票截止)，週二休館，每月最後一個週五封館維修，不對外開放
- 💲 成人票380p (已含俄語導覽費用，場次見現場公告)，學生票210p，業餘攝錄影票(禁用閃光燈、自拍棒) 200p，館內需遵循導覽參觀，如不參加每小時的20人俄語團體導覽，需另租借英語語音導覽210p；2月10日普希金逝世紀念日、5月18日國際博物館節及6月6日全俄普希金紀念日免費開放
- 🌐 www.museumpushkin.ru (俄)
- ➡ 地鐵藍線Невский проспект站或綠線Гостиный Двор站往канал Грибоедова出口，沿涅夫斯基大街走至Набережная Мойки後右轉，沿河走經宮殿廣場旁橋邊(此橋與宮殿廣場互通非常方便)，再往前幾十步即見
- 🗺 P.183

1831年俄國著名詩人普希金婚後，偕妻在莫斯科阿爾巴特街上暫居3個月，便搬遷至首都聖彼得堡；先至沙皇村租賃別墅度夏，而後才移居來此。普希金於此創作出《普加喬夫史》《黑桃皇后》《青銅騎士》《葉甫蓋尼·奧涅金》《上尉的女兒》等經典作品，館內展示當時的廳房面貌、日用品、書信、普希金遺容像與決鬥所穿衣服等文物，兒童房的時鐘迄今依然準確報時，在此彷彿時光倒流，回到詩人一家居住的年代。

普希金雖已為名作家，家境卻不富裕，常為經濟問題所困；妻子娜塔莉亞·岡察洛娃美貌絕倫，沙皇尼古拉一世為邀請娜塔莉亞跳舞替宮廷宴會增色，曾

普希金紀念像與羽毛筆

197

特地封普希金為宮廷隨從(камер-юнкер，一般年輕貴族子弟的初級官職)，詩人受限養育妻兒的現實考量，無力抗拒沙皇所賜，只好更加努力工作；娜塔莉亞依俄國習俗編織贈夫招財的錢包置於臥室梳妝檯抽屜，除顯露家中經濟窘困，也可見俄國第一美女體貼夫婿的一面。

決鬥負傷，走向人生終點

然而，娜塔莉亞頻繁的社交活動與傾城姿色引發法國軍官丹特斯熱烈追求，普希金無法忍受謠言甚囂塵上，為捍衛妻子名譽，向丹特斯要求決鬥。不幸在1837年1月27日那場決鬥中，普希金身負重傷。詩人受傷的消息傳開後，許多民眾聚於居所外為其祈禱；為方便醫生治療與至親好友探視，他的床被移置書房，1月29日(俄羅斯舊曆)下午2點45分逝世時，書房時鐘便由摯友朱可夫斯基(Василий Андреевич Жуковский)停下指針。迄今每年普希金逝世紀念日，聖彼得堡市政府與俄羅斯學界都會在此聯合舉行追悼儀式，於2點45分默哀，紀念這位俄國最偉大的詩人。

(左) 進門後，售票處位於左側
(右) 紀念館大門並不明顯，因坐落於日本大使館對面，可找顯眼的日本國旗對照

旅 行 小 抄

選購紀念品
紀念館入口位於靠河面，入館後需穿鞋套，方可開始參觀；館內附設紀念品店與洗手間皆在此。

館內附設簡餐店，並提供英文對照菜單

解放者沙皇亞歷山大二世的紀念

浴血復活大教堂

Музей-памятник «Спас на крови»

✉ набережная канала Грибоедова, 2б, литер «А»

☎ (812)315-1636

🕐 週四～二10:30～18:00(17:30售票截止)，4月27日～9月30日夏季夜間延長開放時間為18:00～22:30 (22:00售票截止)

休 週三

💲 成人票350p，學生票200p，語音導覽租借200p

http www.cathedral.ru

➡ 地鐵藍線Невский проспект站或綠線Гостиный Двор站往канал Грибоедова出口，右轉至канал Грибоедова即見

MAP P.183

絢爛圓頂富俄國中世紀教堂特色，與莫斯科紅場聖瓦西里大教堂略有異曲同工之妙

浴血復活大教堂(Храм Воскресения Христова Спас на крови)是為緬懷亞歷山大二世特別建造的紀念教堂。1881年3月1日，亞歷山大二世在此被一名革命運動分子投擲炸彈重傷，送返冬宮1個多小時後駕崩。亞歷山大二世駕崩翌日，聖彼得堡市議會便向亞歷山大二世之子──皇儲亞歷山大三世提請興建紀念碑或禮拜堂，亞歷山大三世表示希望興建教堂；興建浴血復活大教堂前，由聖彼得堡富商出資，1881年4月17日在此地建成禮拜堂追悼亞歷山大二世。

籌建教堂時，亞歷山大三世認真審視公開競選的諸多名家設計，並因要求教堂具備俄羅斯特色、尤以17世紀亞羅斯拉夫教堂風格為佳，辭退頭2次甄選的所有投稿，終由帕爾蘭德(Альфред Александрович Парланд)這件瑰麗獨特的作品脫穎而出。1883年起建築工程以民間捐款開始興建；採用當時新興先進科技，在教堂

亞歷山大二世遇刺處設置了祭壇，壇內保留濺上沙皇鮮血的石砌地面；祭壇正上方即鐘樓金頂

配置電路，以1689顆燈泡提供照明，耗資460萬盧布、費時24年；1907年8月6日落成時，尼古拉二世特地偕皇室成員出席啟用祝聖大典。

二戰期間一度充當太平間

然而，因教堂落成後隸屬政府資產，僅供宮廷政府成員追思亞歷山大二世或聆聽布道，不公開民眾禮拜引發許多爭議，後於1930年10月30日關閉；二戰

教堂聖像屏與左右聖像架為石造，雖與傳統中世紀木造型式不同，仍帶濃厚俄羅斯風格

期間，列寧格勒圍城戰時，這裡一度充當太平間停放市民屍體，戰後移作小歌劇院(Малый оперный театр)倉庫。至1960年代，教堂長期未經維護已嚴重損毀；在聖以薩大教堂博物館館長布奇科夫(Георгий Бутиков)大力奔走下，才將此地編制為博物館並開始整修。蘇聯時期，因修復工程耗時甚久，列寧格勒市民曾戲稱：「想等浴血復活大教堂修好，就等蘇聯垮台吧！」不料一語成讖，教堂初次落成90年後，才於1997年8月19日修復完畢，對外公開、還諸於民。如今這座美麗的教堂是聖彼得堡市中心最熱門觀光景點之一，旺季總是人潮不絕。

戰神廣場周邊

夏日花園
Летний сад

夏日花園是1704年彼得一世親自參與規畫的花園，原為修築皇家夏日宮邸所建的荷蘭巴洛克式花園，以彼得一世從義大利運回的雕像點綴於林間，建造了聖彼得堡最早的噴泉，是舉辦宮廷宴會、煙火表演用地，只有彼得一世邀請賓客方得入園；1752年起，才逐漸開放民眾入園遊覽。夏日花園是聖彼得堡市中心18世紀初期的庭園建築代表之一，不少俄羅斯藝術作品皆曾描繪這座美麗的花園。

✉ Летний сад　　　http rusmuseum.ru　　　MAP P.183

🕐 5月1日～9月30日夏季週三～一10:00～22:00(21:30入園截止)，10月1日～3月31日冬季週三～一10:00～20:00(19:30入園截止)，週二休園；4月雪季休園

➡ 地鐵綠線Гостиный Двор站往Садовая улица出口，沿Садовая улица往涅瓦河方向走(門牌號碼遞減)，過1-я Садовый мост橋右側即夏日花園

將士英靈長眠之地

戰神廣場

Марсово поле

- ✉ Марсово поле
- ➡ 地鐵綠線Гостиный Двор站往Садовая улица出口，沿Садовая улица往涅瓦河方向走(門牌號碼遞減)，過1-я Садовый мост橋左側即戰神廣場
- 🗺 P.183

18世紀初原為校閱軍隊用地，後因設置常勝將軍蘇瓦洛夫紀念像，沿襲古羅馬與巴黎戰神廣場之意，命名為戰神廣場。1918～1944年間，因二月革命義士、

1918年亞羅斯拉夫起義義士下葬於此，一度改名為革命殉道者廣場(площадь Жертв революции)，並移作蘇聯政府官員與黨工下葬用地；而後1920～1923年闢建公園，1933年設置革命戰士紀念碑，1956年在紀念碑中央點燃不滅之火，象徵永恆的追思。

(左) 大諾夫哥羅德與莫斯科不滅之火皆取於此
(右) 革命戰士紀念碑

蘇瓦洛夫紀念像
памятник Суворову

蘇瓦洛夫是俄國著名將領、軍事家，著有《致勝的科學》軍事學名著。蘇瓦洛夫一生戰功輝煌，出征未嘗敗績，1799年以70歲高齡遠征瑞士，攻伐法軍凱旋後，帝俄政府為其設立紀念像；這座紀念像為雕塑家卡茲洛夫斯基(Михаил Иванович Козловский)所作，落成於1801年5月5日，原置於戰神廣場，後依建築師羅西之建議，移至聖三一橋前，這片空地從此定名為蘇瓦洛夫廣場。

- ✉ Суворовская площадь
- ➡ 地鐵綠線Гостиный Двор站往Садовая улица出口，沿Садовая улица往涅瓦河方向走(門牌號碼遞減)，過1-я Садовый мост橋經戰神廣場繼續往前，近涅瓦河Троицкий мост聖三一橋前即見
- 🗺 P.183

紀念像保存良好，就連二戰期間也未受戰火波及

特設紀念館，毋忘871天圍城

列寧格勒圍城防禦紀念館

Государственный мемориальный музей обороны и блокады Ленинграда

✉ Соляной пер., 9

☎ (812)275-7547

🕐 整修前週四～一10:00～18:00 (17:00售票截止)，週三12:30～20:30 (19:30售票截止)，預計2020年3月整修完工，重新對外開放

🚫 週二及每月最後一個週四封館維修

💲 成人票250p，學生票60p，語音導覽租借300p

🌐 blokadamus.ru (俄)

➡ 地鐵紅線Чернышевская站或綠線Гостиный Двор站

🗺 P.183

　　列寧格勒圍城戰(Блокада Ленинграда)始於1941年8月下旬，希特勒下令以32個步兵師、4個坦克師、4個摩托化步兵師、1個騎兵旅、6,000門大炮、4,500門迫擊炮及1千多架飛機猛烈攻擊列寧格勒，德軍與其芬蘭援軍試圖迅速攻城失敗後，轉而封鎖此地。

　　出乎敵軍所料，受困的列寧格勒全城團結不屈，100萬人出城建立防線後，每日4萬5千民眾參與城外防禦工事，封鎖後第1個冬春仍有10萬餘人自願從軍；市民不顧炮火轟炸，忍飢抵死堅守工廠，為前線提供武器、裝備、服裝與彈藥，直至1944年1月27日蘇軍驅逐南面德軍，這場長達871天、列寧格勒軍民150萬人死亡的圍城戰才獲勝利。特別為這場戰役所設立的紀念館，以照片、日用品、軍備等文物，展示這場世界史上最血腥戰役的各種面貌。不少歷史學家閱畢殘酷的畫面後，稱此役為納粹德國對蘇聯實施種族滅絕。

列寧格勒圍城防禦紀念館周邊

漢科島戰役將士紀念牆
Доска в честь защитников о. Ханко

漢科半島位於芬蘭境南，於1940年芬蘭與蘇聯簽訂結束冬季戰爭的莫斯科和平協定中，租借給蘇聯作為防衛列寧格勒的海軍基地30年；1941年6月22日開戰後，漢科島曾為蘇聯遏止德軍與芬蘭軍往列寧格勒逼近的防衛重地，後因冬季港口冰封失去戰略優勢，同年12月2日將蘇聯漢科駐軍撤至列寧格勒。

✉ ул. Пестеля, 11

🗺 P.183

Центр города

令人不忍的列寧格勒戰史

聖彼得堡風光明媚、處處古蹟，一派悠閒祥和的氣氛，很難想像二戰時期近乎地獄般的慘烈困境。當時，列寧格勒南、北方各遭德軍、芬蘭軍包圍，所有聯外路線皆被斷，遭受猛烈炮轟、空襲，公共設施、飲用水、能源及糧食供應摧毀，全城陷入空前的大饑荒。

1941年末，同盟國英國首相邱吉爾要求芬蘭元帥及軍隊基於人道主義開通鐵路運糧，援助飢民，但事與願違，除了空投，蘇軍僅能穿越拉多加湖湖面供應市內糧食與軍事物資，以及撤出平民、士兵。此聯外路徑冬季運輸常遇霜困、冰封湖面易受德軍炮轟破裂，死亡率極高，卻為列寧格勒全城命脈、唯一的生命之路。

列寧格勒糧食短缺，每天僅配給僅工人250克、平民125克麵包，63萬2千餘名平民死於饑荒，運屍成為日常生活的一部分；燃料耗盡後，刺骨嚴寒迫使居民冬夜焚燒藏書或家用品以防睡夢中凍死。著名的坦雅‧薩維切娃日記，便是這位11歲女孩寫下祖母、舅父、父母和兄弟死亡日期紀錄；最後她失去希望，寫道：「大家都死了。」「只剩下坦雅一個人。」讀之令人鼻酸。造訪二戰景點憑弔英靈我總是不能不哀傷，而列寧格勒，更是沉重得幾近落淚。

聖彼得堡最大俄羅斯藝術藏館

俄羅斯美術館

Русский музей

✉ Инженерная ул. 4　📞 (812)595-4248

🕐 週一10:00～20:00(19:30售票截止)，週三、五、六、日10:00～18:00 (17:30售票截止)，週四13:00～21:00(20:30售票截止)

休 週二

💲 成人票500p，學生票250p，俄籍成人票400p，俄籍學生票170p

🌐 rusmuseum.ru

➡ 地鐵綠線Гостиный Двор站往Садовая улица出口，沿Садовая улица往涅瓦河方向走(門牌號碼遞減)，至Итальянская улица左轉走幾十步即見美術館前藝術廣場

MAP P.183

俄羅斯美術館原名亞歷山大三世俄羅斯美術館，係1895年尼古拉二世為紀念亡父亞歷山大三世所建，是俄國第一座國立俄羅斯藝術品收藏館。1898年3月19日(古俄歷3月7日)落成開幕，1917年羅曼諾夫王朝覆滅後改名俄羅斯美術館。館內收藏俄羅斯自古以來近40萬件繪畫、雕塑作品，是世界上最大的俄國藝術品美術館之一，18～20世紀初名家經典畫作收藏特別豐富，值得雅好繪畫藝術者前往參觀。

勃留洛夫作品《義大利正午》

列維茲基作品《凱薩
琳二世──正義殿堂
中的立法者》

蘇里可夫作品《蘇瓦洛
夫越嶺阿爾卑斯山脈》

俄羅斯美術館周邊

藝術廣場
площадь Искусств

這片廣場位於米哈伊洛夫宮殿前，原名為米哈伊洛夫廣場，後經幾次更名，才於1940年定名為藝術廣場；廣場中央的普希金紀念像為雕塑家阿尼庫施因(Михаил Константинович Аникушин)1949～1957年間作品，造型生動瀟灑，被視為詩人的經典形象之一。

✉ площадь Искусств　　MAP P.183

俄羅斯美術館、喀山大教堂

前所未有的迴廊教堂建築
喀山大教堂
Казанский собор

✉ Невский проспект, 25
☎ (812)314-4663
◷ 每天06:30～20:00
🌐 www.kazansky-spb.ru (俄)
➡ 地鐵藍線Невский проспект站或綠線Гостиный Двор站往канал Грибоедова出口,涅夫斯基大街斜對面
🗺 P.183

大教堂得名於供奉的喀山聖母像

　　喀山大教堂坐落於繁華的涅夫斯基大道上,1733～1800年間原為巴洛克風格的聖母降世教堂(церковь Рождества Пресвятой Богородицы),是凱薩琳二世之子保羅一世舉行婚禮的教堂;當時俄羅斯帝國戰事仍頻,也常在此慶祝俄軍作戰勝利。18世紀中葉起籌備多次的翻修計畫,最後由建築師伏洛尼辛(Андрей Никифорович Воронихин)奪魁,1801年8月27日亞歷山大一世親臨奠基典禮致意,耗資470萬盧布修築,1811年9月15日峻工落成。

　　伏洛尼辛的設計,除遵循東正教教堂祭壇向東、大門朝西規定,在涅夫斯基街面亦建立弧形側翼柱廊,與市中心相互呼應,且延續古典主義風格保留廣場,使大教堂與涅夫斯基大道的空間交會融洽,堪稱19世紀俄羅斯經典建築之一。

與軍方淵源深厚

　　喀山大教堂是俄羅斯重要的軍方教堂,俄軍元帥庫圖佐夫1812年俄法戰爭出征前便來此祈禱,戰後這裡保存了法軍旗幟、法軍將領達武的權杖、俄軍攻下的法國堡壘或城市鑰匙;1813年庫圖佐夫於遠征中病逝,遺體經防腐處理後,運回俄羅斯並下葬於此。為慶祝俄法戰爭勝利20週年,教堂左右迴廊前設立了雕塑家歐爾洛夫斯基(Борис Иванович Орловский)所作的俄法戰爭名將庫圖佐夫、巴克萊‧德托利紀念像(Михаил Богданович Барклай-де-Толли)。此外,作曲家柴可夫斯基的喪禮亦在此舉行。如今喀山大教堂仍為聖彼得堡地位最崇高的大教堂之一,入內需遵循各種參觀禮節。

聖彼得堡最重要的交通動脈
涅夫斯基大街
Невский проспект

✉ Невский проспект

➡ 地鐵藍線Невский проспект站、綠線Гостиный Двор站；紅線Площадь Восстания站、綠線Маяковская站；橘線或綠線Площадь Александра Невского站

🗺 P.183

(左) 起義廣場英雄城市紀念碑
(右) 在涅夫斯基大街上寫生的畫家

　　涅夫斯基大街又譯作涅瓦大道，是聖彼得堡市中心主幹道，除市內交通運輸，也是聖彼得堡往莫斯科方向的要道；從海軍總部大廈至亞歷山大・涅夫斯基修道院全長約4.5公里，Гостиный Двор百貨公司路段寬達60公尺，最窄的Мойка河邊也有25公尺，路面相當寬闊。涅夫斯基大街完工後，一直是聖彼得堡市中心最主要的交通道路，許多俄國文學、藝術作品皆提及此路，不少電影亦在此取景；兩側景點、商店、餐廳林立，是聖彼得堡觀光旅遊、市民休閒娛樂的精華地段。

大街14號二戰時政府在敵機較常轟炸一側標示「市民注意！此側街道砲擊危險！」遺跡

①第56號這棟房子曾為著名商人格里高利・耶立謝耶夫承租，是莫斯科特維爾大街耶立謝耶夫超市的前身，設計融合新藝術主義與折衷主義，是涅夫斯基大街著名的華樓之一。1樓耶立謝耶夫超市現已復業，非常值得一遊

普魯士公主成為俄羅斯大帝的傳奇

俄羅斯帝國諸多女皇中，我最欣賞凱薩琳二世充滿傳奇的一生。

閨名蘇菲亞(Sophie)的凱薩琳二世原是普魯士公爵之女，16歲與彼得三世結婚並皈依東正教後，改名凱薩琳(Екатерина，俄語音譯為葉卡捷琳娜)。彼得三世執政時，因其領導無方、厭惡俄羅斯文化，朝廷出現反對他的聲浪；相對凱薩琳自抵達俄羅斯後，致力學習俄語、廣泛閱讀，熱愛俄羅斯的形象，使她贏得許多支持。由於兩人的政治婚姻毫無愛情，雙方各擁情人；彼得三世繼位後，更將凱薩琳遠隔於冬宮末端，公開情婦，皇后地位岌岌可危。凱薩琳基於多方考量終與擁護者發動政變，篡基為女皇凱薩琳二世。

凱薩琳二世上台後，與伏爾泰、狄德羅等思想家交往密切，奉行彼得的西化改革，完善多項公共建設，頒布法典實施開明專制，並瓜分波蘭，發動俄土戰爭取得黑海地帶。因其任內擴張領土、俄羅斯國力日益強盛、地位躍居歐洲列強之一，被尊為凱薩琳大帝，她是俄國歷史上三位大帝之一(另兩位為伊凡三世、彼得一世)。除了景仰這位沒有俄國血統卻熱愛俄羅斯的女皇，俄國人接納女皇、不因其出身否認功績的氣度也讓我特別讚賞。

貴重珠寶向女皇致敬
凱薩琳二世像
Памятник Екатерине II

✉ площадь Островского
➡ 地鐵綠線Гостиный Двор站往Садовая улица出口，沿涅夫斯基大街往門牌號碼遞增方向走幾分鐘即見
🗺 P.183

雖然凱薩琳二世任內已婉拒朝臣設置紀念像的提議，女皇逝世後，為紀念其功勳，帝俄政府19世紀初計畫在沙皇村設立紀念像；後因市中心此地更加理想，1873年便在此建造了女皇紀念像。相傳，為這座紀念像舉行奠基典禮時，一名觀禮貴婦為向女皇致最高敬意，摘下鑽戒拋入土坑；此舉引發旁人效尤，名流皆取下貴重珠寶拋入坑內，典禮甚至因群眾的熱情捐獻略有延遲。不少人相信，那些珠寶如今仍深埋凱薩琳二世紀念像之下，成為凱薩琳大帝永遠的寶藏。

雕塑家米凱辛設計的女皇雕像由雕塑家齊究夫完成，下以俄國18世紀後半葉名人雕像環繞

作家故居與生平文物展覽

杜斯妥也夫斯基紀念館

Литературно-мемориальный музей Ф.М.Достоевского

- ✉ Кузнечный переулок, 5/2
- ☎ (812)571-4031(平日11:00～17:00)
- ⏰ 週二、四～日11:00～18:00(17:30售票截止)，週三13:00～20:00(19:30售票截止)
- 休 週一及國定假日
- 💲 成人票150p，學生票50p，外籍成人票250p，外籍學生票100p，攝影、錄影不收費
- http www.md.spb.ru ＭＡＰ P.183
- ➡ 地鐵紅線Владимирская站或橘線Достоевская站，出地鐵後沿教堂旁Кузнечный переулок門牌號碼遞增方向走，至ул. Достоевского路口旁即見

紀念館入口為地下室

杜斯妥也夫斯基(Федор Михайлович Достоевский)是俄國著名小說家，其作品探討人性、善惡等深層心理轉折，充滿哲思發人深省，對俄羅斯乃至世界文壇產生了深遠的影響。

杜斯妥也夫斯基24歲發表處女作《窮人》，立刻轟動文壇，隔年短期租賃此處時已為知名作家，但他的人生隨後出現許多波折，被控為反政府分子判處死刑，在行刑前突然改判流放西伯利亞，隨後在流放時結識妻子，結束流放在當地服軍役時成婚。告別10年的西伯利亞生涯，杜斯妥也夫斯基沉迷賭博，妻子、兄長相繼去世後，結識助理再婚，為躲避債主倉惶出國，最後終於戒賭恢復安定的生活。1878年10月初杜斯妥也夫斯基再次遷入舊居，創作出名著《卡拉馬助夫兄弟們》，並與家人在此生活直至1881年1月28日逝世。

雖然蘇聯時期這間公寓曾被改為集體宿舍，1968年已根據作家友人描述進行原貌復建工程，並於1971年11月11日杜斯妥也夫斯基誕辰150週年落成開幕。

(上) 館方提供團體導覽、語音導覽租借服務，廳室門口有解說牌可取閱

(右) 修復的作家故居風貌

巧奪天工皇室珠寶復活節彩蛋

法貝熱博物館

Музей Фарбеже

✉ набережная реки Фонтанки, 21

☎ (812)333-2655

🕐 每天10:00～20:45

💲 附俄語團體1小時導覽成人票700p (最後一場為17:00)，無導覽成人票450p，租借語音導覽250p、押金1,000p，入口處有QR Code供手機或平板掃描英語導覽

🌐 fabergemuseum.ru/en

➡ 地鐵綠線Мояковская站或Гостиный двор站

🗺 P.183

聞名世界的珠寶師彼得·卡爾·法貝熱(Петер Карл Густавович Фаберже)在1846年生於聖彼得堡，父親彼得·古斯塔夫·法貝熱是擁有法國血統、從愛沙尼亞搬到聖彼得堡的德籍創業珠寶商，母親則是丹麥藝術家之女莎洛塔·詠詩婕。

彼得·卡爾·法貝熱曾遊歷歐洲於德勒斯登就學，而後跟隨法蘭克福珠寶師優捷夫·弗林德曼學習珠寶工藝，並於24歲返回俄國繼承家業。

法貝熱珠寶公司於1882年莫斯科全俄工藝展上獲得亞歷山大三世垂青，彼得·卡爾·法貝熱獲封皇家珠寶師，受命製作皇室自用及致贈英國、德國、丹麥等皇室的禮物，所製精緻美麗的珠寶工藝深獲俄國及歐洲皇室的喜愛，1990年於巴黎受封法國榮譽軍團勳章。

每年為皇室製作復活節彩蛋

法貝熱公司諸多傑作中，最聞名的莫過於自1885年起至1917年羅曼諾夫王朝覆滅，每年為俄國皇室製作的復活節彩蛋。從一開始亞歷山大三世送給皇后的復活節驚喜，到尼古拉二世送給皇太后及皇后的禮物，每個彩蛋都耗時一年，由彼得·卡爾·法貝熱

菸草盒設計別出心裁(攝影／陳迪)

舒瓦洛夫宮殿建築本身亦值得一看，入內需穿鞋套保護古蹟(攝影/陳迪)

及其珠寶公司米哈伊爾・培爾辛(Михаил Перхин)、阿古斯特・霍爾斯特隆(Август Хольстром)、肯立克・維格斯特隆(Генрик Вигстром)、耶立克・科林(Эрик Коллин)等菁英珠寶師合力創作，美麗絕倫、極盡巧思，令人歎為觀止；而為歐洲政商名流打造的復活節彩蛋則較簡單，且多仿效俄國皇室款、非特地原創，故未一一登記在案。

法貝熱博物館為俄國《時代的聯繫》文史基金會(культурно-исторический фонд «Связь времен»)獲得美國鉅商福布斯(Malcolm Stevenson "Steve" Forbes Jr.)精采的法貝熱收藏，並修復19世紀的舒瓦洛夫宮(Шуваловский дворец)後創設。

除了匠心獨具的彩蛋，這裡亦展出葊草盒、餐具、時鐘等精美法貝熱公司珠寶作品，館藏豐富、交通方便，很推薦來此享受舉世無雙的視覺饗宴。

(左上)報時彩蛋，整點時公雞會從蛋頂跳出來拍翅鳴叫，現無實際展示(攝影／陳迪)
(右上)廣受仿製的鈴蘭彩蛋，珍珠鈴蘭綴有鑽石做的露珠，皇室成員肖像可收納或展開(攝影／陳迪)
(左下)非皇室彩蛋。設計較簡單，但也相當美麗；這顆彩蛋上半部旋轉，以鴿子蛋鑽石做蛇頭指針，顯示幾點(攝影／陳迪)
(右下)連葉脈都精雕細琢的翡翠樹上綴有漿果寶石、琺瑯鑲鑽小白花，機關轉動小鳥跑出來唱歌時會張閉象牙鳥喙，極其可愛(攝影／陳迪)

紀念一代英雄的男子修道院

亞歷山大·涅夫斯基修道院

Свято-Троицкая Александро-Невская Лавра

- ✉ наб. реки Монастырки, 1
- ☎ (812)400-3933
- 🕐 修道院大門每天05:30～23:00；聖三一大教堂每天05:45～20:00；聖母領報安息堂紀念館(Благовещенская усыпальница)週二、三、五～日11:00～17:00(16:30售票截止)
- 休 週一、週四
- 💲 聖母領報安息堂紀念館成人票150p，學生票50p
- http 修道院lavra.spb.ru (俄) 聖母領報安息堂紀念館gmgs.ru (俄)
- ➡ 地鐵綠線或橘線площадь Александра Невского站，走至площадь Александра Невского亞歷山大·涅夫斯基廣場，經亞歷山大·涅夫斯基紀念像後城牆大門，往內直走過橋即見　MAP P.183

亞歷山大·涅夫斯基(Александр Невский)是俄羅斯史上最重要的護國名將之一。亞歷山大出身為諾夫哥羅德大公，蒙古征服俄羅斯前多次抵禦西北方外敵，挽救俄羅斯民族免受異族入侵。1240年瑞典人入侵時，亞歷山大於涅瓦河上擊敗外敵，獲得「亞歷山大·涅夫斯基」稱號；「涅夫斯基」為「涅瓦河的」音譯，意即「涅瓦河的亞歷山大」，以紀念此役勝利。1242年日耳曼條頓騎士團入侵時，亞歷山大·涅夫斯

基領軍在楚德湖冰面上攻破日耳曼豬嘴陣，為冷兵器時代著名的冰上大戰。蒙古統治時期亞歷山大·涅夫斯基深知不應與蒙古抗衡，努力調解汗國與各城邦公國間的問題，而受封弗拉基米爾大公。亞歷山大·涅夫斯基一生為俄羅斯人民奔走、奉獻，是俄國史上非常重要的愛國英雄。

聖彼得堡建城時，彼得一世希望建立修道院供奉亞歷山大·涅夫斯基，祈求其英靈庇佑新都與國運；俄軍與瑞典戰事局面穩定後，便於1715年任命建築師特烈季尼(Доменико Андреа Трезини)展開修道院興建工程。1723年5月29日修道院落成，彼得一世曾親臨巡視，並下令將亞歷山大·涅夫斯基遺骸移靈至此。每年8月30日的俄羅斯東正教節日——神聖亞歷山大大公移靈日(праздник Пренесения мощей благоверного князя Алесандра)，便是紀念1724年8月30日這一天，亞歷山大·涅夫斯基自弗拉基米爾聖母降世修道院移靈至此。1922年蘇聯政府徵收教會財產時，亞歷山大·涅夫斯基的銀棺被移出，現藏於隱士廬博物館190室音樂會廳。1930年代亞歷山大·涅夫斯基修道院曾一度關閉，如今已恢復使用，入內須遵循各種參觀禮儀。

(左) 亞歷山大·涅夫斯基紀念像　(右) 亞歷山大·涅夫斯基廣場

大啖招牌菜，眼睛看景色

修道院大門右側建築附設餐廳、簡餐店，供應經濟實惠的餐點。餐廳以小餐包(пирожок)、俄式夾餡派餅(пирог)為招牌菜，坐在走廊窗邊座位用餐可欣賞修道院景色。這棟建築內也附設郵局、紀念品店，購物相當方便。

當地人才知道的修道院附設麵包部──Монастырский хлеб

Монастырский хлеб是修道院麵包部門，這裡的麵包香濃扎實，顧客常大排長龍；因這裡較少為觀光客所知，不像聖彼得堡其他地方能以英語溝通，需以俄語購買麵包。長條麵包(хлеб)讀音為hleb；餐包(булочки)讀音為bulochki；塑膠袋(пакет)讀音為paket；可在排隊時多聽旁人發音揣摩練習，或在紙上寫下欲購買的產品及數量示意。

🕐 週一～五10:00～16:00，12:00～13:00午休，週六、日休
💲 хлеб長條麵包50p，булочки餐包16p，пакет塑膠袋8p
➡️ 修道院麵包部位於聖三一大教堂旁，照Монастырский хлеб指標走至黃色拱門內左轉，開門入內即見。

MAP P.183

亞歷山大‧涅夫斯基修道院周邊

藝術界名人長眠之地──藝術大師墓園
Некрополь Мастеров искусств

這座墓園是許多活躍於19～20世紀的俄羅斯文化藝術名家的安息之地，杜斯妥也夫斯基、朱可夫斯基，作曲家格林卡、畫家伊凡諾夫、希施金等諸多名人都下葬於此。

對面的十八世紀墓園(Некрополь XVIII века)還有莫斯科大學創辦人羅曼諾索夫與許多貴族的墳塚，除週四休園，其他規定與藝術大師墓園相同。2座墓園現已劃入國立城市雕塑博物館(Государственный музей городской скульптуры)管轄。

✉️ Тихвинское кладбище Александро-Невской Лавры
🕐 週五～三09:30～21:00(20:30售票截止)，
　週四09:30～18：00(17:30售票截止)；18世紀墓園每天09:30～18:00(17:30售票截止)
💲 成人票300p，學生票100p，外籍成人票400p
🌐 www.gmgs.ru
➡️ 地鐵綠線或橘線площадь Александра Невского，走至площадь Александра Невского亞歷山大‧涅夫斯基廣場，經亞歷山大‧涅夫斯基紀念像後城牆大門，往內直走右側墓園

MAP P.183

墓園大門

聖彼得堡的夢幻教堂

動人的謳歌

除富麗堂皇的宮殿、古典雅致的劇院、莊嚴壯觀的大教堂，聖彼得堡建築藝術中還有一種風格——宛如童話的夢幻華麗教堂。以下列舉幾座當地明信片常見教堂，有機會不妨親臨現場，見證這些建築的美麗。

切斯馬教堂
Чесменская церковь

✉ ул. Ленсовета, 12　📞 (812)373-6114
🕒 每天09:00～19:00
http chesma.spb.ru (俄)
➡ 地鐵藍線Московская站往Авиационная улица出口，沿улица Типанова走至ул. Ленсовета左轉，沿ул. Ленсовета門牌號碼遞減方向走幾分鐘即達
MAP P.213

　　這裡是凱薩琳二世接獲1770年俄土戰爭切斯馬海戰捷報的地點。為紀念俄國艦隊戰勝土耳其海軍，女皇特地下令在此興建教堂。1777年6月6日舉行奠基典禮時，除全體宮廷成員，凱薩琳二世特別邀請瑞典國王古斯塔夫三世出席，以向其彰顯俄羅斯軍威。完工落成後，女皇將教堂賜予聖喬治戰功勳章成員協會，因此這裡有時又叫作聖喬治教堂(Георгиевская Церковь)；因凱薩琳二世常來作禮拜，教堂內特地保留了女皇專用的御席(царское место)。如今這座教堂又名為聖施洗約翰降世教堂(Церковь Рождества святого Иоанна Предтечи)，至今仍在使用中，入內需遵循各種參觀禮儀；教堂後方為軍人墓園。

獨特俄國風哥德式建築

213

聖尼古拉海軍大教堂

Николо-Богоявленский Морской собор

✉ Никольская пл., 1-3

☎ (812)714-7085

🕐 聖尼古拉教堂每天06:45～20:00；聖主顯容教堂週六與東正教節慶前夕守夜18:00～禮拜活動結束、週日與東正教節日禮拜10:00～禮拜活動結束

http nikolskiysobor.ru (俄)

➡ 地鐵藍線Сенная площадь站、橘線Спасская站、紫線Садовая站往Садовая улица出口，沿Садовая улица往門牌號碼遞增方向走至與набережная Крюкова канала交叉路口即見教堂鐘樓，右轉過橋，沿набережная Крюкова канала往教堂方向走至Никольская площадь即見入口

MAP P.183

1995年廣島原子彈爆炸50週年追思活動的世界和平祈願碑

　　彼得一世造訪阿斯特拉罕的聖尼古拉大教堂時，便希望能在首都建造一樣的教堂；彼得一世生前未能如願，其女伊莉莎白一世任內，建築師切瓦金斯基(Савва Иванович Чевакинский)以阿斯特拉罕聖尼古拉大教堂為範本建成這座教堂，完成了彼得一世的遺願。可容納5千人的聖尼古拉海軍大教堂分為上下2座教堂，上為紀念聖主顯容的聖主顯容教堂，下為聖尼古拉教堂，供奉庇佑旅人、水手、商人與兒童的主保聖人聖尼古拉(Николай Чудотворец)。這座教堂仍在使用中，常有新人在此舉行婚禮，入內請遵循參觀禮節。

　　此地保存了17世紀的聖尼古拉聖像、部分聖尼古拉聖骸與金碧輝煌的祭壇，值得一遊。

伊莉莎白一世任內盛行的俄羅斯巴洛克風格又名伊莉莎白巴洛克，此教堂為經典建築之一

聖三一伊茲麥羅夫斯基大教堂

Собор Святой Живоначальной Троицы лейб-гвардии Измайловского полка

✉ Измайловский проспект, 7

☎ (812)251-8927

◉ 週一～五09:00～19:00，週日與教會節日06:00～20:00，週六休息

🔗 izmsobor.ru (俄)

➡ 地鐵紅線或藍線Технологический институт站，出口過Московский проспект馬路至1-ая Красноармейская улица，沿1-ая Красноармейская улица走至與Измайловский проспект交叉路口即見

🗺 P.183

原是彼得一世下令興建的木造禮拜堂，18世紀教堂於1824年水災後不堪使用，建築師斯大索夫奉命保留木造古教堂特色，以石材修建新教堂，工程耗資除政府撥款外，亦有尼古拉一世私人捐助。1835年落成後這裡被視為重要的教堂，曾舉辦作家杜斯妥也夫斯基的婚禮、鋼琴暨作曲家安東·魯賓斯坦(Антон Григорьевич Рубинштейн)的葬禮。除1824年水災，也歷經1834年暴風災害、二戰戰火以及2006年火災，一再復建的教堂美麗如昔，展現俄羅斯強韌特質。

斯莫爾尼大教堂

Воскресенский Смольный собор

✉ площадь Растрелли, 1

☎ (812)900-7015

◉ 教堂每天07:00～20:00免費參觀，週六、日13:00、14:30、16:00俄語導覽成人捐獻200р；鐘樓每天07:00～20:00，成人捐獻150р

🔗 smolnyspb.ru

➡ 地鐵紅線Чернышевская站出口，沿проспект Чернышевского門牌號碼遞減方向走至Шпалерная улица右轉，門牌號碼遞增方向走至街底即達斯莫爾尼大教堂

🗺 P.183

斯莫爾尼大教堂為伊莉莎白一世下令建築師拉斯特雷利設計、尼古拉一世任內建築師Василий Петрович Стасов斯大索夫完成，拉斯特雷利依女皇意願，恢復了東正教教堂傳統的5座圓頂設計，發揮所長融合歐式建築元素，恰如其分的歐俄風情，被尊為聖彼得堡巴洛克建築的珍珠，18世紀此地曾開辦俄國首座女子高等教育機構——貴族女子學院。

涅夫斯基大街著名書店 書店
Санкт-Петербургский Дом Книги

✉ Невский проспект, 28
☎ (812)448-2355
🕐 每天09:00~01:00
🌐 www.spbdk.ru (俄)
➡ 地鐵藍線Невский проспект站或綠線Гостиный Двор站往канал Грибоедова出口，канал Грибоедова運河對面
🗺 P.183

這棟喀山大教堂對面的新藝術主義建築，原為美國Singer勝家公司設於聖彼得堡的分部，1904年落成後除了勝家公司店面、倉儲與產品展示，亦有銀行、美國領事館承租其部分空間。勝家公司當時不但向全俄羅斯銷售縫紉機，亦承包大量俄國軍服業務，生意興隆。1917年十月革命後，此地歸一家俄羅斯出版社Петрогосиздат所有，1、2樓由書店Дом Книги進駐，其餘樓層則印刷發行各種刊物；而後建物產權在幾家出版社間數次易主，1938年歸Дом Книги名下。Дом Книги圖書部門類型豐富，常舉辦藝文活動，是聖彼得堡重要的文化中心之一；二戰時期書店受戰火波及，牆面玻璃窗全碎僅以木板代替，店員在刺骨嚴寒中堅持營業，為市民的精神生活保留了一席之地。

1樓有豐富多樣的明信片、卡片、地圖、旅遊書、紀念品櫃，地下室有骨董店，來此選購紀念品相當方便；2樓Зингеръ咖啡店臨窗雅座，可欣賞喀山大教堂與涅夫斯基大街景觀，是很理想的午茶地點。

1902年建築師修佐勒採用俄國建築前所未有的鋼筋水泥結構，穩固的建築體得以搭配大片玻璃窗，除了美觀，也為俄國建築工藝開創了新局面

涅夫斯基大街的脈動

涅夫斯基大街是聖彼得堡市中心交通要道，也是景點、餐廳、購物店家最集中的精華地段；幾乎所有造訪聖彼得堡的遊客都會在這條街上來回數次，以致最後覺得這棟房子看來很眼熟、那家店好像不久前才去過。雖只是過客，對涅夫斯基大街的熟悉感，宛如自己也是聖彼得堡的一分子。寬闊的街頭、美麗的建築，川流不息的車潮、人潮，走在涅夫斯基大街上，特別能感受這座城市的脈動——熱鬧、輕快而不急躁，像一首節奏歡快的古典樂曲，歌頌生活的美好。涅夫斯基大街筆直、不易迷路、氣氛輕鬆閒適，在此逛書店、百貨公司或Zara、H&M等品牌服裝店，除了可以感受當地的購物氣氛，或許還能添購一些實用的文物、日常用品或衣物留念。

Г 歷史悠久的百貨公司
Гостиный Двор

`百貨公司`　`紀念品店`

✉ Невский пр., 35
☎ (812)630-5408
🕐 每天10:00～22:00，2樓精品區每天11:00～22:00
🌐 www.bgd.ru (俄)
➡ 地鐵藍線Невский проспект站或綠線Гостиный Двор站，往Гостиный Двор出口即見
🗺 P.183

百貨公司的古典主義建築設計優美，門口高懸2010年營業225週年紀念徽

涅夫斯基大街上的Гостиный Двор百貨公司建於1761～1785年間，堪稱俄羅斯第一座百貨式建築；落成後各種商號遷入，經營至19世紀已為聖彼得堡最重要購物中心。由於販售各種俄國自產與海外進口商品，貨色齊全，自上流社會名流至窮學生等各階層市民皆來逛街購物，作家普希金、果戈里等19世紀名人也都是這裡常客。二戰時期，列寧格勒飽受砲擊、空襲威脅，即使如此百貨公司仍營業不輟，伴隨列寧格勒市民熬過871天圍城。如今這家百貨公司設有ALAN PAINE、EMILIO PUCCI、FERRÉ MILAN等國際名牌專櫃，也有皇家瓷器(Императорский фарфор)等俄羅斯名牌專櫃；因其重要歷史象徵意義，常為許多電影場景。

Гостиный Двор意為貴客長廊商場，讀音為Gostiny Dvor

Императорский фарфор

俄羅斯皇家瓷器 `餐具` `茶具` `咖啡杯組` `花瓶` `擺飾紀念品`

✉ Невский пр., 60
☎ (812)571-3262
🕐 每天10:00～22:00
http www.ipm.ru
➡ 地鐵綠線Гостиный двор站或藍線Невский проспект站,沿涅夫斯基大街門牌漸多方向走約5分鐘內即見
MAP P.183

　　帝國瓷器公司(Императорский фарфор)由彼得一世之女伊莉莎白一世於1744年下令創建,是全俄羅斯第一家、全歐第三座瓷器工廠。帝國瓷器工廠(Императорский фарфоровый завод)製作藝術瓷器、鑽研陶瓷藝術已逾270年,歷史悠久。知名學者維諾格拉朵夫(Дмитрий Иванович Виноградов)在此研發出白K金生產技術、寫下俄國史上科學化製瓷過程紀錄,以俄國當地原料燒出近似中國瓷的高水準瓷器;產品被視為珍寶,於蘇富比、佳士得拍賣會上為收藏家爭相競標,公司總部博物館的珍品亦於2001年列入隱士廬博物館編制珍藏。Императорский фарфор在聖彼得堡、莫斯科開設不少分店與專櫃,有機會,不妨欣賞一下俄羅斯著名的精美瓷器。

NATURA SIBERICA

有效滋潤天然養護 `保養` `美妝`

✉ Невский пр., 108
☎ (812)240-4846
🕐 每天10:00～22:00
http naturasiberica.ru
➡ 地鐵綠線Мояковская站或紅線Площадь Восстания站
MAP P.183

　　NATURA SIBERICA是俄國著名的有機保養美妝品牌,產品取自西伯利亞有機藥草、犛牛乳、駝鹿乳、魚子等天然原料,可以在寒冷乾燥的天候深層滋潤護養髮膚,符合歐洲有機化妝品標準取得ICEA、ECOCERT、COSMOS STANDARD、BDIH等認證,並熱衷公益,時常捐款,多樣商品的售價5％捐於生態保育重建;天然、高品質、包裝有質感、公益、平價,送禮自用都很理想。

店面外觀

特|色|餐|飲 Ресторан

喀山大教堂絕佳美景
Terrassa

義式、歐式、日式料理・烘焙坊

✉ ул. Казанская, 3
☎ (812)640-1616
🕐 週一～五11:00～01:00，週末12:00～01:00
💲 前菜+主菜約3,500p
http ginza.ru/spb/restaurant/terrassa
➡ 地鐵藍線Невский проспект站或綠線Гостиный Двор站往канал Грибоедова出口，至涅夫斯基大街斜對面喀山大教堂廣場，沿廣場右側Казанская улица往內走幾分鐘即見
MAP P.183

喀山大教堂旁的這家餐廳開幕於2007年7月5日，是聖彼得堡首家複合式新型餐廳。寬敞明亮的透明化廚房、坐擁絕佳景觀的露天陽台席位、免費外送服務、清爽健康的美味餐點、選擇豐富的葡萄酒櫃，還有出書、主持美食節目Кулинарной поединок的年輕型男主廚Александр Белькович，每項特色都充滿獨特魅力，深受顧客喜愛。

(上) 餐廳位於喀山大教堂入口斜對面玻璃帷幕大樓的頂樓，走入大樓即可見到電梯指標
(右上) 除用餐，來此品嘗點心、享用下午茶也很理想
(右中) 室內特設兒童遊戲區，服務貼心
(下) 坐擁喀山大教堂與市中心美景

Демидовъ
19世紀華麗俄國風
俄式料理

- ✉ набережная реки Фонтанки, 14
- ☎ (812)272-9181
- 🕐 每天12:00～23:00
- $ 前菜+主菜約2,500p(週一～五11:30～18:00 商業午餐時段已無套餐，但價格有折扣優惠)
- http demidoff-kafe.ru
- ➡ 地鐵紅線Чернышевская站或綠線 Гостиный Двор站
- MAP P.183

Демидовъ坐落於米哈伊洛夫堡(Михайловский замок)臨река Фонтанки河對面，各式可口俄國名菜、考究的裝潢擺設營造19世紀俄國風情，是聖彼得堡頗負盛名的餐廳。鄰近戰神廣場、夏日花園、列寧格勒圍城防禦紀念館等景點，地理位置佳，交通方便，深受遊客喜愛。

香氣馥郁的綠茶

*Селедочка от начальства/ Herring from Command*是古時俄羅斯參政院與東正教廷聯合晚宴菜色之一

史特拉戈諾夫燴牛肉(Мясо по-строгновски/Traditional Beef Stroganoff)

餐廳附近的米哈伊洛夫堡

Du Nord 1834 кондитерская

優雅法式烘培餐廳　法式料理、法式烘焙坊

✉ Лиговский проспект, 41
📞 (812)578-1245　🕐 每天24小時
💲 主餐附麵包約590p起，飲料約200p起，甜點約150p起，麵包約70p起，每天22:00～05:00購買麵包可享半價優惠
🌐 www.dunord.spb.ru
➡ 地鐵紅線Площадь Восстания站往Московский вокзал出口，Московский вокзал莫斯科火車站正門左側斜對面，過馬路至Лиговский проспект 單號側，看門牌號碼步行幾分鐘即見
🗺 P.183

　　這家餐廳原為1834年創立的聖彼得堡第一家法式烘焙坊，道地法國風味深受貴族喜愛；2011年改制後，除了麵包、點心，也供應各色法國佳肴。坐落歷史悠久的十月飯店(Октябрьская отель)1樓，鄰近火車站、地鐵站，交通方便，親友送別外，平時也很多人來此小聚，享受法式美食。

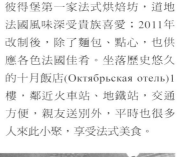

(左) 白酒燴海鮮Sauté de fruits de mer鮮美可口
(右) 玫瑰咖啡Rose de vents香氣迷人

Пхали Хинкали

格魯吉亞傳統18褶餃子　格魯吉亞、俄羅斯

✉ Большая Морская, 27
📞 (812)950-0535
🕐 週一～四09:00～00:30，週五09:00～01:30，週六10:00～01:00，週日10:00～00:30
💲 Пхали拼盤390p，Хинкали一顆(110克重)45p
🌐 phali-hinkali.ru
➡ 地鐵藍線Невский проспект站、綠線Гостиный Двор站或紫線Адмиралтейская站
🗺 P.183

以前結帳是數剩下的尾巴計費)。這裡口味道地、定價親民，以難得平價的格魯吉亞美味廣獲好評。

招牌菜хинкали有羊牛、牛豬、起司、蘑菇等多種口味
(攝影／陳迪)

　　Пхали普哈里是格魯吉亞經典的蔬菜泥餅，搭配核桃醬，風味獨特；Хинкали卡里餃以麵皮打18褶包餡，水煮或蒸熟，吃的時候用手提起收尾處，翻面，從邊緣咬一小口，小心喝完湯汁再繼續享用，乾硬的尾巴不吃(點餐數量不拘，

裝潢舒適，是聖以薩大教堂、冬宮附近用餐休息的好地方(攝影／陳迪)

И充滿文藝沙龍氣息
ДИОТЪ `俄式料理`

- ✉ наб. Мойки, 82
- ☎ (812)946-5173
- 🕐 每天11:00～24:00
- 💲 前菜+主菜約1,300p
- http www.idiot-spb.com
- ➡ 地鐵藍線Невский проспект站、綠線Гостиный Двор站或藍線Сенная площадь站、橘線Спасская站、紫線Садовая站
- MAP P.183

這家餐廳以杜斯妥也夫斯基作品《白痴(Идиотъ)》為名，古董打字機、藏書擺設，特意營造19世紀聖彼得堡文藝沙龍風情，裝潢溫馨典雅，充滿書卷氣的環境甚受好評。

豐富的午餐套餐

餐廳提供的可口餐點、親切服務，贏得聖彼得堡藝文界人士與外國遊客歡迎。

面река Мойка河的餐廳門口

Н宮殿中歌舞饗宴 `俄式料理`
ИКОЛАЕВСКИЙ дворец

宮殿入口位於柵欄後

- ✉ площадь Труда, 4
- ☎ (812)312-5500
- 🕐 每天10:00～22:00
- 💲 每晚19:00歌舞表演(含中場休息茶酒點心)2,800p
- http www.folkshow.ru
- ➡ 地鐵藍線Невский проспект站、綠線Гостиный Двор站或紫線Адмиралтейская站
- MAP P.183

尼古拉宮(Николаевский дворец)由著名的折衷主義建築師許塔肯什奈德爾(Андрей Иванович Штакеншнейдер)設計，建於1853～1861年間，是尼古拉一世之子尼古拉大公寢宮，今為聖彼得堡著名觀光餐廳，每晚19:00上演俄羅斯民族舞蹈秀Feel Yourself Russian；來此用餐，是許多旅遊團在聖彼得堡的重點行程之一。

常見的歌舞秀廣告

Тархун

在地美食家特別推薦 高加索料理、歐式料理

✉ ул. Караванная, 14
📞 (812)571-1115
🕐 每天12:00～23:00
💲 主餐600p起
http restorantarkhun.ru
➡ 地鐵綠線Гостиный Двор站往Садовая улица出口，沿涅夫斯基大街門牌號碼漸增方向走至ул. Караванная，沿ул. Караванная雙數門牌號碼遞減方向走幾分鐘即見　MAP P.183

Тархун是聖彼得堡在地美食家推薦最好的高加索餐廳。高加索地處黑海、裏海之間，倚山傍海、融合地中海文化與東方文化特色，料理獨樹一格；南高加索分格魯吉亞、亞美尼亞、阿塞拜疆三國，這家餐廳的格魯吉亞菜堪稱極品，備受推崇。美食之外，簡約有品味的設計、溫暖燭光、每晚高水準現場音樂演出，創造格外舒適的用餐體驗。

餐廳以龍蒿Тархун為名，法、德國常以這種香草入菜，高加索地區、俄國、烏克蘭則常製成飲料；同種香草兼具歐亞特色，象徵餐廳歐亞料理俱佳的理念

(左上) 特別推薦佐茶果醬Варенье к чаю，有榅桲айва，山茱萸кизил，胡桃грецкий орех，無花果инжир等中亞口味　(右上) 湯品推薦Харчо　(左下) 炭火烤肉香嫩多汁 (右下) 沙拉清爽

Ресторан Нихао你好飯店

聖彼得堡著名中餐廳 中式料理

✉ Невский проспект, 112
📞 (812)755-1003
💲 主菜約388p起
🕐 週日～四11:00～23:00，週五、六11:00～01:00
http nihaorest.com
➡ 地鐵紅線Площадь Восстания站或綠線Маяковская站　MAP P.183

這家中餐廳菜色豐富可口、鹹淡適中，歐式家具搭配工筆花鳥壁畫，匠心獨具，堪稱聖彼得堡最舒適宜人的中餐廳。除各色經典菜式，手工麵點亦深受在地華人好評，是向俄國友人或客戶介紹中國菜的最佳選擇。

鄰近莫斯科火車站的店面

經典中菜以西式餐具擺盤呈現

巧妙融合中國風的室內設計　照片由餐廳提供

Литературное кафе

普希金決鬥前造訪的咖啡店

俄式、歐式料理

✉ Невский проспект, 18　📞 (812)312-6057

🕐 每天11:00～23:00

💲 主餐800p起，飲料250p起

http litcafe.su

➡ 地鐵藍線Невский проспект站或綠線Гостиный Двор站往канал Грибоедова出口，沿涅夫斯基大街雙數門牌號碼遞減方向走過第2座橋至река Мойка對面第一棟建築，入口在鐵欄後

MAP P.183

一樓靠窗座位設置普希金蠟像

　　1835年開幕的Кондитерская С. Вольфа и Т. Беранже是許多俄國作家喜愛的咖啡店，也是普希金決鬥前最後造訪之地。現在這裡更名為文學咖啡館(Литературное кафе)，除了供應各色餐點、飲品、茶點，每晚有現場音樂或舞蹈、詩歌朗讀等表演，牆面標示普希金、果戈里、杜斯妥也夫斯基等大師坐過的座位，供讀者入席緬懷。

(左) 在此喝茶遙想普希金的心情

(右) 咖啡店門口鐵柵後，特地保留普希金走過的階梯

(下) 典雅的用餐環境配合現場演奏，舒適怡人

追隨詩人的最後旅程

普希金決鬥地點
Место дуэли Пушкина

當年普希金離開Кондитерская С. Вольфа и Т. Беранже，便出發赴約決鬥，並於決鬥中身負重傷、2天後與世長辭……從Литературное кафе到決鬥地點的路，堪稱作家步向人生終點的最後一程。有興趣探訪普希金生命最後光影的文學迷，不妨搭乘地鐵追隨詩人的腳步，感受他從Литературное кафе到小黑河(Черная речка)左岸決鬥處，曾經有過的心情。

✉ Место дуэли Пушкина

➡ 地鐵藍線Черная речка站，過橋後沿набережная Черной Речки河畔走至Коломяжский проспект，沿Коломяжский проспект走幾分鐘過鐵軌後即見綠地，沿綠地再往前右側方向即見

`MAP` P.183

小黑河今日風貌

普希金決鬥地點紀念碑

小徑兩側紀念碑，左邊銘文為：1837年1月27日(2月8日)，偉大的俄國詩人普希金於小黑河畔此處決鬥身負命重傷

右邊銘文為詩人М.Ю. Лермонтов萊蒙托夫聞普希金死訊所作的悼念詩：

「*Погиб поэт! - невольник чести -*
　詩人殞沒了！——光榮的俘虜——
Пал, оклеветанный молвой,
　他倒下了，為流言所中傷，
С свинцом в груди и жаждой мести,
　低垂下高傲的頭顱，
Поникнув гордой головой!..
　胸中帶著鉛彈和復仇的渴望！……」

225

在聖彼得堡喝杯下午茶

Штолле

✉ Невский проспект, 11
☎ (812)314-7021
🕐 每天08:00～23:00
🌐 www.stolle.ru (俄)
➡ 地鐵紫線Адмиралтейская站、藍線Невский проспект站或綠線Гостиный Двор站
🗺 P.183

　　Штолле是專門烘培俄式夾餡派餅пирог的連鎖店。每天早上現烤的鹹甜派餅口味豐富、料多味美，廣受各年齡層喜愛，熱門口味常在下午3點左右就搶購一空。這家店面鄰近地鐵站，除了內用，外帶也很方便。

Сладкоежка

　　Сладкоежка意為甜食愛好者，這間市中心分店燈光美、氣氛佳、音樂輕柔；店內設櫥窗展示藝術蛋糕，與當代俄羅斯藝術家合作展售畫作，可在充滿俄國文藝氣息的環境裡，享用各種道地俄式點心。

✉ Малая Садовая ул., 6
☎ (812)570-5524
🕐 週一～五09:00～22:00，週六、日10:00～22:00
🌐 www.sladkoezka.com.ru
➡ 地鐵綠線Гостиный Двор站往Садовая улица出口，沿涅夫斯基大街門牌號碼漸增方向走至Малая Садовая улица，沿Малая Садовая улица雙數門牌號碼遞減方向走幾分鐘即見
🗺 P.183

入店後需先至櫃檯點餐，語言不通可在點心櫃比劃示意

市中心區—特色餐飲

俄式飲茶，品味聖彼得堡

俄國人非常喜歡喝茶。冬天，從寒冷的戶外走進屋，要來杯熱茶暖暖身；尋常日子聚餐飯後，一邊喝茶聊天、一邊享用甜點；遠行前收拾好行囊，也要喝杯茶，順便想想有無遺漏的事物。

庫斯托耶夫作品《莫斯科客棧》古時俄國人以盤子喝茶景況

除了糕點、蛋糕，俄國人喝茶也喜歡配果醬（варенье）、蜂蜜（мед），常可見到女性優雅享受一口茶香、一小匙果醬或蜂蜜的香甜；俄式茶炊（самовар）為昔時方便隨時取用熱水沖茶，在炭管中放燒熱的木炭煮水、保溫的熱水壺；迄今茶炊仍是土拉（托爾斯泰故鄉附近城市）的特產，為符合時代潮流，多改為茶炊造型電熱水壺。除了欣賞喀山

俄式熱水壺

大教堂景色的**Дом Книги**二樓咖啡館**Зингерь**與餐廳**Terrassa**，聖彼得堡街頭有很多特色烘焙坊、點心店、咖啡館，從歷史悠久的百年老店到融合其他文化特色的新潮連鎖店，種類豐富多樣。在此，喝杯下午茶，放鬆心情，更能感受這座城市的美麗。

Буше

✉ ул. Малая Морская, 7
☎ (812)640-5151 #231
◉ 每天08:00～22:00
🌐 bushe.ru (俄)
➡ 地鐵紫線Адмиралтейская站、藍線Невский проспект站或綠線Гостиный Двор站　　MAP P.183

Буше是聖彼得堡有名的連鎖烘焙坊，店面明亮舒適，亦有活動麵包車在市中心各處駐點，販售新鮮可口的各式鹹甜點心。

這裡咖啡、點心俱佳

入店後需先至櫃檯點餐，店內可用英語溝通

Пышки

- ✉ ул. Большая Конюшенная, 25
- ☎ (812)314-0868
- ◷ 週一～五09:00～20:00，週六、日10:00～20:00
- ➡ 地鐵藍線Невский проспект站或綠線Гостиный Двор站往канал Грибоедова出口，沿涅夫斯基大街走至ул. Большая Конюшенная右轉，沿ул. Большая Конюшенная雙數側門牌號碼遞減方向走至第2個街區即見　**MAP** P.183

　　Пышки是在地人才知道的甜甜圈老店，這裡的甜甜圈Q綿不過甜，深受聖彼得堡市民喜愛。雖無法以英語與店員溝通，可試著用簡單俄語或比劃示意，來品嘗聖彼得堡出名的甜甜圈美味。

(上) Пышки意即甜甜圈，讀音為pishky；入店後有左右兩廳，兩邊都可點餐
(下) 隔油紙避免糖油沾手，相當貼心

Пироговый дворик

- ✉ наб. канала Грибоедова, 22
- ☎ (812)310-0160
- ◷ 週一～五08:30～23:00，週末10:00～23:00
- http pirogov-dvorik.ru
- ➡ 地鐵藍線Невский проспект站，沿涅夫斯基大街正對著喀山大教堂左側河對岸的набережная канала Грибоедова走約3分鐘即見
- **MAP** P.183

　　Пироговый дворик是相當平價的俄式派餅店，口味自然樸實，229p的商業午餐含沙拉、湯、餐包及鹹、甜派各1塊，單點飲料60p起、甜餅40p起，堪稱最經濟實惠的喀山大教堂景觀餐飲及午茶享宴。

(上) 坐在窗邊就可近距離欣賞喀山大教堂美景
(左) 不愛甜食的人可點湯＋鹹派

Зингеръ

✉ Невский проспект, 28
☎ (812)571-8223
◷ 每天09:00～23:00
🌐 singercafe.ru
➡ 地鐵藍線Невский проспект站或綠線Гостиный Двор站往канал Грибоедова出口，канал Грибоедова運河對面Санкт-Петербургский Дом Книги書店2樓
🗺 P.183

Дом Книги書店2樓的Зингеръ正對喀山大教堂，景觀絕佳，除了甜點也供應早餐、蛋捲、沙拉、湯、餃子、布林餅等可口輕食，美景當前，享用美味特別愜意。

Север

✉ Невский проспект, 44
☎ (812)571-2589
◷ 每天07:00～23:00，夏季每天24小時
🌐 sever-metropol.ru
➡ 地鐵藍線Невский проспект站或綠線Гостиный Двор站
🗺 P.183

創立於1903年的Север是俄國知名的烘焙坊，迄今已逾百年，歷史悠久。涅夫斯基大街上的店面分前後2廳，前廳較多小型糕點及外帶蛋糕、適合外帶或匆忙用餐的顧客，後廳是較適宜久坐的內用區，有英文菜單並提供WiFi網路。Север意即北方，商標為北極熊，招牌特色正是雪白濃厚的鮮奶油，形象非常生動。

這裡的糕點多含鮮奶油，其中又以店家同名糕點Север為最，建議點用清爽的茶飲，比較解膩

兩島區

Два Острова

彼得格勒島、瓦西里島隔涅瓦河與市中心區遙遙相望，除以橋梁相連，深入地層的地鐵也串連兩島與市中心交通，往來三地非常方便。彼得格勒島是前往彼得保羅要塞必經之地，從彼得保羅要塞前往阿芙蘿巡洋艦路上，更不可錯過彼得一世故居──彼得小屋；瓦西里島上除了各種博物館，還有聖彼得堡最高學府──聖彼得堡大學、舉世聞名的俄羅斯藝術學院列賓美院，文藝氣息濃厚。在彼得格勒島探訪古蹟、緬懷羅曼諾夫王朝興衰後，推薦前往瓦西里島，參觀俄羅斯藝術學院美術館、走訪聖彼得堡大學校區，或效仿洋溢活潑朝氣的大學生買些零食至涅瓦河畔享用，遙望聖以薩大教堂、海軍總部大廈、冬宮等景點，換個角度欣賞自己曾走過的美麗。

一日遊行程表

1 彼得保羅要塞
🕐 參觀時間180分鐘

2 彼得小屋
🕐 參觀時間30分鐘

3 阿芙蘿巡洋艦
🕐 參觀時間60分鐘

4 俄羅斯藝術學院美術館
🕐 參觀時間120分鐘

N

聖三一橋
Троицкий мост

阿芙蘿巡洋艦
俄國海軍創建人與水手紀念像
Петроградская набережная

彼得小屋
獅子
Мичуринская улица
Улица Куйбышева

Каменноостровский проспект
Горьковская

涅瓦河

Кронверкская набережная

彼得保羅要塞
Корюшка

Кронверкская улица
Тбилисо
Улица Воскова
Сытнинская улица
Демьянова уха

Большой проспект

Большой проспект
Улица Лизы Чайкиной
Съезжинская улица
Зверинская улица
Улица Яблочкова
Улица Блохина
Проспект Добролюбова

彼得格勒島

羅斯特拉燈塔
羅斯特拉燈塔
Биржевой мост

宮殿橋
波羅的海碼頭
隱士盧博物館
宮殿廣場
參謀總部大廈

羅曼諾索夫
紀念像
人類和民族博物館
海軍總部大廈

國立大學
聖彼得堡大學

Спортивная
Тучков мост

小涅瓦河

Brugge
Набережная Макарова
Тучков переулок
Брынза

瓦西里島
фирменный
магазин «Крупской»
ООО «Белочка»

Courtyard
St. Petersburg
Vasilievsky

Василеостровская

聖彼得堡馬力
軌道車模型店
Online Hostel

1-я ЛИНИЯ
2-я ЛИНИЯ
4-я ЛИНИЯ

Кадетская линия
Кадетская и 1-я линия
2-я ЛИНИЯ
4-я ЛИНИЯ
6-я ЛИНИЯ
Университетская набережная
Улица Репина

瓦西里像

彼得羅斯藝術學院美術館
彼得保羅夫花園
人面獅身像
Таверна Гролле

熱門景點

聖彼得堡的起源
彼得保羅要塞

Петропавловская крепость

✉ Заячий остров

☎ (812)230-6431

🕐 野兔島06:00～22:00；要塞每天10:00～21:00；彼得保羅教堂週一～五10:00～19:00；週六10:00～17:45，週日11:00～19:00；展覽週一、四～日11:00～19:00，週二11:00～18:00，週三休館(10:00～17:00售票)

💲 要塞不含鐘樓2日成人票750р，學生票400р，個展依現場定價

http www.spbmuseum.ru

➡ 地鐵藍線Горьковская站，出站後沿Каменноостровский проспект往右走，走至十字路口處往右即見往彼得保羅要塞橋梁

MAP P.231

歷史悠久的聖約翰橋曾數次翻修，往要塞方向左側水中立有紀念水災的野兔銅像

傳說有次彼得一世巡視工程不滿意正欲責難，剛好有隻野兔撲向彼得一世，化解嚴肅緊張的氣氛

彼得保羅要塞是聖彼得堡最早的建設，整座都市的起源。相傳，1703年5月16日舉行奠基典禮當天，彼得一世做完禮拜便帶著鏟子前來建城奠基；他選定奠基地點後，天外飛來一隻雄鷹，在島上不斷盤旋。彼得一世到一旁砍了2棵白樺樹，綁起樹枝，立在工人挖好的洞上，代表日後的堡壘大門；此時，盤旋天際的雄鷹飛下，停在所謂的「大門」上，彼得一世抓這隻鷹，綁住牠雙腳放在自己肩上，為此吉兆非常欣喜。這座彼得一世與法國建築師蘭貝爾德傑廉(Жозеф Гаспар Ламбер де Герен)共同規畫的堡壘原為木造，坐落於野兔島(Заячий остров)上，為方便往來野兔島與城市島(Городовой остров，今彼得格勒島Петроградский остров)，便建造了彼得橋(Петровский мост，今聖約翰橋Иоанновский мост)。如今彼得保羅要塞改為博物館開放參觀，是聖彼得堡最重要的歷史、軍事景點之一。

Два Острова

旅行小抄

按圖索驥參觀方便

進入要塞左轉為遊客中心，購票後，別忘了順便到服務台拿地圖跟展覽簡介。地圖標示所有景點、洗手間，可協助規畫路線；展覽簡介清楚說明展館內容，聖彼得堡羅大教堂的個別簡介《Historical Burials in the Saint Peter and Paul Cathedral》詳細標明安葬於48座墳塚的51人姓名及其年代，參觀對照特別方便。

遊客中心的折價券

遊客中心有一些餐廳或咖啡店的折價券與宣傳簡介，可順便看看有無適合的折價券。

城牆上放眼眺望

目前開放的要塞城牆規畫為若干展區，要塞大門左側的露天武器展特別受俄羅斯小男孩喜愛。此外，城牆上也是不錯的賞景、拍照地點。

參觀重點

彼得門
Петровские ворота

紀念彼得一世大北方戰爭勝利的凱旋門，建於1708年，由建築師特烈季尼(Доменико Андреа Трезини)設計，是彼得式巴洛克(петровское барокко)經典建築之一。

彼得一世像
Памятник Петру I

要塞中央大道左側的彼得一世像落成於1991年，是蘇聯時期投奔美國的雕塑家薛妙金(Михаил Михайлович Шемякин)所作。薛妙金表示，希望這件作品表達彼得一世不是神話英雄人物，而是一個承受巨大壓力依然締造傳奇、創下豐功偉業的凡人。雕像頭部以雕塑家拉斯特雷利(Бартоломео Карло Растрелли)為彼得一世製作的面具為範本，臉孔與大帝面容較為相似，而頭小身大的奇特比例飽受爭議，衍生出許多傳說故事。不少人相信摸雕像的細長手指可以帶來好運，這是在此拍照的熱門姿勢。

Петропавловский собор

聖彼得保羅大教堂位於要塞中央，以十二使徒中的聖彼得、聖保羅為名。1703～1704年間原為木造教堂，1712～1733年間由建築師特烈季尼改建成這座彼得式巴洛克建築。大教堂3層鐘樓高122.5公尺，尖塔由打造海軍總部大廈尖塔的荷蘭工匠包勒斯(Harmen van Bol'es)製作；1830年塔尖的十字架與天使曾一度損毀幾近墜落，一名屋頂工匠傑魯什金(Петр Телушкин)自告奮勇，獨力以雙手繫繩攀上塔尖修好十字架與天使，英雄事蹟廣為傳頌。鐘樓對面的Монетный двор為彼得一世1724年創立的造幣廠，為俄國鑄造各種硬幣、紀念幣、獎章、徽章，迄今仍在營業中。

聖彼得堡羅大教堂為彼得一世後歷代沙皇及貴族下葬處，教堂融合歐洲建築與東正教傳統風格，綺麗多彩、金碧輝煌。羅曼諾夫王朝名君如彼得一世、凱薩琳二世長眠於面對聖像屏右側

印刷部
Печатня

印刷部屬於要塞城牆建築的一部分，除了展出聖彼得堡藝術家創作的版畫作品與城牆遺址，可在此選購市面上較少見的版畫明信片、親手製作版畫紀念卡片。

指揮部
Комендантский дом

聖彼得保羅大教堂出口對面的指揮部原為1704年所建木屋,是沙皇親自任命的要塞指揮官辦公處;而後歷經數次翻修,如今已改為博物館,展出豐富歷史文物,以各種面相呈現聖彼得堡發展過程。

(左) 拿起仿古電話聽筒,可聽到聖彼得堡新聞(Санкт-Петербургские ведомости)的廣播
(右) 二樓主廳(Парадный зал)是1826年7月12日十二月黨人被宣讀最高刑事法庭審判結果處

特魯貝茲基堡監獄
Тюрьма Трубецкого бастиона

這座監獄位於要塞左側盡頭,係彼得一世所下令創建。1718年,彼得一世之子阿列克謝因謀反被捕、受拷問後處以死刑。當年的監獄沒有保存下來,如今所見監獄為1870～1872年間建造,1872～1918年為政治犯監獄。這裡的牢房、圖書室、刑罰室門口設置解說牌,詳細介紹政治犯的獄中生活。

彼得小屋

Домик Петра I

✉ Петровская набережная, 6

☎ (812)595-4248

🕐 週五〜一、三10:00〜18:00(17:30售票截止)，週四13:00〜21:00(20:30售票截止)

🚫 週二

💲 成人票300p，學生票150p

🌐 rusmuseum.ru (俄)

➡ 地鐵藍線Горьковская站，出站後沿Каменноостровский проспект往右走，走到涅瓦河邊，沿Петровская набережная往左走幾分鐘，左手邊方向即見小屋公園；小屋入口在背河面

🗺 P.231

過了鐵欄後，需先至左邊的獨立售票窗口買票，再進入磚屋開始參觀

彼得小屋是一棟別具意義的建築。當初為方便了解彼得保羅要塞工程進度，彼得一世特地選擇此地居住。士兵、木匠自1703年5月15日開工後，由於小屋面積僅60平方公尺、構造簡單，僅花3天便告落成，是聖彼得堡最早完工的建築。

彼得一世入住後，透過小屋窗戶，即可看見彼得保羅要塞，1703〜1708年間都在此度過夏日時光。彼得一世遷離後此處無人居住，為維護木屋建築，曾在外圍加建石牆；1777年受水災波及，凱薩琳二世下令再建石牆、金屬棚，更嚴實保護小屋，而後1844年建築師庫吉明(Роман Иванович Кузьмин)主導維護工程，改成今日的磚屋外貌。

磚屋裡的原木彼得小屋保存良好，雖不可入內參觀，屋內陳設相當簡樸，可從窗口一覽無遺。除了小屋本身，磚屋內亦展示許多當時建設計畫圖與彼得一世親手打造的小帆船。小屋餐廳的外牆解說牌下，特地標明1975年彼得堡水災的水位線，述說過往的歷史痕跡。

小屋後方面河的公園中，豎立有彼得一世像，係雕塑家扎貝羅(Пармен Петрович Забелло)所作

彼得小屋周邊

獅子 Ши-цза

彼得小屋附近河畔，有對1904年吉林省總督致贈俄國總督再轉贈政府的中國石獅子。這對石獅從海參崴登陸後，以火車經西伯利亞大鐵路運至聖彼得堡，1907年才運抵安置，是中俄友誼的珍貴紀錄。傳統的中國石獅在聖彼得堡風景裡不顯衝突、反而非常協調，可見美麗跨越國界的力量。

與眾不同的王者風範

力行西化改革、建立聖彼得堡的彼得一世，在俄羅斯歷史上評價非常兩極。

維護傳統的本土派指責彼得一世崇洋媚外，為滿足一己私欲大興土木，建立新都耗資甚鉅、導致數萬農民勞病至死，動搖國本，甚至稱彼得堡為「大墳場」；主張西化的歐洲派推崇彼得一世親赴西歐考察、戰勝瑞典、建立新都、大幅改革西化等創舉，認為彼得一世引入西歐文化與先進科技一掃俄國守舊落後局面，振興俄羅斯，更因彼得一世任內把俄羅斯擴張成帝國，尊彼得一世為彼得大帝。

而我，對彼得一世最深刻印象來自彼得小屋——31歲的他，放著莫斯科的華麗宮殿不住，毫不留戀茶來伸手、飯來張口的帝王生活，遠遷至剛從瑞典搶來的荒蕪地帶，甚至為了就近觀看軍事要塞工程，住在比平民住所更簡樸的小木屋裡，甘之如飴。這樣的一國之君，著實不凡。

政治名人的母校

國立聖彼得堡大學

Санкт-Петербургский государственный университет

✉ Университетская набережная, 7-9
☎ (812)328-2000
🌐 spbu.ru
➡ 地鐵綠線Василеостровская站，沿出口旁行人徒步區往涅瓦河方向走，直至河邊左轉，再沿Университетская набережная走，至海軍總部大廈對面即見
🗺 P.231

聖彼得堡大學主樓外觀平易近人

聖彼得堡大學源於彼得一世1724年1月28日下令創辦的科學院，1819年正式成為獨立院校，是聖彼得堡最著名的大學。俄國不少名人如列寧、普京等人，都是聖彼得堡大學的畢業生，因當今不少政治人物為聖彼得堡大學校友，民間略有俄羅斯政壇現由聖彼得堡派當家掌權的說法。

聖彼得堡大學周邊

羅曼諾索夫紀念像 Памятник М. В. Ломоносову
1986年羅曼諾索夫誕辰275週年，聖彼得堡大學主樓右側廣場上設置了一座羅曼諾索夫紀念像，以紀念這位傑出的科學院畢業生、教授兼院長。每年9月1日，聖彼得堡大學校長、各學院院長都會齊聚在羅曼諾索夫紀念像前，與新生一起慶祝開學，歡迎新一代年輕學子進入聖彼得堡最高學府就讀。

阿芙蘿巡洋艦

Крейсер Аврора

✉ Петроградская набережная, Крейсер "Аврора"

📞 (812)607-4922

🕐 週三～日11:00～18:00(17:15售票截止)

休 週一、二

💲 成人票400p，學生票200p，外籍成人票600p，外籍學生票400p

http www.navalmuseum.ru (俄)

➡ 地鐵藍線Горьковская站，出站後沿Каменноостровский проспект往右走，走至涅瓦河邊，沿Петровская набережная往左走至街底，左轉即見

MAP P.231

　　這艘巡洋艦長126.7公尺、寬16.8公尺，曾搭載570名船員，1900年5月11日由尼古拉二世指揮下水。1904年日俄戰爭之對馬海峽海戰，俄國艦隊幾近全軍覆沒，倖存的阿芙蘿號轉往菲律賓，在中立美國港口馬尼拉拘留至戰爭結束。1906年巡洋艦返回艦隊修護，1909年繼續執勤，1914～1916年間曾加入第一次世界大戰；1917年，水手於二月革命隔日叛變下船響應起義，十月革命雖因維修沒有裝彈，仍向冬宮發射空包彈支援革命活動。十月革命後俄羅斯開始內戰，巡洋艦移防海軍基地長駐，大部分水手則赴前線。二戰期間阿芙蘿號再次執勤，堅守崗位捍衛列寧格勒至最後一顆彈藥，1941年被德軍擊沉。阿芙蘿巡洋艦歷經2次革命與3場戰爭，被視為俄羅斯海軍重要的象徵，並因參加十月革命聞名於世。如今已雖更換一半以上的船體、改為博物館，聖彼得堡市議會發言人仍表示，阿芙蘿號船員不會解散，而是改制；巡洋艦現今仍由海軍擔任守衛工作，2014年移航至克拉日當海軍工廠、耗資近8億4千萬盧布的大幅修復後，於2016年返航歸位，為俄羅斯聯邦重要文化遺產之一。

阿芙蘿巡洋艦周邊

俄國海軍創建人與水手紀念像
Памятник морякам и создателям флота России
1996年11月2日是俄國海軍建軍300週年紀念，阿芙蘿巡洋艦船頭旁的廣場上，豎立了這座雕塑家阿尼庫施因所作的雕像，向創建俄國海軍的彼得一世與海軍全體致敬。

俄國最早的博物館

人類和民族學博物館

Музей антропологии и этнографии им. Петра Великого Российской Академии наук «Кунсткамера»

- ✉ Университетская набережная, 3
- ☎ (812)328-1412
- 🕐 週二～日11：00～18：00(17：00售票截止)
- 🚫 週一、每月最後一個週二封館維護、1月1日、5月9日及12月31日
- 💲 成人票300р，俄籍學生票100р，9至4月每月第3個週四免費換票參觀
- 🌐 www.kunstkamera.ru
- ➡ 地鐵綠線Василеостровская站或藍線Невский проспект站、綠線Гостиный Двор站，入口在面對博物館左側巷內
- 🗺 P.231

彼得一世為聖彼得堡天際線規畫了三大象徵，分別是聖彼得堡教堂塔尖上象徵信仰的天使、海軍總部大廈頂尖掌握元素技術的船，與博物館屋頂了解宇宙學識的渾天儀

Кунсткамера源自於德語 Kunstkammer，是珍品收藏室、博物館的意思。早在1697～1698年赴歐考察期間，彼得一世便對當時歐洲流行的奇特收藏大感興趣，返國後即著手規畫收藏事宜，而於1714年將藏品暫時收於夏日花園內的夏宮，正式設立俄國史上第一間博物館。

傳說，彼得一世挑選博物館建地時，為涅瓦河畔2棵交錯相連的松樹所吸引，便在松樹生長的地點奠基，並將松樹最特別的部位收藏起來，成為博物館最早的館藏之一；而後荷蘭收藏家席巴(Albertus Seba)將其博物館1萬5千件藏品售予彼得一世，大幅增加了藏品內容。雖然彼得一世非常關切工程進度，可惜這棟彼得式巴洛克建築並未在他生前完工。19世紀落成後，除供博物館使用，亦曾為聖彼得堡科學院所在地，是此間重要的學術中心象徵。這裡以各種奇特標本聞名於世，當年彼得一世發現的松樹也仍在館內展出。

人類和民族學博物館周邊

羅斯特拉燈塔

Ростральная колонна-маяки

這對坐落於瓦西里島岬角上的燈塔，1810年由法國建築師托姆朵托蒙(Jean-François Thomas de Thomon)設計，名稱源於拉丁文「船頭(rostrum)」，以古羅馬人戰時砍下敵軍船頭裝飾柱子、慶祝勝利的傳統為造型，打造新藝術主義風格的燈塔。此塔高32公尺，除為往來船隻指引照明，也是聖彼得堡不可錯過的風景。

- ➡ 地鐵綠線Василеостровская站或藍線Невский проспект站、綠線Гостиный Двор站

俄羅斯藝術學院美術館

*Научно-исследовательский Музей
Российской Академии Художеств*

- ✉ Университетская набережная, 17
- ☎ (999)034-4553
- ◷ 週三、五～日11:00～19:00 (18:00售票截止)、週四12:00～20:00 (19:00售票截止)
- 休 週一、二
- $ 成人票300p，學生票200p
- http artsacademymuseum.org
- ➡ 地鐵綠線Василеостровская站，沿出口旁行人徒步道往涅瓦河方向走，直至河邊左轉，再走幾分鐘即達
- MAP P.231

伊莉莎白一世任內，大臣舒瓦洛夫(Иван Иванович Шувалов)向她提請設立繪畫、雕塑、建築3種藝術院校。女皇同意後，

1757年創立藝術學院，起初6年歸屬莫斯科大學編制，而後正式獨立為專校，1764～1788年間俄國建築師卡卡力諾夫(Александр Филиппович Кокоринов)與法國建築師瓦練・傑拉莫特(Jean-Baptiste Vallin de la Mothe)共同設計院校大樓，在涅瓦河畔建造了這棟新古典建築。

帝國藝術學院是俄羅斯最重要的美術學府，知名藝術家如列賓、蘇里可夫、瓦斯涅佐夫、艾依瓦佐夫斯基、吉普林斯基等畫家與雕塑家寇特都是這裡的畢業生。1917年，帝國藝術學院幾經改制，如今名為國立聖彼得堡列賓繪畫、雕塑、建築學院，常簡稱列賓美院(Институт им. Репина)。

美術館內的門窗、牆角上陳列許多雕塑，牆面也繪有不少壁畫，處處皆美

聖彼得堡與莫斯科的瑜亮情結

　　聖彼得堡自建都至今，許多方面都與莫斯科截然不同：莫斯科由市中心克里姆林宮開始發展，市容充滿各時期建築，巷弄街道複雜，雖有運河，但位居內陸，地理條件較為封閉；聖彼得堡則因按照都市計畫建設，保存帝俄時期古建築，市容較古典整齊，道路井然有序，加上濱海、市內運河碼頭縱橫交錯且鄰近歐洲，便捷的交通條件讓整座城市更具開放精神。

　　兩地迥異的歷史、地理因素多少影響了居民的生活習慣、教育、思想甚至性格，因此逐漸衍生出聖彼得堡派與莫斯科派兩種典型印象。有些人欣賞聖彼得堡溫和有禮、親切友善的紳士淑女風範，有些人喜歡莫斯科明快直白、不加修飾的清楚坦然，雙方各有優點，難分軒輕；莫斯科給我的感覺像狼，而聖彼得堡，則是優雅的天鵝。

俄羅斯藝術學院美術館周邊

人面獅身像
Сфинкс

涅瓦河畔藝術學院大門前，有一對近3千5百年歷史的雕像——雙層頭冠代表法老統治上、下埃及，並以阿蒙霍特普三世為面容的雕像。這對雕像原位於古埃及第十八王朝法老阿蒙霍特普三世(Amenhotep III)神廟門前，1830年在埃及亞歷山卓港出售時，俄羅斯旅遊家慕拉維優夫(Андрей Николаевич Муравьёв)震懾於雕像的古老神祕之美，寫信建議俄國駐埃及大使收購。旅遊家的信件由大使轉寄尼古拉一世，再輾轉到帝國藝術學院。雖然俄方決定收購，人面獅身像已被法國買下，隨後爆發的法國大革命帶來轉機，這對人面獅身像最終於1832年落腳聖彼得堡。千里而來的文物起置於帝國藝術學院庭院2年，而後移至河畔碼頭邊。雖然運送中不慎損毀雕像下巴的假鬍鬚，仍無損其美麗與歷史價值。

盧緬采夫花園
Румянцевский сад

藝術學院旁的盧緬采夫花園建於1865～1867年，園內有1818年自市中心戰神廣場移至瓦西里島的盧緬采夫紀念碑(Обелиск «Румянцева победам»)，以及1991年1月14日俄曆元旦在此落成揭幕的列賓紀念像、蘇里可夫紀念像。

人面獅身像下的碼頭階梯座位是絕佳賞景雅座，不少情侶喜歡來此約會

241

聖彼得堡的橋

漫步河畔景致

聖彼得堡的建築藝術美不勝收，不僅運河羅織的水都河畔富有浪漫氣息，聯絡渠道的橋梁也各具特色，值得遊客駐足欣賞。

銀行橋 Банковский пешеходный мост

建於1826年，得名於對面的銀行。橋邊獅鷲像是雕塑家沙卡洛夫Павел Петрович Соколов作品，德國工程師特列泰爾(Wilhelm von Traitteur)與俄國工程師赫立斯齊揚維奇(В. А. Христианович)特地把纜線裝在獅鷲口中，巧妙融合藝術與當時的纜線吊橋風潮。傳說摸獅鷲的翅膀會財源滾滾，丟硬幣到獅鷲腳上可許願。

聖彼得堡Крупской牌巧克力商標

四馬橋 Аничков мост

1715年由彼得一世下令建造的這座橋梁，位於涅夫斯基大街與噴泉河(Фонтанка)交界處，構造初為木橋、石橋，後於1840年由工程師布塔茲(Иван Федорович Буттац)、雷傑爾(Александр Христофорович Редер)規畫建設橋梁。當時德國建築師申克爾(Karl Friedrich Schinkel)在柏林所造的宮殿橋非常美麗，這座橋以宮殿橋為範本，設置了類似的人魚及海馬圍欄，並請雕塑家寇特(Петр Карлович Клодт)創作雕像。寇特的4座駿馬雕像完成後，充滿力與美的氣勢讓橋中另設雕像的計畫顯得多餘，便取消；這座橋梁就此成為獨特的四馬橋，擺脫了模仿宮殿橋的命運。

橋名安奇科夫(Аничков)源自1715年在此建橋的指揮官安奇科夫少校(Михаил Аничков)，中文譯名原應為安奇科夫橋；但因寇特的四馬雕像瀟灑俊美、令人印象深刻，許多華人直稱此地為四馬橋。

宮殿橋 Дворцовый мост

這座橋梁得名於附近的俄羅斯皇室宮殿——冬宮，長260.1公尺、寬27.8公尺，由建築師梅利切爾(Роберт-Фридрих Мельцер)設計、工程師普申尼茨基(Анджей Павлович Пшеницкий)主導修建，1916年12月13日落成；1939年由雕塑家克列斯朵夫斯基(Игорь Всеволодович Крестовский)據建築師諾斯科夫(Лев Александрович Носков)設計打造橋上的圍欄。宮殿橋是聯繫市中心與瓦西里島的交通要道，也是涅瓦河船隻出入必經地，每天凌晨01:00～04:55會開啟橋梁，讓船隻通行。

聖彼得堡共有13座橋會在凌晨開橋，Благовещенский мост聖母領報橋離宮殿橋不遠，可以遙遙望見

(左) 橋面直立的奇景 (右) 開啟的宮殿橋

第一工程師橋 1-й Инженерный мост

原為1720至1750年間，為興建夏日花園搭建的木橋，幾經翻修成為今日面貌。1835至1918年間，因附近帝國法學院(Императорское училище правоведения)的學生制服外套配色與黃雀(чижик)相似、佩戴小馴鹿皮帽，大眾開始暱稱該院學生為黃雀小鹿(чижик-пыжик)，傳唱名曲：「黃雀小鹿，你跑哪兒去了？到噴泉河畔喝伏特加去了。喝了一杯，又喝第二杯—喝得天旋地轉，頭都暈了。(Чижик-пыжик, где ты был? На Фонтанке водку пил. Выпил рюмку, выпил две—Закружилось в голове.)」1994年橋下牆面設立了格魯吉亞導演暨雕塑家噶伯利亞傑(Резо Леванович Габриадзе)所作的黃雀小鹿像(памятник Чижику-Пыжику)，很多人會來擲硬幣許願，認為硬幣留在銅像平台上願望就會實現；不少年輕人訂婚後，會讓未婚夫以繩子垂降玻璃瓶去碰黃雀的喙尖，以瓶子沒有破裂代表婚後幸福美滿的吉兆。

逛│街│購│物

ПОКУПКИ ШОКОЛАД **ОСОБЫЙ**

地鐵站旁的零食店 `巧克力` `糖果` `零食` `紀念品`

Фирменный магазин «Крупской» ООО «Белочка»

✉ Средний проспект, 28
☎ (812)323-1763
🕐 週一～五09:00～20:30，週六09:00～20:00
🛌 週日
http slavjanka.ru (俄)
➡ 地鐵綠線Василеостровская站出口對面
MAP P.231

(上) 這間分店名為松鼠(Белочка)，形象可愛
(下) 各式禮盒選擇豐富，也有零售糖果、糕點

　　創立於1938年，以列寧之妻克魯柏斯卡雅(Надежда Константиновна Крупская)為名，二戰時期堅持生產線營業不輟，各式香濃巧克力產品深受俄國人喜愛，是聖彼得堡著名的巧克力品牌。這家瓦西里島上的直營店面除了Крупской專櫃，也有一些其他的零食櫃檯，並保留蘇聯時期在櫃檯點選商品後，另往收費櫃檯結帳，再憑收據回櫃檯取貨的購物傳統，相當有特色。

推薦特產

瓦西里島有不少地點適合歇腳小憩：地鐵站Василеостровская出口即為行人徒步區，附設花園座椅的林蔭道非常舒適，列賓美院旁的盧緬采夫花園、美院前的碼頭階梯座位更是涅瓦河畔絕佳賞景席。買些聖彼得堡特產，吃些點心，補充體力後再繼續旅程吧。

聖彼得堡名牌巧克力
Крупской
克魯柏斯科伊糖果工廠的巧克力口味豐富，包裝也頗有特色，送禮自用兩相宜

伏特加
Русский Стандарт
雖在機場與各大城市都可買到這個牌子的伏特加，來到原產地聖彼得堡，不妨品嘗看看Русский Стандарт揚名於世的好味道

冰淇淋
Талосто мороженое
聖彼得堡食品公司Талосто的冰淇淋雖在莫斯科也買得到，但還是產地較為普及；在涅瓦河畔品嘗濃冰淇淋，會是非常美好的回憶。

(攝影／彼得堡Yulia)

特|色|餐|飲 Ресторан

Корюшка 彼得保羅要塞的河景餐廳
高加索、歐式

✉ Петропавловская крепость, 3
☎ (812)640-1616
🕐 每天12:00～01:00(廚房作業至00:45)
💲 前菜+主菜約2,000p
🌐 ginza.ru/spb/restaurant/korushka
➡ 地鐵藍線Горьковская站，出站後沿Каменноостровский проспект往右走，走至十字路口處往右，過橋進彼得保羅要塞，沿要塞涅瓦河畔步行即達
MAP P.231

Корюшка胡瓜魚是春季會洄游至聖彼得堡、類似柳葉魚的溫帶魚類，飽滿多卵、帶有類似小黃瓜的淡淡香氣，是聖彼得堡著名的春季特產。這家餐廳坐落於彼得保羅要塞內，除了胡瓜魚，也供應美味海鮮、高加索與歐式料理，參觀要塞可在此用餐休息，順便欣賞瓦西里島岬角與涅瓦河風光，愜意舒適。

(上) 風味獨特的雞肉、羊肉高加索烤碎肉串люля-кебаб (攝影/陳迪)
(下) 一碗阿塞拜疆鷹嘴豆羊腿肉丸燉湯кфюта-бозбаш、一份炸胡瓜魚жаренная корюшка就是美味的一餐(攝影/陳迪)

Таверна Гролле 瓦島人氣景觀餐廳
俄式料理、中亞料理

✉ Большой проспект В.О., 20
☎ (812)323-6258
🕐 每天24小時
💲 湯+主餐+沙拉吧取用一次+漿果汁625p(平日12:00～17:00商業午餐)
🌐 grolle.ru (俄)
➡ 地鐵綠線Василеостровская站，沿出口旁行人徒步區往涅瓦河方向走，徒步區走到底後，馬路對面即見
MAP P.231

這家餐廳俄式、中亞料理俱佳，現烤肉串、鮮魚香嫩多汁，大片玻璃窗可賞聖安德烈使徒教堂、林蔭道街景，窗明几淨、歐洲酒館風設計溫暖舒適，24小時全天候供應道地美味，是瓦西里島上出名的人氣餐廳。

(攝影/陳迪)

Демьянова уха

傑米揚的魚湯 [俄式料理]

✉ Кронверкский проспект, 53

☎ (812)232-8090

🕐 每日12:00～00:00，廚房作業至23:00

💲 湯+主菜約1,500p

🌐 demyanova-uha.ru

➡ 地鐵藍線Горьковская站，出站後沿 Кронверкский проспект往左走，約15分鐘 內可達

🗺 P.231

　　傑米揚的魚湯是俄國寓言作家伊萬・克雷洛夫的著名作品之一，故事主角傑米揚(Демьян)過度熱情地以魚湯款待鄰居佛卡(Фока)，最後佛卡實在無福消受，只得落荒而逃。這則家喻戶曉的寓言已為俄語成語，用來形容一廂情願的好意。1971年開幕的魚湯餐廳以此為店名，非常有幽默感。新鮮美味的魚湯、溫馨舒適的環境、親切到位的服務與現場音樂演奏，各個環節都顯示出經營者的用心。

(上) 彩色玻璃窗，招牌有魚的圖案
(中) 古俄羅斯木屋設計
(左下) 大碗魚湯，近乎寓言的盛情款待
(右下) 魚類主題藝術品裝飾

Тбилисо

豐富獨特高加索美食 [高加索、格魯吉亞]

✉ Сытнинская ул., 10

☎ (812)232-9391

🕐 週日～四12:00～0:00，週五、六12:00～ 01:00

💲 平日12:00～16:00商業午餐沙拉+湯+麵包+ 主菜+飲料430p

🌐 triton-restoran.ru/restaurants/tbiliso/ about (俄)

➡ 地鐵藍線Горьковская站，出站後沿 Кронверкский проспект往左走，右 轉至Кронверкская улица後，左轉到 Сытнинская улица沿門牌號碼漸少方向走 約5分鐘即見

🗺 P.231

店面外觀(攝影／戴仔君)

　　這家餐廳以豐富道地高加索菜聞名，提供格魯吉亞伊梅列季州及其首都庫塔伊西、西濱黑海南鄰土耳其的阿札爾、位處俄羅斯跟格魯吉亞交界的奧塞梯等地少見特色佳餚與格魯吉亞美酒，週四～六晚上有現場音樂表演，洋溢濃烈獨特風情，炭火烤肉噴香美味，深受聖彼得堡人喜愛，強烈推薦。

Брынза

薄炸餡餅香酥可口 歐式、俄式、烏茲別克、格魯吉亞、高加索

- ✉ Средний пр. В.О., 6/13
- ☎ (812)495-6666
- ⏰ 每天09:00～23:00
- 💲 чебурек缺布列克190р，飲料90р起
- 🔗 cafebrynza.ru (俄)
- ➡ 地鐵線線Василеостровская站，出站後沿Средний проспект往小涅瓦河方向走，快到河邊時即見
- 🗺 P.231

Брынза是聖彼得堡著名的連鎖店，專賣油炸酥薄餡餅чебурек缺布列克，新鮮現做的香酥美味深受眾人喜愛。Чебурек缺布列克是源於黑海附近的突厥、蒙古薄餡餅，除了傳統的黑胡椒羊絞肉口味，也有起司、馬鈴薯、蘑菇、高麗菜等各種口味。這間店以帶乳酸味、鹹度適中的брынза白乳酪為店名，招牌的брынза餡餅Чебурек фирменный «Брынза»餅皮酥脆、融化的брынза白乳酪配上高達起司餡料香濃滑順，可口美味。

餡餅皆附番茄莎莎醬，去油解膩(攝影／江欣盈)

Brugge

比利時啤酒美食 歐式料理

- ✉ Набережная Макарова, 22
- ☎ (812)600-2390
- ⏰ 每天12:00～02:00
- 💲 啤酒380р起，開胃菜400р起，主餐720р起
- ➡ 地鐵線線Василеостровская站，沿出口Средний проспект В.О.往小涅瓦河方向走到底，左轉沿Набережная Макарова門牌號碼遞增方向，走幾分鐘即見
- 🗺 P.231

Brugge是瓦西里島上的超人氣酒吧，在此可品嘗逾90種比利時啤酒與法蘭德斯燉羊肉、瓦特佐伊燉菜、列日鬆餅等各色經典比利時美味，安全體驗聖彼得堡夜生活的酒吧情境。這裡的每種啤酒都有專用杯方便辨識，明亮潔淨的開放式廚房工作節奏迅速確實，餐點新鮮可口廣受好評，週

末假日熱門時段經常客滿，建議提前訂位。

照片由餐廳提供

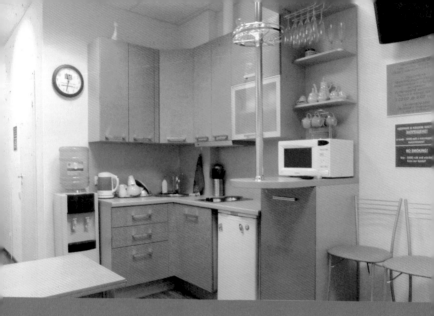

聖彼得堡住宿情報

Проживание в Санкт-Петербурге

聖彼得堡觀光發達，除了高級酒店、飯店、商務旅館，市中心也有很多經濟型青年旅館，各種便捷、舒適的住宿環境可以徹底休息，養精蓄銳好繼續隔天的行程，選擇豐富。由於市中心為古建築保護區，聖彼得堡很多青年旅館開設於住宅大樓內、無電梯、在出入鐵門處設置招牌，行前最好先確定有無電梯、大門密碼或現場聯絡電話，以免不得其門而入。下榻市中心或兩島區可就近遊覽熱門景點、用餐、購物，交通方便，還能感受聖彼得堡迷人的夜晚風情。聖彼得堡旅遊旺季約在4～10月，住宿價格也會隨之調漲；是否供應機場接駁交通、餐點、衛浴為房內附設或公用等細節，最好一併在訂房前確認清楚。

住 宿 情 報
Проживание в Санкт-Петербурге

Талион Империал Отель 達利昂帝王酒店

✉ Невский проспект, 15
📞 (812)324-9911　💲 43,000р起
🌐 www.taleonimperialhotel.com
➡ 地鐵藍線Невский проспект站或綠線Гостиный Двор站

1768～1771年間女皇凱薩琳二世下令為參議員暨警察局總局長奇切林所建宅邸，為達利昂帝王酒店的前身。此宅邸由法國建築師瓦練‧傑拉莫特以伊莉莎白一世任內冬宮建築為範本設計，繼奇切林家族之後，一直為俄羅斯達官顯貴所有；後於俄國著名商人格里高利‧耶立謝耶夫家族

居住時大規模翻修，巴洛克、洛可可、法式新古典主義、新文藝復興主義與新藝術主義等風格兼具，美不勝收。

蘇聯時期，此地曾為藝術協會使用，作家高爾基、阿赫瑪托娃等藝文界名流常在此聚會；電影、音樂協會進駐後，作曲家蕭士塔高維奇亦曾在此工作。悠久歷史傳統、造型美麗的建築，加上不斷提升現代科技配備與高品質服務，這裡已名列Virtuoso等世界旅館協會成員，是聖彼得堡最負盛名的頂級酒店之一。

Belmond Grand Hotel Europe 歐洲酒店

✉ Михайловская улица, 1/7
📞 (812)329-6000　💲 38,000р起
🌐 www.grandhoteleurope.com
➡ 地鐵藍線Невский проспект站或綠線Гостиный Двор站
🗺 P.183

歐洲酒店是聖彼得堡最著名的高級酒店之一，營業已逾135年，歷史悠久；屠格涅夫、柴可夫斯基等名人都曾下榻於此，美國前總統柯林頓、流行歌手艾爾頓‧強等各界名流亦曾為酒店貴客。這家酒店坐落於市中心，俄羅斯美術館、喀山大教堂、浴血復活教堂等熱門景點交通便捷，是投宿聖彼得堡的首選。

Corinthia Hotel St.Petersburg 聖彼得堡柯林西亞酒店

✉ Невский проспект, 57
📞 (812)380-2001
💲 35,000р起
🌐 www.corinthia.com
➡ 地鐵綠線Маяковская站
🗺 P.183

這座鄰近四馬橋、俄羅斯美術館、喀山大教堂、浴血復活教堂等聖彼得堡熱門景點的19世紀建築，原名叫作Corinthia Nevskij Palace Hotel，於2009年春天重新開幕為Corinthia Hotel St.Petersburg，除了交通便捷，設備環境，服務品質也堪稱理想。

商務酒店 Гостиница	經濟型青年旅館 Хостел
市中心區	市中心區

Radisson Royal Hotel St. Petersburg 雷迪森聖彼得堡皇家酒店

✉ Невский проспект, 49/2
☎ (812)322-5000　💲 11,000р起
🌐 www.radisson.ru/hotel-stpeterburg
➡ 地鐵綠線Маяковская站　🗺 P.183

　　涅夫斯基大街這棟18世紀古建築，現由Radisson Royal Hotel國際連鎖飯店體系經營。除了舒適優質的住宿環境，這裡鄰近四馬橋、俄羅斯美術館、喀山大教堂、浴血復活教堂等熱門景點，交通便捷。

- -

Holiday Inn
假日酒店

💲 6,500р起
🌐 www.holidayinn.com
🗺 P.231

　　Holiday Inn國際連鎖酒店體系在聖彼得堡已開設5家分館，雖距離市中心區較遠，但仍臨近地鐵站、交通還算方便。知名的Holiday Inn系列招牌，可保證住宿的品質。

- -

Marriott
萬豪國際酒店

💲 7,500р起　🌐 www.marriott.com/

　　Marriott萬豪國際酒店在聖彼得堡已開設3家分館，每家不同定位，聖以薩大教堂旁的Renaissance St. Petersburg Baltic Hotel、瓦西里島上的Courtyard St. Petersburg Vasilievsky交通很方便。

Bonn-Apart

✉ ул. Малая Морская, дом 8, кв. 7.
☎ (812)315-5489　💲 1,600р起
➡ 地鐵藍線Невский проспект站或綠線Гостиный Двор站
🗺 P.183

　　Bonn-Apart環境乾淨整潔、價格實惠、工作人員親切友善，隱士廬博物館、宮殿廣場、海軍總部大廈、聖以薩大教堂、青銅騎士像等名勝古蹟舉步可達，凌晨欣賞完宮殿橋開橋後，就近回旅館特別方便，廣受商務出差人士、青年旅客和背包族喜愛。是住宿青年旅館的強力推薦選擇。

附贈早餐

管理良好，設施很整潔

Два Острова

Hostel Whose suitcase?

✉ Невский проспект, 87
☎ (981)824-0508
💲 1,350р起
🌐 www.hostelchemodan.ru
➡ 地鐵紅線Площадь Восстания站
🗺 P.183

　　Whose suitcase? 臨近地鐵站、火車站，正對涅夫斯基大道，交通便捷。起義廣場的絕佳窗景、員工親切的服務態度受不少年輕旅客推薦。

Soul Kitchen

✉ Набережная реки Мойки, 62/2
☎ (965)816-3470　　💲 1,600р起
🌐 soulkitchenhostel.com
➡ 地鐵藍線Невский проспект站、綠線Гостиный Двор站或紫線Адмиралтейская站
🗺 P.183

　　坐落река Мойка河畔，除了床位，還有標準套房、家庭房、豪華套房、河景房等房型，充滿設計感。臨近聖以薩大教堂和喀山大教堂，便利交通。舒適整潔的住宿環境、員工親切的服務態度等條件廣受好評，多次榮獲俄國年度首選青年旅館獎項。

Simple Hostel Nevsky

✉ Невский проспект, 78
☎ (812)499-4945
💲 800р起
🌐 simplehostel.ru
➡ 地鐵藍線Невский проспект站、綠線Гостиный Двор站或綠線Маяковская站、紅線Площадь Восстания站
🗺 P.183

　　Simple Hostel位於涅夫斯基大街上，設計極簡大方、寬敞明亮，乾淨整齊、服務親切，深受年輕旅客、背包族喜愛。

兩島區

Online Hostel

✉ 6-ая линия В.О. 27 кв.1
☎ (812)329-9594　💲 500р起
🌐 online-hostel.com
➡ 地鐵綠線Василеостровская站
🗺 P.231

　　Online hostel緊鄰地鐵站，設計舒適、服務親切友善、價格經濟平實，是兩島區不錯的住宿選擇。

Пригородные дворцово-парковые комплексы Санкт-Петербурга

聖彼得堡近郊宮殿莊園

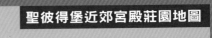

聖彼得堡近郊宮殿莊園地圖

芬蘭灣
Финский залив

克拉日當海軍基地
Кронштадт

涅瓦河灣
Невская губа

聖彼得堡
Санкт-Петербург

彼得宮城
Петергоф

涅瓦河
река Нева

莫斯科大道
Московский проспект

普爾科夫國際機場
аэропорт Пулково

普希金市(沙皇村)
Пушкин

涅瓦河
река Нева

巴甫洛夫斯克
Павловск

N

古典浪漫的羅曼諾索夫王朝離宮

聖彼得堡近郊有不少沙皇、貴族的離宮，其中又以彼得宮城的夏宮、沙皇村的凱薩琳宮與巴甫洛夫斯克的大宮殿特別出色，為聖彼得堡近郊觀光最熱門的三大宮殿。

夏宮花園匯集建築、園林、雕塑大師合力打造各種噴泉，漫步其間猶如參觀一場雕塑、噴泉藝術的大型露天展覽，令人心曠神怡。凱薩琳宮是巴洛克建築大師拉斯特雷利最為人稱道的設計之一，精雕細琢的宮殿裝修盡顯俄羅斯帝國的強盛而不流於浮華，是建築史上公認的經典傑作。巴甫洛夫斯克莊園修建年代較晚，面積543公頃的遼闊園林風景如畫，名聞遐邇的大宮殿宏偉典雅，值得一遊。

這三座莊園鄰近聖彼得堡，可當天往返無需安排住宿。旅遊旺季遊客如織，常增設英語或中文導覽行程，建築、雕像等特色解說詳盡。由於宮殿、花園面積廣大，如時間許可，建議安排半天或一天行程，放慢腳步，欣賞建築、雕塑、園林、自然之美，享受昔時皇室貴族獨享的良辰美景。

彼得宮城

Петергоф

概況
導覽

彼得宮城(Петергоф)又譯作夏宮、彼得夏宮,源於沙皇由聖彼得堡前往較遠島嶼時,稍作休息的碼頭與離宮;1710～1714年建造彼得一世的夏季離宮後,又陸續建造了下花園、上花園、大宮殿,打造世上最大的噴泉系統,以雕像、花瓶裝飾,處處用心規畫、充滿巧妙設計,完美達成彼得一世夏宮規畫構想的兩大目標:興建能與著名歐洲皇家離宮相提並論的輝煌宮殿、作為俄國成功取得對波羅的海出海口的凱旋紀念。前往彼得宮城最方便的交通方式是搭船:至聖彼得堡隱士盧博物館旁波羅的海碼頭(Причал «Балтика»,見聖彼得堡市中心地圖p.183) 水翼船公司櫃檯購票上船,船票單程成人為850盧布、往返1,600盧布,學生票往返1,500盧布,航程約半小時。彼得宮城著名的下花園處處景色優美、浪漫迷人,是很多人首推的聖彼得堡近郊夏、秋季觀光景點。

芬蘭灣
Финский залив

 彼得宮城碼頭

蒙普列齊爾宮 📷

📷 隱士廬

📷 瑪麗宮　📷 獅子瀑布　下花園 📷　太陽噴泉 📷

玩笑噴泉 📷

📷 金山瀑布　　　　　　　　　金字塔噴泉 📷

大瀑布 📷　　　　羅馬噴泉 📷

大宮殿 📷

上花園 📷　　棋山瀑布 📷

彼得宮城最著名的噴泉花園美景

下花園

Нижний парк

✉ Северная часть Петергофа
☎ (812)450-5287
🕐 每天09:00～21:00(19:45售票截止)
💲 外籍成人票900p，俄籍成人票450p，俄籍學生票250p；大瀑布噴泉內部導覽成人票500p，俄籍成人票300p，俄籍學生票200p，於大宮殿ГРОТЫ售票櫃檯購票，導覽場次視當日公告，集合地點位於噴泉面海方向左側
🌐 peterhofmuseum.ru
🗺 P.257

園內以古希臘、羅馬神話雕像裝飾

彼得宮城由彼得一世親自規畫所有基礎元素、後續發展藍圖，交由建築師伯拉烏許坦恩(И. Ф. Браунштейн)潤飾執行，匯集馬勒托斯(И. П. Мартос)、普洛寇菲耶夫(И. П. Прокофьев)、拉雪特(Ж. Д. Рашетт)、舒賓(Ф. И. Шубин)、薛德林(Ф. Ф. Щедрин)等雕塑家創作雕像，採經典的法國國王路易十四凡爾賽宮花園為範本，嚴格對稱的幾何布局、精心修剪的樹木和灌木、構圖精緻的大花壇、大量雕塑裝飾、優雅亭閣，以出海運河為中線，分為東西兩區，除建設園林、噴泉、樓閣、涼亭、雕塑、花壇等美景，還兼顧實用需求，設置了溫室、藥草園、食用魚池，為沙皇培育藥草與稀有的美味魚類。二戰時期彼得宮城嚴重受創，至今雖仍有細部尚未修繕完畢，大部分園景已修復。每年夏季噴泉開放，總是吸引大量遊客前來遊憩，欣賞這座舉世聞名的宮殿花園。

衛兵崗位亭亦有造型

對稱和諧的構圖造景

參觀重點

大瀑布
Большой каскад

彼得一世構思設計的大瀑布噴泉是下花園核心噴泉，

1716年5月開始建造，1721年7月13日在彼得一世觀視下注水，1723年8月正式啟用，分左右兩側、7層台階，以鍍金雕像裝飾其間，奔流而下的水瀑匯集於最底層水池。啟用後，噴泉工程仍持續追求完善，彼得一世逝世後又增加了雕像，並於1735年在底層圓池中央安設下花園最大的參孫噴泉、1738年增設池畔吹螺噴泉，才宣告完工。精心打造的大瀑布噴泉從任何一個角度看都非常華美，被奉為巴洛克藝術中的經典，是世上最有名的噴泉之一。每天中午11點舉行的啟用儀式噴泉直衝天際，瞬間點亮整座花園生氣，值得留意觀賞。

玩笑噴泉
Фонтаны-шутихи

除了美麗的噴泉，彼得一世也規畫了一些趣味噴泉，展現帝王充滿幽默感與童心的一面。走近長椅啟動的機關噴泉，特別受遊客喜愛。

彼得一世的夏季離宮
大宮殿
Большой дворец

✉ Центр Петергофа
☎ (812)450-5287
◎ 4月27日～10月13日夏季個人參觀場次為週二～日12:00～14:30及16:15～19:45 (19:45售票截止)
休 週一休館，每月最後一個週二封館維修，不對外開放
💲 外籍成人票1,000p，俄籍成人票450p，俄籍學生票300p，16歲以下兒童免費，夏季參觀須於入口參加現場團體導覽，門票已含導覽費
http peterhofmuseum.ru
MAP P.257

大瀑布噴泉後方，即為大宮殿與彼得宮城上花園。這座宮殿18至19世紀由伯拉烏許坦恩、列伯隆(Ж.Б.Леблон)、米凱提(Н. Микетти)、劍佐夫(М.Земцов)、拉斯特雷利(Ф.Б. Растрелли)、許塔肯什奈德爾(А.И.Штакеншнейдер)等名建築師合力打造，黃、白配色外觀優雅柔和，宮內廳室精雕細琢，陳列彼得一世的私人收藏、生活用品，現已改為博物館對外開放。這座宮殿為歷代沙皇夏季離宮，曾舉辦各種舞會、面具舞會、節慶活動，值得入內參觀。

沙皇村

Царское село

概況導覽

　　沙皇村(Царское село)於1710～1720年修築沙皇夏季離宮開始發展，而後除了凱薩琳宮、凱薩琳宮花園，村中成立培育貴族子弟的皇村中學，許多聖彼得堡上流社會名貴也愛到此度假，遠離塵囂，享受夏日時光。沙皇村是歷任沙皇重要的離宮駐地，俄國第一條鐵路便於1837年由聖彼得堡建至此地；末代沙皇尼古拉二世任內社會動盪不安，皇室成員便常在此居住以避風頭。

　　從聖彼得堡搭巴士前往沙皇村最為方便，從地鐵Московская站外(見p.213地圖)搭乘286、287、342、347、545或窗上註明Царское село的巴士，上車購票時請司機在Царское село(讀音為Tsarskoye selo)停車，車程約半小時，票價約55盧布。二戰時期沙皇村曾嚴重受損，駐守在聖彼得堡城外的德軍根據希特勒命令，大肆劫掠凱薩琳宮、彼得宮城等帝俄離宮珍寶，大量藝術品被運往德國。戰後沙皇村歷經大規模修復工程，才得以重現昔日榮景，每年觀光旺季遊客如織，是聖彼得堡近郊非常熱門的觀光勝地。

沙皇村地圖

普希金故居別墅紀念館

Магазейная улица
Октябрьский бульвар
Дворцовая улица
Пушкинская улица
Московская улица
Оранжерейная улица
Малая улица
Средняя улица
Садовая улица
Конюшенная улица
Набережная улица

皇村中學紀念館

凱薩琳宮

回程站牌

下車處

凱薩琳宮花園

凱薩琳宮花園

美麗優雅的歐式宮廷花園
凱薩琳宮花園
Екатерининский парк

✉ г. Пушкин, Екатерининский парк

☎ (812)415-7667 (10:00～18:00俄語，週二休)

🕐 5～7月每天07:00～23:00，8月07:00～22:00，9～4月07:00～21:00；櫃檯09:00～19:00售票

💲 成人票150p，學生票80p，16歲以下兒童免費

http tzar.ru

MAP P.261

下車地點附近的凱薩琳宮花園水渠系統

園內不少樓房已改為博物館陳列各種主題特展，可入內參觀；票價依現場定價

凱薩琳宮花園分為2區，一為對稱花園(регулярный парк)，另一是景觀花園(пейзажный парк)。對稱花園遵循經典的對稱幾何原則設計，而景觀花園的林木、水池、溪流、亭閣、雕像則特別融合自然美景，協調優雅。凱薩琳宮花園入口設於宮殿園區大門，如欲參觀凱薩琳宮，需先購買花園門票方可入內。花園面積廣大，建議安排半天以上，時間比較充裕。

旅行小抄
花園園區服務

園內提供歐式禮服出租服務，讓遊客拍照

(攝影/彭楷鈞)

重現輝煌巴洛克藝術
凱薩琳宮
Екатерининский дворец

✉ г. Пушкин, Екатерининский дворец
📞 (812) 415-7667 (10:00～18:00俄語，週二休)
🕐 週三～一營業；6月2日～8月31日週四～日12:00～19:00，週一、三12:00～20:00；9月12:00～18:00；11月～3月10:00～16:45；學校秋、冬、春假期間12:00～16:45
🚫 週二休館，每個月最後一個週一封館維護，不對外開放
💰 成人票1,000 p，學生票350 p，附俄語導覽，購票後1小時內需入館參觀；語音導覽租借200 p，攝影或錄影票依現場定價，禁止使用腳架、閃光燈和額外照明燈具，琥珀室禁止拍照、錄影
🌐 tzar.ru ［MAP］ P.261
❓ 因凱薩琳宮以導覽控管入場人數，近年觀光旺季常排隊逾千人、排一整天仍無法進場，建議行前做好心理準備及行程備案，才不掃興

凱薩琳宮是彼得一世為皇后凱薩琳所興建的離宮，1717～1724年由建築師伯拉烏許坦恩設計修築，而後彼得一世之女伊莉莎白

一世下令，由著名的義裔俄國建築師拉斯特雷利重新設計，建成今日所見的巴洛克式宮殿。

凱薩琳宮以優美、精緻著稱，拼貼大量琥珀裝飾的琥珀室(Янтарная комната)更是名聞遐邇，雖受二戰戰火波及與德軍劫掠，戰後由建築師巴蘭諾夫(Н. В. Баранов)、基德林斯基(А. А. Кедринский)、圖曼諾娃(Н. Е. Туманова)等人領導工作團隊致力修復。迄今雖有部分廳房尚在修復中，浪漫華貴風貌仍吸引無數旅客前來。

沙皇村—熱門景點

凱薩琳宮花園、凱薩琳宮

富麗堂皇、精雕細琢的廳房，以琥珀室最為有名

大文豪普希金的母校

皇村中學紀念館

Музей-Лицей

- ✉ г. Пушкин, ул. Садовая, 2
- ☎ (812)476-6411
- ◷ 週三～一10:30～18:00(17:00售票截止)
- ✖ 週二及每月最後一個週五
- 💲 成人票含導覽330 р、無導覽150 р；學生票含導覽240 р、無導覽60 р；5月18日國際博物館節、6月6日普希金紀念日及10月19 皇村中學紀念日免費開放
- http www.museumpushkin.ru (俄)
- MAP P.261

　　1811年由亞歷山大一世創立，專供貴族子弟學習，為俄羅斯培育英才。俄國文豪普希金1811～1817年在此就讀，成為校內風雲人物；而後普希金更以出色作品震驚文壇，從此展開不凡的一生。二戰後皇村中學經修復成立紀念館，展出普希金早期作品，並將詩人當年居住的第14號房回復原貌，吸引不少普希金迷前來朝聖。

列賓作品《普希金於沙皇村皇村中學考試》，描繪少年普希金一鳴驚人、轟動在場所有名家

旅行小抄

紀念品攤

皇村中學旁紀念品攤林立，選購紀念品非常方便。

Шаркунок以白樺樹皮、蘋果子、豌豆等象徵幸運的材料製成，是俄國傳統的幸運符，搖動樹皮小盒發出聲音，即可招來好運，是這裡比較特別的紀念品；на Здоровье健康、на Удачу成功、на Деньги錢財、на Счастье幸福、на Любовь愛情，是比較常見的祈願內容

凱薩琳宮旁的皇村中學

Царское село

普希金新婚避暑別墅

普希金故居別墅紀念館

Музей-Дача А.С.Пушкина

- ✉ г.Пушкин, Пушкинская ул., 2/19
- ☎ (812)451-6981
- 🕐 週三～日10:30～18:00(17:00售票截止)
- 🚫 週一～二及每月最後一個週五
- 💰 成人票含導覽200p、無導覽100p；學生票含導覽160p、無導覽60p；5月18國際博物館節、6月6日普希金紀念日及10月19皇村中學紀念日免費開放
- 🌐 www.museumpushkin.ru (俄)
- ➡ 從皇村中學旁沿улица Садовая走至Дворцовая улица，沿Дворцовая улица走約10分鐘內可見
- 🗺 P.261

1831年結婚後，俄國著名詩人普希金偕妻搬遷至聖彼得堡，曾租賃此別墅避暑，而後才移居至聖彼得堡市中心。1831年5～10月間普希金在這裡度過了愉快的新婚生活，也邀請摯友果戈里、朱可夫斯基等人前來家中作客，暢談文學、政治，如今紀念館已修復當年原貌，置身其間可遙想名家匯集、充滿文藝氣息的榮景。

俄國文學的黃金時代

19世紀前半，普希金一改之前俄國貴族只用法語寫作的習慣，以俄語作品轟動文壇，自此俄國作家紛紛採俄語寫作，開啟了俄國文學的黃金時代。

除了普希金、詩人兼翻譯家朱科夫斯基、小說家果戈里，俄國感傷主義文學奠基人卡拉姆金、詩人萊蒙托夫、寓言作家克雷洛夫、小說家圖格涅夫、杜斯妥也夫斯基、托爾斯泰、短篇小說家及劇作家契訶夫等眾星雲集，現實主義文學成就被譽為世界文學史中繼古希臘羅馬神話、莎士比亞之後的第三高峰。

從學校到宮廷一直照顧普希金的導師朱可夫斯基，基普倫斯基繪

巴甫洛夫斯克

Павловск

概況
導覽

巴甫洛夫斯克(Павловск)源於凱薩琳二世為其子保羅一世下令建造的寢宮，1782年開始由卡梅隆(Чарлз Камерон)、伯連納(Винченцо Бренна)、科瓦練基(Джакомо Кваренги)、伏洛尼辛(Андрей Воронихин)及羅西(Карло Росси)等建築師修築，耗時近50年，占地600公頃，為世上最大的宮廷莊園之一。

從聖彼得堡前往巴甫洛夫斯克最方便的交通方式為搭乘巴士，從地鐵Московская莫斯科站(見p.213地圖)，搭乘299、545或窗上註明Павловск的巴士即可直達，車程約45～60分鐘，票價約55盧布。因花園面積廣大、從其他入口走至宮殿頗有距離，建議上車購票時請司機在Павловск的宮殿дворец停車(讀音為Pavlovsk、dvorez)，以節省體力。不同於彼得宮城慶祝凱旋的英姿煥發或凱薩琳宮的浪漫華麗，巴甫洛夫斯克另有一種與世隔絕、遠離塵囂的沉靜感。莊重雅緻的宮殿、融合自然風光與建築藝術的遼闊園林，值得一遊。

巴甫洛夫斯克地圖

火車站

巴甫洛夫斯克花園

大宮殿

回程站牌

宮殿前
下車站牌

熱門景點

保羅一世像，真品位於加特契那

優雅和諧的宮殿設計
大宮殿
Большой дворец

- ✉ г.Павловск, ул. Революции, 20
- ☎ (812)452-2155
- ◉ 每天10:00～18:00(17:00售票截止，17:15 入場截止)
- ✖ 每月第一個週一；1樓週二、週五與每月第 一個週一
- 💲 成人票500p，18歲以下學生票200p
- http www.pavlovskmuseum.ru
- MAP P.267

　　大宮殿最早由建築師卡梅隆規畫，原為太子寢宮的建築於保羅一世繼位後，命伯連納增建潤飾，以符合帝王離宮標準。伯連納保留原有的和諧優雅基調，採較柔美的風格增加宮殿裝飾，而後科瓦練基、伏洛尼辛及羅西等建築名家主導修繕工程亦保留此特質，以64根圓柱支撐大面圓頂，古典主義的大宮殿穩重典雅，氣勢莊嚴，參觀其內對稱的廳房，宛如欣賞數位大師合奏的交響樂，融洽完美的合作令人印象深刻。

日常起居用的1樓參觀重點

緋紅室(Малиновый Кабинет)

新室(Новый кабинет)

白餐廳(Белая столовая)

公用室(Общий кабинет)

舞廳(Танцевальный зал)

古客廳(Старая гостиная)

Павловск

如詩如畫的歐式園林
巴甫洛夫斯克花園
Павловский парк

✉ Павловский парк 📞 (812)452-2155
🕐 每天06:00～23:00
💲 09:00～19:00成人票100p、學生票50p，
   06:00～09:00及19:00～00:00免費
🌐 www.pavlovskmuseum.ru
🗺 P.267

　　巴甫洛夫斯克園林占地約為543公頃，是世上最大的歐洲園林之一。修建大宮殿時，匯集諸多造園名家設計規畫，精心植樹、開闢路徑、豎立雕塑、搭建橋面、建築亭閣，將人工藝術融入自然之美，各處景觀協調，是舉世聞名的景觀公園。

旅 行 小 抄
地圖在手，不怕迷路
　　購票時順便買份清楚標示園區景點、洗手間、簡餐店、出口等位置的地圖，以免在偌大的巴甫洛夫斯克公園內迷路了。

園區內有觀光馬車，乘坐馬車既省力又可欣賞美景，頗為快意

彰顯皇威的2樓參觀重點

埃及大廳(Египетский вестибюль)

畫毯室(Ковровый кабинет)

前臥房(Парадная спальня)

帝王廳(Тронный зал)

和平廳(Зал Мира)

查爾斯安德烈凡《愛神射箭》

TRAVEL INFORMATION
實用資訊

Travelling in Russia

俄羅斯旅遊黃頁簿

前 往 與 抵 達
DEPARTURE & ARRIVAL

簽證

台灣公民自符拉迪沃斯托克自由港及加里寧格勒入境俄羅斯可辦理免費電子簽證。俄羅斯政府計畫自2021年起全面開放外國旅客使用電子簽證入境，聖彼得堡及列寧格勒州自2019年10月1日起開放外籍旅客以電子簽證入境，規畫赴俄旅遊時，務必查詢外交部領事事務局網站(www.boca.gov.tw)確認最新簽證資訊。

如需觀光簽證，需先向合法旅行社或旅館申請邀請函，並連同其他文件，委託雙都經貿顧問有限公司(莫北協委託之俄羅斯簽證服務公司)協助辦理。

莫斯科台北經濟文化協調委員會駐台北代表處(簡稱「莫北協」)
✉ 台北市信義路五段2號9樓 (信義路、基隆路口，世貿中心對面的農旦大樓內)
☎ (02)8780-3011　📠 (02)8780-2511
🕐 週二及週四，收件時間09:00～12:00，發件時間14:00～16:00
🌐 www.mtc.org.tw

雙都經貿顧問有限公司 (莫北協委託之俄羅斯簽證服務公司)
✉ 台北市基隆路一段394號13樓
☎ (02)2720-9929　📠 (02)2720-2259
🕐 週二、四09:00～10:00、13:30～18:00 (5/1～9/30上午僅接受急件申請，超過10:00送件將遞延至下一個簽證日起算工作天)，週一、三、五09:00～12:00、13:30～18:00
🌐 www.usia.com.tw

簽證所需文件

1.中、英文姓名(與護照相同)

2.中華民國護照正本及主頁影本(有效期需6個月以上)

3.身分證正反面影本

4.近6個月內2吋白底證件照1張，必須與護照不同

5.簽證申請表只接受透過俄羅斯聯邦外交部領事司線上填表系統所填寫、列印之入境簽證申請表
🌐visa.kdmid.ru

6.公司名片或個人基本資料(住家、地址、電話等)

7.邀請函

- 觀光簽證需持有俄羅斯官方認可的旅行社核發之正本邀請函(visa support)與旅館訂房確認正本(voucher)

- 文化/私人訪問簽證需持有文化藝術、運動團體單位、當地親友於俄羅斯內務部移民署申請所核發之邀請函

- 過境簽證不需邀請函。需提供前往第三國之有效簽證及經由俄羅斯轉機之全程往返機票(最多可停留三天)。第三地如為免簽國家，請提供外交部網頁公告之免簽資訊。

- 學生簽證需持有學校前往俄羅斯內務部移民署申請之邀請函

8.付款證明(華南銀行世貿分行匯款單正本)，簽證費用依入境目的、次數與領件時間而有不同，個人單次觀光簽證一般件費用為新台幣3,560元

航空公司

目前台灣至俄羅斯夏季偶有直航，一般旅客大多搭乘韓國航空、日本航空、越南航空、泰國航空、香港航空，在亞洲轉機一次，再前往莫斯科或聖彼得堡。如搭乘華航、長榮、荷航、法航、德航等班機可經歐洲轉機。旅遊旺季各航空公司機位易滿，建議提早訂票，以免向隅。

機票比價——機票比價網站

背包客棧
🌐www.backpackers.com.tw/forum/airfare.php

FunTime
🌐www.funtime.com.tw/oveticket

Skyscanner
🌐www.skyscanner.com.tw

政府單位

台北莫斯科經濟文化協調委員會駐莫斯科代表處(簡稱北莫協)
Representative Office in Moscow for The Taipei-Moscow Economic and Cultural Coordination Commission
✉ 24/2 Tverskaya St., Korpus 1, Gate 4, 4th FL., Moscow 125009, Russian Federation
📞 (7495) 956-3786～90
📠 (7495) 956-3625
🕐 週一～五09:00～12:00、13:30～18:00
🌐 www.tmeccc.org/ru
急難救助專線：俄國境內請撥(8916)837-6058，俄國境外則撥(7916)837-6058
(急難救助電話專供車禍、搶劫等有關生命安危緊急情況救助，非急難重大事件，請勿撥打；一般護照、簽證等事項，請於上班時間以辦公室電話查詢)

莫斯科台北經濟文化協調委員會駐台北代表處(簡稱「莫北協」)
❓請見p.270

俄國政府規定，所有外籍人士抵達俄國後，需由開立邀請函單位辦理簽證落地註冊。抵俄7天內若無辦理落地註冊，輕則罰款5萬盧布，重則遣返並列入俄國海關黑名單，往後長期不得進入俄國國境。抵俄務必於7天內辦妥簽證落地註冊，並妥善保管簽證落地註冊單。此事極其重要，千萬不可忽略。

簽證落地
註冊單

行李

建議使用堅固耐用、帶輪子與手拉桿的行李箱，在廣闊機場或車站拉行李箱走，會省力許多。貴重物品如金錢、首飾、電腦、相機等電子用品建議隨身攜帶保管。因行李超重增收託運費用可觀，建議訂購機票時需注意行李限重，行前務必確認行李重量，以免超重。

機場與交通
TRANSPORTATION

機場

一般台灣旅客至莫斯科較常使用的機場為莫斯科北方的謝列梅捷沃(Шереметьево)國際機場(Sheremetyevo，SVO)，供俄航、韓航及香港航空班機起降；南方的多莫傑多沃(Домодедово)國際機場(Domodedovo，DME)，供日航、新航、國泰航空、越航及歐洲各國航空公司班機起降；西南方的伏努科沃(Внуково)國際機場(Vnukovo，VKO)，往來於中亞各國及土耳其班機起降。聖彼得堡則為普爾科夫(Пулково)國際機場(Pulkovo，LED)。

海關

俄羅斯入境手續尚稱簡便，唯有時海關人員動作緩慢，需排隊久候。入出境單由海關人員列印供旅客簽名，須妥善保存出境卡，出境時交還；攜帶3千美元以上之外幣現金需填寫申報單向俄海關申報，如海關查驗發現申報金額不符，將遭扣留調查；專業電視、電影攝影器材亦需申報。俄國海關規定出境每人限帶250公克鱘魚子醬、5公斤紅魚子醬，其他魚子醬無限制，禁止攜出古董(1945年以前物品)，出境申報金額不得高於入境金額。

入出境單

所有外籍人士入境俄國時，入出境單由海關人員列印供旅客簽名；出境單需與護照、簽證、簽證落地註冊單隨身攜帶，離境時需將護照、簽證與出境單交予海關查驗。

入出境單，左聯為入境、右聯為出境，上有英語，與其他各國填寫內容大致相同

機場至市區交通方式

交通工具	搭乘地點	交通路線	車程	班次	費用
		Шереметьево謝列梅捷沃國際機場			
аэроэкспресс 機場快捷	D, E, F 航廈	至市內 Белорусский вокзал 白俄羅斯火車站	35分鐘	05:00首班車，06:00～00:30 每半小時1班	500盧布
計程車	各航廈門外				至市中心約 2,500盧布起
		Домодедово多莫傑多沃國際機場			
аэроэкспресс 機場快捷	機場航廈右翼1樓	至市內 Павелецкий вокзал 帕維爾斯基火車站	40～45分鐘	05:15首班車，06:00～00:30 每半小時1班	500盧布
計程車	航廈門外				至市中心約 2,500盧布起
		Внуково伏努科沃國際機場			
аэроэкспресс 機場快捷	D航廈右側	至市內Киевский вокзал基輔火車站	35～40分鐘	06:000～00:00 每小時1班	500盧布
計程車	航廈門外				至市中心約 2,500盧布起
		Пулково普爾科夫國際機場			
автобуса N39 39號公車	3樓公車站牌發車區	至市內地鐵藍線 Московская站	30～35分鐘	05:30～00:35 每12至20分鐘1班	巴士票價為40盧布，行李按件收費、一件28盧布
автобуса N39Э в режиме экспресса 39Э直達公車	3樓公車站牌發車區	至市內地鐵藍線 Московская站	約20分鐘	05:25～00:06，25～30分鐘一班	巴士票價為40盧布，行李按件收費、一件28盧布
計程車	航廈門外				至市中心約 1,200盧布起

аэроэкспресс機場快捷　　　　　Домодедово機場

俄國手機門號

　　俄國手機門號3G上網費率實惠，機場皆有俄國電信公司Beeline或Мегафон的櫃檯，服務人員通英語，在機場辦理短期俄國手機門號比市區方便。

火車

　　莫斯科有9座、聖彼得堡有8座火車站，以目的地方向為名，提供跨國鐵路、長程鐵路與近郊鐵路運行，鐵路網交通非常發達。因目前以英語向火車站的站務人員溝通困難，訂購車票建議委託辦理簽證的旅行社代購，較為保險。全俄羅斯境內的鐵路不論時區，一律以莫斯科時間標示，如欲長途旅行，需注意俄羅斯境內時差；長途夜車分為4人包廂(купе)與通鋪(плацкарта)，如搭乘長途夜車建議買下舖座位、攜帶拖鞋、會比較舒適方便。搭乘火車會在上車時驗票、開車後查收票券，車票需全程保留至抵達目的地出站。選購車種推薦Сапсан(Sapsan)特快車，車速快、服務品質較高且有英語廣播，是目前俄羅斯火車系統最舒適的選擇。

俄國鐵路官方網站
http rzd.ru

重要對照用語

дата 日期	время 時間
путь 月台	вагон 車廂
прыбитие 抵達	место 座位
отправление 出發	

火車票

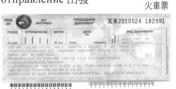

夜車通鋪

主要火車站

莫斯科：

白俄羅斯火車站
Белорусский вокзал

➡ 地鐵綠線、環線Белорусская站

🚇 俄羅斯境內電車、往西方、北方列車，國際列車，Шереметьево謝列梅捷沃國際機場快捷

喀山火車站
Казанский вокзал

➡ 地鐵紅線、環線Комсомольская站

🚇 俄羅斯近郊列車、往東方、東南方列車

基輔火車站
Киевский вокзал

➡ 地鐵藍線、淺藍線、環線Киевская站

🚇 俄羅斯境內電車、往基輔方向列車與國際列車，Внуково伏努科沃國際機場快捷

庫爾斯克火車站
Курский вокзал

➡ 地鐵藍線、環線Курская站，淺綠線Чкаловская站

🚇 俄羅斯境內電車、往西南列車及國際列車，往Владимир各級電車

列寧格勒火車站
Ленинградский вокзал
➡️ 地鐵紅線、環線Комсомольская站
❓ 莫斯科往聖彼得堡方向各級列車

亞羅斯拉夫火車站
Ярославский вокзал
➡️ 地鐵紅線、環線Комсомольская站
❓ 莫斯科往西伯利亞方向各級列車

帕維爾斯基火車站
Павелецкий вокзал
➡️ 地鐵綠線、環線Павелецкая站
❓ 往中亞方向各級列車，Домодедово多莫傑多沃國際機場快捷

聖彼得堡：

莫斯科火車站
Московский вокзал
➡️ 地鐵紅線Площадь Восстания、綠線Маяковская站
❓ 聖彼得堡往莫斯科方向各級列車

芬蘭火車站
Финляндский вокзал
➡️ 地鐵紅線Площадь Ленина站
❓ 聖彼得堡往芬蘭方向各級列車

地鐵

　　莫斯科、聖彼得堡許多路段容易塞車，最便捷的大眾交通工具為地鐵。兩地地鐵搭乘、轉乘方式與類似，莫斯科地鐵營運時間為05:30～01:00，聖彼得堡地鐵營運時間為05:30～00:30，入站刷票或投代幣，出站不必刷票。

(上) 多線轉乘告示牌 (下) 深入地層的地鐵

公車、電公車、軌道電車

　　俄羅斯公車(автобус)、電公車(троллейбус)、軌道電車(трамвай)系統全為俄語，且有些車次會分時段改路線行駛，不懂俄語的遊客，建議不要輕易嘗試搭乘，以免迷路。

(上) 軌道電車 (左下) 電公車 (右下) 售票亭

計程車

若不懂俄語、不熟悉當地情形，搭計程車頗有風險，建議搭乘車頂有招牌的合法計程車，較有保障；聖彼得堡計程車行Такси 6000000服務品質有一定水準，收費合理。現俄國流行用Uber或Yandex.Taxi等手機App叫車，以往路邊隨手招車、私車駕駛順道載人賺外快情形已漸少。

租車、駕車旅遊須知

租車需先在台灣辦妥國際駕照，抵俄羅斯後需辦理認證，取得認證後方可租車駕駛。

租車網站
http www.traveljigsaw.ru

交通安全注意事項

俄國大部分駕駛開車車速頗快，穿越馬路一定要等綠燈、走行人穿越道，穿越前務必確認安全再走。智慧型手機可下載Yandex.Maps、Yandex.Metro等交通指南app, 減少迷路機會。

消 費 購 物
SHOPPING

貨幣

俄羅斯貨幣主要使用俄羅斯盧布(Российский рубль，RUB)，盧布兌新台幣約1:0.49 (2019年7月)，匯率波動大。盧布可在俄羅斯境內由提款機直接領取，或以美金、歐元匯兌。目前提款機皆附英語使用介面，操作方便；唯提款轉匯手續費高，一般建議使用信用卡，或以美金、歐元匯兌。

盧布有紙鈔、硬幣2種，1盧布等於100戈比。紙鈔面額有10、50、100、200、500、1,000、2,000、5,000等8種；硬幣分為1戈比、5戈比、10戈比、50戈比、1元、2元、5元、10元等9種。

5000盧布

2000盧布

1000盧布

500盧布

200盧布

100盧布

50盧布

10盧布

10盧布　　50戈比

5盧布　　10戈比

2盧布　　5戈比

1盧布　　1戈比

基本消費	盧布
罐裝飲料	約80起
礦泉水	約50起
麵包	約35起
速食店套餐	約300起
一般餐廳商業午餐	約500起
明信片	約15起
地鐵單次票價	約55
中等商務飯店雙人房	約3000

折扣季

俄羅斯每年有2次折扣季：夏天6月底～8月、冬天12月底～2月，此時衣物、配件會有各種程度的折扣，特別划算。

信用卡

大型飯店、百貨公司及餐廳一般均接受外國信用卡；火車站等公家單位雖已有刷卡設備，但站務人員多半習以現金收付。

小費

俄國旅館住宿一般行李小費為每房50盧布紙鈔1張，房間小費亦同。餐飲一般需付10％的小費，通常為服務生結賬找零後，再將小費夾在賬單本內；如不需找零，可向服務生示意後直接離開。如點用商業午餐，需在商業午餐時段內結賬。

退稅規定

在標示Tax Free的商店購物時，需向店家索取一式三聯的退稅單與印有該店地址的信封，請店家協助確認填寫內容後簽名，當場將一聯交給店家存根。出境邊檢時，需將商品與退稅單交給海關檢查，經海關核實無誤蓋章確認；而後留存一聯海關蓋章退稅單，另一聯裝入商店專用信封中，投入機場退稅專用郵箱，退稅方式可選擇當場領取現金，或退入信用卡帳單內。（退稅法規常有變動，具體細節請向申辦簽證的旅行社再次確認）

匯兌

雖然俄羅斯路邊有很多匯兌處（Обмен валюты）標榜匯率較高，但常收取手續費、少給面額，建議還是在正規銀行窗口或較具規模的飯店大廳匯兌，比較保險。匯兌需出示護照，取回時務必當場清點金額與護照內所有文件有無缺失，確認無誤後再離開櫃檯。

觀光服務台
TRAVEL INFORMATION

Express Line Travel

特別設置中文部門的俄羅斯旅行社，協助辦理簽證、代訂住宿、交通、簽證落地註冊、導遊、商務考察與觀光旅遊等行程，服務親切。

🆔 經理：趙銳　📞 (800)333-8448

@ e-880@hotmail.com (MSN)
supermax880 (Skype)
e-880@qq.com (QQ)

🌐 www.exline.ru

喜唯旅行社

提供簽證、機票、訂房、翻譯接送、推薦行程、旅遊諮詢等服務的台灣旅行社，協助辦理個人旅行、自由行經驗豐富。🌐 jfytour.richmondgroup.com.tw

此外，鳳凰、巨匠、雄獅、友泰旅行社等團體旅遊行程豐富、安全可靠，為不錯的選擇。

學生優惠

為鼓勵學生參觀博物館，學生票優惠折扣常達50%以上。強烈推薦行前辦妥國際學生證，可省下不少費用。許多景點需購買攝影、錄影票，並於閉館前1小時停止售票。

國際學生證網站
🌐 www.travel934.org.tw/isic/isic.aspx

溝通

近年來，俄羅斯路標、菜單、售票機中文化程度已大幅提升，但一般民眾仍多半不說英語，強烈推薦行前先學一些簡單常用的俄語。抵俄後需要問路，最好找年輕學生或白領階級，較有機會以簡單英語溝通。除說英語，以書面資訊、紙筆配合肢體語言表達，也是可行的溝通方式之一。

常用對話

俄文 / 含意	英文發音 (中文近似發音)
Здравствуйте! 您好！	Zdra-stvooy-tyeh! (子的拉·斯威·姜)
Дайте мне это, пожалуйста. 請給我這個。	Daite mne ata, pajaosta. (帶且·麼捏·A打，巴叫斯打)
Спасибо! 謝謝！	Spaciba! (斯吧系吧)

俄語學習網站，發音清楚易懂
Russian Language Helper
🌐 www.languagehelpers.com/

南臺科技大學開放式課程平台俄語入門
🌐 ocw.stust.edu.tw/tc/node/Russian_09901

在地旅遊專頁

悠遊俄羅斯 x YOYO Russia

旅居聖彼得堡多年的旅遊達人D先森FB專頁，分享經典旅遊、美食、藝術、時尚資訊，文筆幽默，評價中肯。

🌐 facebook.com/dsangspb

悠遊俄羅斯 X YOYO Russia 彩色QR code(圖片提供 / D先森陳迪)

俄語森林

俄語森林是2015年一群臺灣學生在莫斯科留學期間所

創立的臉書粉絲專頁，目前由台北的V甲和莫斯科的卡嘉共同經營，近期內容為每日俄國新聞彙整、音樂推廣、零食實測，隨著俄國的節慶活動提供第一手資訊。

🌐 www.facebook.com/RUSSIANFOREST.TW/

習俗與禁忌

開門

很多建築與地鐵站門沉重不好開，需特別用力開門；如後面有人，需將門擋至後方待來人接手，才不會因反作用力打到路人，是開關門需注意的禮節。男士平時也應為女生開門、禮讓女性進門(電梯例外)。

齋戒習慣

東正教齋戒規定視齋戒期與個人信仰解讀而異，不一定為素食；素食者需特別提出要求вегетарианский(讀音似vegetarianski)。

吸菸

較有規模的餐廳，帶位前服務生會詢問吸菸區(курящий，讀音似kuriashi)或非吸菸區(некурящий，讀音似ni-kuriashi)。

購物

有時鈔票面額太大無法找開，建議盡量使用零錢。購物結帳時店員常問Пакет Вам нужен? 要不要袋子(讀音似Paket vam nuchen)，袋子通常需付費。

克里姆林宮劇院開演前，亞歷山大花園排隊的人龍

排隊

俄國人排隊方式自由，不需一直站在隊伍中，而是找最後一個排隊的人，向其告知排在後面，便可在附近隨意站坐走動，排隊前，需詢問誰排最後一個：Кто последний? (讀音似Kto posletni)，找到他或她以後，聲明排在後面：Я за Вами. (讀音似Ya za vami)。

洗手間

很多公共場所如火車站、博物館的洗手間都要付費，營業場所如百貨公司內有時也要付費；舊式洗手間有的水龍頭是由下往上按。

生 活 資 訊
BEING THERE

治安狀況

光頭黨

俄國激進種族主義黑幫「光頭黨」時常襲擊外籍人士，尤以4月20日希特勒生日前後特別猖獗，在莫斯科、聖彼得堡等大城市也為數不少。光頭黨成員有男有女，並不一定光頭，但常穿黑色皮衣，配戴金屬指套、鍊條等顯眼龐克打扮，見到外籍人士後，常散發極明顯的惡意甚至殺氣。一般光頭黨犯案多挑落單或人數稀少時下手，觀光旅遊建議挑選治安較佳的旺季，並多結伴而行。

乞丐

乞丐在街上、地鐵旁很常見，曾有人投錢給乞丐時遭扒手偷竊，如欲給予金錢，需特別留意自身安全與財物。

球迷

俄國人對足球、冰上曲棍球等活動非常熱衷，賽事期間情緒亢奮加上酒精催化，容易滋事。2010年12月便曾發生大規模球迷暴動，於混亂中挑起種族仇視、襲擊外籍人士的風潮。在路上如看見三五成群身穿球隊運動服、戴圍巾的球迷，最好盡量迴避。

扒手

觀光景點、教堂、地鐵等公共場合扒手猖獗，無論何時，切記留意自身財物；進地鐵搭手扶梯前，將包包調整到胸前視線可及處，多加注意，以免遭竊。

流浪漢、醉漢

俄羅斯路邊、地鐵常有不少流浪漢或醉漢，流浪漢有時會向人乞討；醉漢則有借酒裝瘋的可能，如遇見他們，需留意自身安全。

搭訕人士

俄國街上常遇到各種搭訕，如果覺得來者有異，需提高警覺，避免交談分心時遭扒手偷竊。如遇奇怪搭訕男子可至附有監視系統店面如大型百貨、書店、珠寶店，較易與店員用英語溝通取得援助。

警察

有些基層警察會在臨檢護照、簽證、簽證落地註冊單與出境卡時，特別刁難甚至索賄，惡名昭彰。不過一般觀光勝地警察風紀較佳，在地鐵裡如遇光頭黨、球迷等危險分子，緊隨地鐵警察會比較安全。

恐怖攻擊

近年來俄羅斯車臣游擊隊陸續於各大城市車站、地鐵站等公眾場所放置炸彈，進行恐怖攻擊行動，造成多人傷亡。進出公共場所最好提高警覺，盡量在離峰時刻使用大眾交通工具。

飲水

自來水不可飲用，需購買礦泉水。如欲使用熱水壺，需先檢查壺內有沒有水垢；若有水垢，可在採購時買醋уксус或уксусная кислота(一般只需使用小瓶即可，濃度越高越好)，先用自來水加醋燒開數次，即可將水垢清理乾淨。

電話使用

俄羅斯公共電話不太普及，一般多在機場大廳購買俄國電信系統Beeline或Мегафон的電話預付卡，將sim卡裝入手機，照店員指示開通即可使用。因國際電話費率昂貴，傳簡訊或用Skype會比較經濟一些。

由俄國打回台灣

太雅出版社電話02-2882-0755為例
國際冠碼**810**＋**886**＋台北區碼**2**(需去0)＋**2882-0755**
以行動電話0911-123-456為例
國際冠碼**810**＋**886**＋**911-123-456**(需去0)

由台灣打至俄國

國際冠碼**002**＋**7**+俄國當地區號+電話號碼
國際冠碼**002**＋**7**+俄國手機號碼

Skype網站
skype.pchome.com.tw

急難救助專線

此為專供車禍、搶劫等有關生命安危緊急情況救助,非急難重大事件,請勿撥打;護照、簽證等事項,請於上班時間以辦公室電話查詢。

台北莫斯科經濟文化協調委員會駐莫斯科代表處(簡稱北莫協)

📞 俄國境內請撥(8916)837-6058,俄國境外則撥(7916)837-6058 急難救助專線

消防局 01 警局 02 救護車 03

網路

俄羅斯許多速食店、咖啡店、飯店大廳皆提供wifi無線上網,根據牆面標誌設定,即可使用網路。

郵寄

俄國郵政的國際郵務服務效率低落,郵件遺失率頗高。國際快遞公司DHL、TNT、UPS、EMS等在大城市多設有分支機構,雖方便快捷,但收費昂貴。

時差

俄羅斯國土遼闊,境內各地有不同時差。首都莫斯科較台灣慢5小時,並於2014年10月起不再調整日光節約時間。

電器使用

俄國電壓為220V,通用插頭為兩圓針式、插座為兩孔式。攜帶的電子產品如已附國際變壓器,行前只需購買轉換插頭即可。因插座孔徑有大有小,選購插頭時,需選購細圓針,否則無法使用。

轉換插頭可以在五金行買到

藥局資訊

俄國藥局多半為俄語經營,建議最好自備常用感冒、止痛、腸胃、過敏等藥品,或請旅行社、旅館服務人員協助寫下藥品俄文,再前往藥局購買。

常見藥局標誌

莫斯科6月份會有不少楊花飛舞,建議鼻炎、皮膚易過敏者注意

台灣	5	6	7	8	9	10	11	12	13	14	15	16	17	18	19	20	21	22	23	0	1	2	3	4
莫斯科	0	1	2	3	4	5	6	7	8	9	10	11	12	13	14	15	16	17	18	19	20	21	22	23
商店營業時間							一般店家營業時間																	
餐廳營業時間							一般餐廳營業時間																	
三餐時間						早餐								午餐					晚餐					
其他特殊習慣	夜生活																			夜生活				

281

四季怎樣穿衣

俄羅斯夏季雖短，近幾年盛夏頗為炎熱，宜備夏裝並加強防曬；因早晚溫差大，建議攜帶外套，避免著涼。莫斯科、聖彼得堡春秋氣溫比台灣冬季低，但因大陸性氣候乾燥、室內皆附暖氣，只要備足帽子、外套、手套、圍巾、厚襪及雪靴等禦寒衣物，感覺頗為舒爽。如需長駐，冬季帽子、外套、手套、圍巾、厚襪等各種禦寒衣物在俄羅斯添購，比較保暖實用，特別推薦發熱衣、防風皮質翻毛手套、蓋住耳朵的帽子、防風翻毛大衣，大衣內搭配超輕羽絨背心或喀什米爾羊毛衣，輕盈、好穿脫又保暖。除了衣物，身體、手、腳的保濕乳液與護唇膏等也很重要。

莫斯科因地處高緯，夏夜仍非常明亮，很多人會在外乘涼散步

主要城市氣溫對照表

月份	1月	2月	3月	4月	5月	6月	7月	8月	9月	10月	11月	12月
莫斯科（攝氏）	-9/-4	-10/-4	-4/2	2/11	7/19	12/22	14/24	12/21	7/16	3/9	-3/1	-8/-3
聖彼得堡（攝氏）	-8/-3	-9/-3	-5/2	2/9	7/16	12/20	15/23	14/21	9/15	4/9	-2/2	-6/-2
旅遊季						旺季						

近年氣溫變化劇烈，莫斯科冬天有-20度低溫、夏天有38度高溫，氣溫不若往年穩定，此表僅供參考。

訂 房 網 站

近年來莫斯科旅館業變化速度快，聖彼得堡旅館業也競爭激烈。各級酒店、飯店、旅館都有新館或分館開張，也有不少歷史悠久的知名飯店進行整修工程。想找到符合自己需求的住宿條件或確認旅館現況，可至訂房網站查詢最新情報。

名 稱	特 色	網 址
Hotels.com	中文介面，各星級酒店介紹清楚，訂房價格常有優惠	zh.hotels.com
Booking.com	中文介面，各星級酒店介紹清楚，線上預訂時有優惠去	www.booking.com
Hostelworld.com	經濟型青年旅館、民宿資料豐富，有評價可參考，線上預訂方便	www.hostelworld.com
airbnb	民宿資料豐富	www.airbnb.com

訂 票 網 站

劇場藝術及音樂節

契訶夫國際劇場藝術節	www.chekhovfest.ru
黃金假面劇場藝術節	www.goldenmask.ru
聖彼得堡白夜繁星音樂節	mariinsky.ru 音樂節前有STARS OF THE WHITE NIGHTS置頂欄目
聖彼得堡宮殿音樂節	www.palacefest.ru

劇院

莫斯科大劇院	www.bolshoi.ru/en
聖彼得堡馬林斯基劇院	www.mariinsky.ru/en

馬戲團

尼庫林馬戲團	en.circusnikulin.ru
莫斯科大馬戲團	www.greatcircus.ru

線上訂票網站

parter.ru	www.parter.ru 點選右上RU欄目，可切換英語
kassir.ru	msk.kassir.ru (俄)

夏季許多劇院團體出國巡迴演出，有意安排劇院行程最好先上網查詢購票或委託辦理簽證的旅行社代購，以免向隅。

大劇院的學生票，俄籍學生憑學生證排隊購票，就可以100盧布欣賞演出(古舞台限額84張，新舞台限額30張，售票時間：早場10:00、午場12:00、晚場16:00)

好 用 對 照 表

常見標語

вход 入口
выход 出口

От себя 推
на себя / к себе 拉

туалет 廁所
Ж 女性　М 男性 廁所性別標誌

метро 地鐵
карта 地圖
схема 路線圖

адрес 地址
номер 號碼
тел. 電話號碼
режим работы 營業時間

ресторан/кафе/трапезная 餐廳
хлеб/выпечка 麵包店
кондитерская 點心店
бар 酒吧
клуб 俱樂部 / 夜店
музей 博物館
универсам / гастроном /
супермаркет/продукты 超市
магазин 商店
аптека 藥局
ТЦ 百貨公司

покупка 購物	касса 櫃檯
бесплатно 免費	платный 收費的
цена 價格	итог 總計
сдача 找零	спасибо 謝謝

продажа 出售	доставка 外送
скидки 折扣	распродажа 出清

地圖簡寫對照表

ул.	улица	Б.	Большой/Большая
бул.	бульвар	М.	Маленький/Маленькая
пер.	переулок	пр.	проспект

尺 碼 對 照 表

女裝

歐洲	30	32	34	36	38	40	42	44
美國	2	4	6	8	10	12	14	16
台灣	76	81	86	91.5	96.5	101.5	106.5	
日本	5	7	9	11	13	15		

男裝

歐洲	44	46	48	50	52	54	56
美國	18	20	22	24	26	28	30
台灣	83	83.5	84	84.5	85	85.5	86
日本	S	S	M	M	L	L	XL

女鞋

歐洲	36	36	37	38	39	40	41
美國	5.5	6	6.5	7	7.5	8	8.5
台灣	66	68	69	70	71	72	73
日本	22.5	23	23.5	24	24.5	25	25.5

男鞋

歐洲	40	40	41	42	42	43	43
美國	7	7.5	8	8.5	9	9.5	10
台灣	73	74	75	75	76	77	78
日本	24.5	25	25.5	26	26.5	27	27.5

常 用 情 境 中 俄 對 話

如遇下列情境，不妨說或指出俄文，盡快解決問題。

機場

拒絕拉客計程車

　　機場拉客的計程車常漫天開價，有的司機還會直接搶走行李，讓初來乍到的外國旅客只好上車。若不搭乘機場快捷或大眾交通工具，建議一到機場就保持警戒，買SIM卡用Uber叫車；其次，機場內的計程車亭訂車雖貴，價位也比拉客計程車正常。猶豫或半推半就很容易讓拉客司機覺得有希望、進而繼續糾纏，遇到拉客司機時，切記不帶一絲猶豫堅決告知：

我不需要！Мне не нужен!
英文發音：Mne ne nuzhen!

284

找人提問或幫忙

① 打招呼

先生！Молодой человек!
英文發音：molodoy chelovek!
小姐！Девушка!
英文發音：Devushka!

② 提出問題或請求

請問您說英語嗎？
Вы говорите по-английски?
英文發音：Vy govorite po-angliyski?

購物

請您展示一下，這個多少錢？Покажите,
пожалуйста, сколько это стоит?
英文發音：Pokazhite, pozhaluysta,
skol' ko eto stoit?

可以試穿嗎？Можно померить?
英文發音：Mozhna pamerit'?

請給我看看其他顏色。Покажите,
пожалуйста, другие цвета.
英文發音：Pokazhite, pozhaluysta, drugie
tsveta.

請給我看看其他尺寸。Покажите,
пожалуйста, другие размеры.
英文發音：Pokazhite, pozhaluysta, drugie
razmeri.

可以刷卡嗎？Вы принимаете кредитные
карты?
英文發音：Vy prinimaete kreditnie karti?

餐廳

有英文菜單嗎？У Вас есть меню на
английском?
英文發音：U vac est' menu na
angliyskom?

請給我這個。Дайте мне это,
пожалуйста.
英文發音：Daite mne eto, pozhaluysta.

請推薦不含牛肉的餐點。Посоветуете,
пожалуйста, блюдо без говядины.
英文發音：Posovetuete, pozhaluysta,
blyudo bez govyadini.

有免費Wi-Fi嗎？У Вас есть бесплатный
Wi-Fi?
英文發音：U vac est' besplatnui Wi-Fi?

請給我帳單。Чек, пожалуйста.
英文發音：Chek, pozhaluysta.

問路

請指出洗手間在哪裡。Покажите,
пожалуйста, где находится туалет.
英文發音：Pokazhite, pozhaluysta, gde
nakhoditsya tualet?

請指出(售票/結帳)櫃檯在哪裡。
Покажите, пожалуйста, где находится
касса.
英文發音：Pokazhite, pozhaluysta, gde
nakhoditsya kasa.

③ 道謝

謝謝！Спасибо!
英文發音：Spasibo!

非常感謝！Большое Спасибо!
英文發音：Bol' shoye spasibo!

很好吃，謝謝！Очень вкусно. Спасибо!
英文發音：Ochen' vkusno. Spasibo!

個人旅行 **99**

莫斯科・金環・聖彼得堡 (新第五版)

作　　者	王姿懿	

國家圖書館出版品預行編目(CIP)資料

總 編 輯	張芳玲
發想企劃	taiya旅遊研究室
編輯部主任	張焙宜
企劃編輯	張焙宜
主責編輯	張焙宜
特約編輯	徐秀娥
修訂編輯	鄧鈺澐、黃琦
封面設計	賴維明
美術設計	蔣文欣
地圖繪製	蔣文欣・何仙玲
修訂美編	賴維明

莫斯科.金環.聖彼得堡 / 王姿懿作. -- 五版. -- 臺
北市：太雅, 2019.10
　　面；　公分. -- (個人旅行；99)
ISBN 978-986-336-342-2(平裝)

1.旅遊 2.俄國

748.9　　　　　　　　　　　　108010414

太雅出版社
TEL：(02)2882-0755　FAX：(02)2882-1500
E-mail：taiya@morningstar.com.tw
郵政信箱：台北市郵政53-1291號信箱
太雅網址：http://taiya.morningstar.com.tw
購書網址：http://www.morningstar.com.tw
讀者專線：(04)2359-5819 分機230

出 版 者	太雅出版有限公司 台北市11167劍潭路13號2樓 行政院新聞局局版台業字第五〇〇四號
總 經 銷	知己圖書股份有限公司 106台北市辛亥路一段30號9樓 TEL：(02)2367-2044 / 2367-2047　FAX：(02)2363-5741 407台中市西屯區工業30路1號 TEL：(04)2359-5819　FAX：(04)2359-5493 E-mail：service@morningstar.com.tw 網路書店：http://www.morningstar.com.tw 郵政劃撥：15060393 (知己圖書股份有限公司)
法律顧問	陳思成律師
印　　刷	上好印刷股份有限公司　TEL：(04)2315-0280
裝　　訂	大和精緻製訂股份有限公司 TEL：(04)2311-0221
五　　版	西元2019年10月10日
定　　價	450元

(本書如有破損或缺頁，退換書請寄至：台中市工業30路1號　太雅出版倉儲部收)

ISBN 978-986-336-342-2
Published by TAIYA Publishing Co.,Ltd.
Printed in Taiwan

編輯室：本書內容為作者實地採訪的資料，書本發行後，開放時間、服務內容、票
價費用、商店餐廳營業狀況等，均有變動的可能，建議讀者多利用書中的網址查詢
最新的資訊，也歡迎實地旅行或是當地居住的讀者，不吝提供最新資訊，以幫助我
們下一次的增修。聯絡信箱：taiya@morningstar.com.tw